COURS

DE THÈMES,

Par DANTAL.

TOME SECOND.

COURS
DE THÈMES,

RÉDIGÉ

D'APRÈS LE RUDIMENT DE LHOMOND,

A L'USAGE

DES CLASSES DE SEPTIÈME, SIXIÈME, CINQUIÈME
ET QUATRIÈME.

CINQUIÈME ÉDITION,

REVUE ET CORRIGÉE.

PAR PIERRE DANTAL.

TOME SECOND.

Nocturnâ versate manu, versate diurnâ.

PARIS,

DE L'IMPRIMERIE D'AUG. DELALAIN,
LIBR.-ÉDIT., rue des Mathurins St.-Jacques, N° 5.

1829.

Toute contrefaçon de cet Ouvrage sera poursuivie conformément aux lois.

Toutes mes Editions Classiques sont *stéréotypées d'après un procédé qui m'est particulier*, *et d'une supériorité incontestable*, sous le rapport de l'exécution, de la correction, etc. ; elles sont revêtues de ma griffe.

COURS DE THÈMES.

TROISIÈME PARTIE.

Méthode ou *manière de rendre en latin les* gallicismes *qui se rencontrent le plus* fréquemment.

LE but de cette troisième partie est 1.º de faire sentir aux élèves que le génie de la langue française diffère, sous beaucoup de rapports, de celui de la langue latine ; 2.º de leur faciliter les moyens de donner au français les tournures du latin, afin de faire passer dans cette dernière langue, autant qu'il est possible, les expressions de la première.

CHAPITRE PREMIER.

DES VERBES.

Verbes à l'indicatif ou au subjonctif en français, qu'il faut tourner par l'infinitif en latin.

QUE RETRANCHÉ.

Credo *te flere.*

ON appelle *que retranché* celui qui, étant entre deux verbes français, ne peut pas se tourner par *lequel, laquelle*, et qui ne s'exprime point en latin. Ex. : Je crois que vous pleurez. Retranchez le *que* qui est entre les deux verbes *croire* et *pleurer*, et dites : Je crois vous pleurer. Quand on retranche le *que*, on met à l'accusatif le nom ou pronom qui suit le premier verbe, et le second verbe à l'infinitif latin (1).

Exemples :

Je crois que vous pleurez, *Credo te flere.* (Le pronom *vous* qui suit le *que* ou le premier verbe, est à l'accusatif en latin, *te;* le second verbe, *pleurez*, est à l'infinitif latin, *flere.*)

THÈME.

Je crois *que* Dieu existe. Je suis persuadé *qu'il* a fait le ciel et la terre. Nous disons *que* le soleil est immobile, et *que* la terre tourne. Nous pensons

____

(1) *Que*, après les substantifs dérivés de verbes après lesquels le *que* se retranche, se retranche aussi. *Ex :* Il y a espérance que nous remporterons la victoire; *Spes est nos victoriam relaturos esse.* J'ai confiance que vous satisferez vos parens; *Fiducia mihi est te tuis parentibus satisfacturum.*

que vous croyez tout cela. Nous savons *que* Dieu (qui est la vérité même) déteste les menteurs. Nous disons *que* cet enfant (qui porte ces livres (1) étudie la géographie et l'histoire. Je crois *que* votre père (qui passe) va à la campagne. Tous les hommes disent *que* (si nous voulons la paix) il faut faire la guerre. Tous les savans disent *que* (pour apprendre les choses utiles et nécessaires) il faut lire et travailler constamment.

I.

Règle générale pour le Que retranché.

Pour savoir à quel temps de l'infinitif latin il faut mettre le verbe français qui suit le *que retranché*, comparez les temps que marquent les deux verbes.

1° Si les deux actions exprimées par les deux verbes, se font ou ont été faites dans le même temps, mettez le second verbe français au présent de l'infinitif latin. *Ex. :* Le maître dit *que* vous êtes sage (*maintenant* il le dit, et *maintenant* vous êtes sage : donc les deux actions exprimées par les deux verbes se font dans le même temps ;

______

(1) Quand le *que retranché* est suivi d'une phrase *incidente*, ce n'est pas le verbe de la phrase incidente qui se met à l'infinitif, mais c'est l'autre verbe, qui est ordinairement le dernier. *Ex. :* Soyez persuadé *qu'un* enfant (qui honore ses parens) sera aimé de Dieu, *Persuasum habeto puerum* (*qui parentes veretur*) *à Deo amatum iri.* (On appelle *phrase incidente*, celle qui est jointe à une autre par un de ces mots, *qui*, *pour*, *si*, etc., ou celle qui peut se retrancher d'une autre, sans que le sens en demeure incomplet. Ainsi, dans l'exemple cité, on peut dire, sans que le sens soit incomplet : Soyez persuadé *qu'un* enfant sera aimé de Dieu.) Toutes les phrases que nous avons renfermées entre deux parenthèses, sont des *phrases incidentes.*

donc le second verbe doit se mettre au présent de l'infinitif); *Magister dicit te esse sapientem ;* c'est-à-dire, *il dit vous être sage.* Il disait, il a dit et il avait dit *que* vous étiez sage (les deux actions exprimées par ces deux verbes ont été faites dans le même temps, il faut donc mettre le second verbe, c'est-à-dire, celui qui est après le *que* au présent de l'infinitif); *Dicebat, dixit et dixerat te esse sapientem.*

2.° Si l'action du second verbe était déjà faite dans le temps que marque le premier verbe, mettez le second verbe français au parfait de l'infinitif. *Ex.* : Il dit que vous avez lu ce livre (ici l'action du second verbe est plus ancienne que celle du premier, puisque le livre était lu au moment où il le dit : donc l'action du second verbe était déjà faite dans le temps que marque le premier ; donc il faut mettre le second verbe français au parfait de l'infinitif) ; *Dicit te legisse istum librum.*

3.° Si l'action du second verbe était encore à faire dans le temps du premier verbe, mettez ce second verbe au futur de l'infinitif. *Ex.* : Il dit que vous viendrez demain (ici l'action que marque le second verbe n'est pas faite dans le temps du premier, puisque vous ne viendrez que demain, et celui qui dit que vous viendrez, parle présentement : donc l'action du second verbe est encore à faire dans le temps que marque le premier ; donc il faut mettre le second verbe au futur de l'infinitif) ; *Dicit te cràs venturum esse* (1).

---

(1) Le *que retranché* se rend quelquefois par *qui* en français, comme il arrive lorsqu'un verbe se trouve entre un *que* et un *qui. Ex.* : Celui que vous dites qui sera empereur (c'est-à-dire, que vous dites devoir être) ; *Is quem imperatorem futurum dicis.* Qui pensez-vous qui se repentira de sa faute (c'est-à-dire, qui est-ce que vous pensez devoir se repentir de.......)? *Quemnam eum futurum putas, quem culpæ suæ pœniteat?*

THÈMES.

Je suis persuadé *que* votre oncle (qui est mort) était riche et libéral. Tous les habitans de cette ville disent *que* cet homme (qui avait des talens et de l'industrie) faisait bien les affaires de votre maison. Ils assurent *qu'il* était honnête et estimé de tous les gens de bien. Tous les hommes disent *que* vous lui ressemblez, et je crois *qu'ils* ne se trompent point. Je crois *que* vous aimez à faire du bien aux autres, et je pense *que* (si vous vous conduisez toujours en honnête homme) vous serez aimé et estimé de tous ceux qui vous connaîtront. Vous n'ignorez pas qu'un homme de bien est aimé et estimé de tout le monde.

Lorsque saint Louis était encore en Palestine, il assembla son conseil, et dit: La reine, ma mère, me mande *que* mon royaume est dans un grand péril, et *que* mon retour est très-nécessaire. Les peuples de l'Orient, au contraire, me représentent *que* la Palestine est perdue si je les quitte; me conjurent de ne les point abandonner, protestant *qu'ils* me suivront tous s'ils voient *que* je m'en aille. Je vous ai assemblés ici, pour cela; j'espère *que* vous me direz votre avis et *que* nous déciderons quel est le parti qu'il faut prendre. Tout le monde dit *qu'il* fallait retourner en France, *que* les affaires du royaume ne permettaient pas *que* le roi restât plus long-temps en Palestine; et que l'armée (qui n'avait ni vivres, ni munitions, ni place) ne pouvait faire aucune nouvelle entreprise.

Les Indiens croient *que* les démons entrent dans les maisons par l'ouverture du toit; ils disent *que* ces esprits malins apportent un air infect qui donne la petite vérole. Les magiciens de ce pays prétendent qu'il faut se servir de sortiléges pour les arrêter ; ils disent *qu'*une statue placée aux trous par où ils passent, les arrête. Tous les habitans sont persuadés *que* cette statue a la vertu de mettre les démons en fuite. Un missionnaire européen dit *que* les Indiens achètent plusieurs statues des magiciens, et les placent aux ouvertures des toits pour épouvanter les démons.

Un autre missionnaire raconte *que* ces superstitieux insulaires portent toujours sur eux un oignon ou un ail, avec un couteau et quelques morceaux de bois, parce qu'ils croient *que* les démons n'approchent jamais de ceux qui portent de pareilles reliques. Il dit aussi *que* les mères (qui ont des enfans) ne manquent jamais de leur mettre sous la tête ces saintes reliques. D'autres peuples croient *que* les âmes des méchans sortent de l'enfer ; et ils disent *qu'*elles sont des démons qui errent quelque temps sur la terre, et qui font aux hommes tout le mal qu'ils peuvent.

Ces peuples prétendent *que* les criminels exécutés, les enfans morts-nés, les femmes mortes en couche, ceux qui ont été tués en duel, et enfin tous ceux qui ont été indignes de la sépulture, sont de furieux démons. Ils sont persuadés *que* ces âmes entraînent les hommes aux crimes ; et les magiciens disent *qu'*elles ont un pouvoir absolu sur la terre, et *qu'*il faut avoir un ail ou un oignon dans la poche pour les chasser. Je pense *que* tous les Indiens ne sont pas dans cette erreur, et je dis *que*

nous sommes bien heureux d'être nés dans la
vraie (1) religion.

---

(1) Nous avons cru qu'il serait à propos de dire un mot
sur *l'amphibologie*, quoique ce ne soit pas ici sa place d'a-
près la disposition du Rudiment que nous suivons, parce
que lorsqu'on fait des thèmes sur le *que retranché*, on en
trouve assez fréquemment. Il y a *amphibologie* toutes les
fois qu'après un *que retranché*, le nominatif et le régime
sont mis à l'accusatif latin, sans que l'on puisse distinguer
l'un de l'autre. Pour éviter *l'amphibologie*, il faut changer
l'actif en passif : pour cela, on prend le régime direct pour
en faire le nominatif, et le nominatif pour en faire le régime. *Ex. :* Vous dites que Pierre aime Paul. Vous ne pouvez pas mettre *dicis Petrum amare Paulum*, parce qu'on
ne saurait qui est celui qui aime ; si c'est Pierre qui aime
Paul, ou si c'est Paul qui aime Pierre. Il faut donc changer
l'actif en passif, de cette manière : Vous dites que Paul
est aimé de Pierre ; *Dicis Paulum à Petro amari.*

TABLEAU GÉNÉRAL,

Dans lequel on a mis sous un même coup d'œil tous les temps auxquels on doit mettre le verbe qui suit le Que retranché, et celui qui le précède.

TEMPS.	PREMIER VERBE.	SECOND VERBE.	TOURNEZ.	INFINITIF.
Présent.	Je crois			
Futur.	Je croirai	qu'il lit,	lui lire ; *illum legere.*	*Présent.*
Impératif.	Croyez			
Présent.	Je crois	qu'il lisait, qu'il a lu, qu'il lût, qu'il avait lu, qu'il aura lu, qu'il ait lu,	lui avoir lu ; *illum legisse.*	*Parfait* et *Plusq.–parf.*
Futur.	Je croirai			
Impératif.	Croyez			
Présent.	Je crois			
Futur.	Je croirai	qu'il lira,	lui devoir lire ; *illum lecturum esse.*	*Futur.*
Impératif.	Croyez			
Présent.	Je crois	qu'il lise, qu'il lirait,		
Impératif.	Croyez			
Présent.	Je crois			
Futur.	Je croirai	qu'il eût lu, qu'il aurait lu,	lui avoir dû lire ; *illum lecturum fuisse.*	*Futur passe.*
Impératif.	Croyez			
Imparfait.	Je croyais			
Parfait.	J'ai cru / Je crus.			
Plusq. parf.	J'avais cru	qu'il lisait, qu'il lût,	lui lire ; *illum legere.*	*Présent.*
Cond. prés.	Je croirais			
Condit. passé.	J'aurais *ou* J'eusse cru			

Imparfait.	Je croyais	qu'il avait lu,	lui avoir lu;	Parfait et
Parfait.	J'ai cru ou	qu'il eût lu,	illum legisse.	Plusq.-parf.
	Je crus			
Plusq. Parf.	J'avais cru	qu'il lirait,	lui devoir lire;	Futur.
Condit. prés.	Je croirais		illum lecturum esse.	
Condit. passé.	J'aurais ou	qu'il aurait lu,	lui devoir lire;	Futur passé.
	J'eusse cru		illum lecturum fuisse.	
Présent.	Je ne crois pas	qu'il lise,		Présent.
Futur.	Je ne croirai pas	qu'il lût,	lui lire; illum legere.	Parfait et
Condit. prés.	Je ne croirais pas	qu'il ait lu,	lui avoir lu;	Plusq.-parf.
Impératif.	Ne croyez pas	qu'l eût lu,	illum legisse.	
Condit. passé.	Je n'aurais ou	qu'il lirait,	lui devoir lire;	Futur.
	Je n'eusse pas cru		illum lecturum esse.	
Imparfait.	Je ne croyais pas	qu'il aurait lu,	lui avoir dû lire;	Futur passé.
			illum lecturum fuisse.	
Parfait.	Je n'ai pas cru	qu'il lût,	lui lire;	Présent.
			illum legere.	
Condit. passé.	Je n'aurais pas ou	qu'il eût lu,	lui avoir lu;	Parfait et
	Je n'eusse pas cru		illum legisse.	Plusq.-parf.

N. B. *Les temps du subjonctif et de l'infinitif du premier verbe, suivent la règle des mêmes temps de l'indicatif.*

*1

II.

RÈGLE PARTICULIÈRE.

Temps du verbe français qu'il faut mettre au présent de l'infinitif latin.

Credo, credebam, credidi, credideram eum *legere*.

APRÈS un *que retranché*, mettez au présent de l'infinitif latin, 1°. le présent de l'indicatif français (1); 2°. l'imparfait, quand le premier verbe est à l'un des temps passés (2); 3°. le présent du subjonctif, quand on peut le tourner par le présent de l'indicatif, en transportant la négation du premier verbe au second.

Exemples :

Je crois qu'il lit, *Credo cum legere.*

Je croyais, j'ai cru, j'avais cru qu'il lisait; *Credebam, credidi, credideram eum legere.*

---

(1) Le présent se met au futur de l'infinitif lorsqu'il marque l'avenir, et lorsqu'il est joint à un terme futur, comme *jamais, bientôt, demain, dans peu,* etc. *Ex.* : Je crois que mon père vient aujourd'hui chez moi (*tournez,* je crois qu'il viendra aujourd'hui.....,.); *Credo meum patrem hodiè venturum esse ad me.* Je crois qu'il vient demain (*c'est-à-dire,* qu'il viendra. ...); *Credo illum cràs venturum esse.*

(2) Si cependant le second verbe marque un temps plus ancien que le premier, mettez ce second verbe au parfait de l'infinitif latin. *Ex.* : Je vous ai dit que Phèdre était esclave; *Tibi dixi Phedrum fuisse servum* (*c'est-à-dire,* je vous ai dit Phèdre avoir été esclave, avant que je vous le dise.) Lorsque l'imparfait de l'indicatif tient de l'avenir, et qu'on peut le tourner par l'imparfait du subjonctif, on le met au futur de l'infinitif. *Ex.* : Je pensais que vous partiez demain (*tournez,* que vous partiriez) : *Cràs te profecturum esse putabam.*

Je ne crois pas qu'il lise (*on peut tourner*, je crois qu'il ne lit pas); *Non credo eum legere.*

THÈMES.

L'homme ne devrait pas être esclave d'un corps périssable; cependant l'expérience nous apprend *que* plusieurs lui obéissent comme à un Dieu. Nous savons *que* l'homme a la raison, et *que* cette raison doit être chez lui la reine et la maîtresse de toutes les actions physiques et morales. Avouons néanmoins *que* le plus souvent elle n'est ni écoutée, ni consultée, et je crois même *que* la plupart des hommes abusent de ce don précieux; tandis qu'ils devraient s'en servir pour penser *que* l'homme est né pour bien vivre, *qu'*il vit pour bien mourir, et *qu'*il mourra pour ressusciter un jour.

~~~~~~~

Vous savez, mes amis, *que* les jeunes gens (qui aiment l'étude) deviennent savans, et vous n'ignorez pas *que* ceux (qui la haïssent) sont toujours ignorans et stupides. Vous savez aussi *que* ceux (qui fréquentent les mauvaises compagnies) deviennent mauvais. Je suis persuadé *que* tous ceux (qui sont ici et qui m'écoutent) connaissent cette maxime : *Dites-moi qui vous fréquentez, et je vous dirai qui vous êtes.* Ils savent donc que je ne leur dis pas une chose nouvelle, et *que* je leur dis la vérité.

~~~~~~~

Tous les hommes croient *qu'*il y a un Dieu créateur du ciel et de la terre : cependant il y a des philosophes (si toutefois nous pouvons leur donner ce nom) qui prétendent *que* le monde (qui est si (1) bien organisé) est l'ouvrage du hasard;

____

(1) *Si*, devant un adverbe ou un adjectif, s'exprime par *tàm.*

d'autres soutiennent *que* cela est en effet. Epicure soutenait *que* le monde était l'ouvrage des atômes, et *que* tous les corps étaient composés d'atômes. D'autres ont prouvé, avec raison, *que* ces atômes étaient imaginaires, et ils ont cru *que* ce philosophe radotait lorsqu'il a imaginé ce système.

~~~~~

J'ai toujours cru *que* Cicéron était un zélé défenseur de la république ; cela n'est pas douteux. Je m'étais persuadé *que* vous étudiez mieux l'an passé que votre frère dont on condamne la paresse ; mais je vois maintenant *que* j'étais dans l'erreur. Tout le monde sait *qu'*Antiochus était un roi impie, et il est certain *que* personne ne se trompe. Tous les historiens disent *que* les anciens philosophes étaient orgueilleux ; rien n'est plus vrai. Tous mes amis disent *que* vous parliez de moi au juge ; mais je crois *que* cela est faux.

~~~~~

Je crois *que* le parricide est le plus horrible de tous les crimes. Il me semble *que* tous les autres crimes sont renfermés dans celui-là ; et je dis *qu'*il ne peut y avoir un supplice assez (1) cruel pour celui qui a donné la mort à son père ou à sa mère, *qu'*il devait aimer et chérir. Soyez persuadés, mes enfans, *que* vous devez être toujours prêts à répandre votre sang pour la vie de vos parens. Tout le monde convient *que* le parricide surpasse en férocité les lions et les tigres. Les païens ont cru que celui qui était assez barbare pour (2) donner la mort à son père ou à sa mère, n'était pas un enfant naturel, mais supposé.

---

(1) *Assez*, devant un adjectif, s'exprime par *satis ; pour* s'exprime par *in eum qui*.
(2) *Pour*, *quàm ut* avec le subjonctif.

III.

Credo, credam illum *legisse*.

Après un *que retranché*, mettez au parfait de l'infinitif latin, 1°. le parfait et le plusque-parfait de l'indicatif français; 2°. l'imparfait de l'indicatif quand le premier verbe est au présent ou au futur; 3°. le futur passé et le parfait du subjonctif, quand on peut les tourner par le parfait de l'indicatif.

Exemples :

Je crois qu'il a lu, qu'il avait lu ; *Credo illum legisse.*

Je crois, je croirai qu'il lisait ; *Credo, credam illum legisse.*

Je crois qu'il aura déjà dîné (*tournez*, je crois qu'il a déjà dîné) ; *Credo illum jàm prandisse.*

Je ne crois pas qu'il ait encore dîné (*tournez*, je crois qu'il n'a pas encore dîné) ; *Non credo illum jàm prandisse.*

THÈMES.

Les anciens historiens rapportent *que* les païens regardaient les éclipses comme des présages funestes ; ils disent *qu'*ils attribuaient la cause des éclipses de lune aux visites que Diane, ou la lune, rendait à Endimion, dans les montagnes de Carie. D'autres prétendaient *que* les magiciens de Thessalie avaient le pouvoir d'attirer la lune sur la terre, et *qu'*il fallait faire un grand bruit avec des chaudrons, des poêles et autres instrumens, pour la chasser. Plusieurs savans croient *que* cet usage bizarre avait été emprunté des Égyptiens.

～～～～

Nous lisons, dans les relations de l'Amérique, *que*

les anciens habitans de cette contrée jeûnaient lorsqu'ils voyaient une éclipse de soleil ou de lune; *que* les femmes se frappaient la poitrine, et se maltraitaient horriblement; *que* les filles se tiraient du sang des bras et des jambes; et *que* les hommes, saisis de crainte et de frayeur, admiraient ce phénomène. Ils s'imaginaient *que* la lune avait été blessée par le soleil, pour quelque querelle de ménage, ou *que* le soleil avait été blessé par la lune, et *que* la pénitence seule pouvait les mettre d'accord.

Les historiens orientaux disent *que* les Perses croyaient *qu'*un dragon combattait contre la lune, et *qu'*il pouvait être chassé par le bruit de certains instrumens, ou par certaines cérémonies. Les Portugais racontent *que* les Indiens étaient persuadés *qu'*un démon étendait ses griffes noires sur les astres, et les couvrait. Ils disent *que*, pendant les éclipses, les rivières étaient couvertes de têtes d'Indiens, qui étaient dans l'eau jusqu'au cou; parce qu'ils croyaient *que* cette situation dévote était propre à délivrer les astres des griffes du démon.

Un Allemand assure que les Lapons étaient persuadés *que* les démons dévoraient les astres, ou *qu'*ils combattaient contre eux; et il ajoute *que*, pénétrés de cette idée, ils lançaient des traits vers le ciel, et poussaient de grands cris pour épouvanter ces malins esprits. L'éclipse étant finie, ils croyaient *que*, par leur secours, l'astre éclipsé avait été délivré de la gueule des démons. Les relations de nos voyageurs nous apprennent *que* plusieurs de ces peuples sont encore aujourd'hui dans la même erreur, et *qu'*ils y persévèrent.

Vous ne croirez pas *que* les Chinois aient regardé les éclipses comme de grands prodiges : vous ne croirez pas *que* l'empereur de la Chine ait fait des édits à l'occasion d'une éclipse de soleil : vous ne croirez pas non plus que les Chinois aient fait des pénitences publiques, au sujet d'une éclipse de soleil, et *qu'*ils aient cru apaiser, par ce moyen, le courroux du ciel ; cependant tout cela est vrai. Les Missionnaires rapportent *que* l'empereur de la Chine publia, à l'occasion d'une éclipse, un édit par lequel il reconnaît *que* le ciel annonce par ce phénomène quelque calamité prête à tomber sur l'empereur ou sur le peuple.

Les mêmes Missionnaires assurent *que*, dès que cette éclipse commença, tous les bons Chinois, hommes et femmes, se prosternèrent, frappant du front contre terre, s'arrachant les cheveux, les sourcils et les moustaches. Ils ajoutent *que* prenant aussitôt des tambours, des timbales, des chaudrons, des poêles et autres instrumens, ils les frappèrent à coups redoublés. Lorsque l'ombre disparut, ils furent tous persuadés *que* ce bruit avait chassé le mauvais génie qui couvrait l'astre éclipsé avec ses mains ou son corps. Je suis persuadé *que* les jeunes gens auront déjà dit *que* nous avions inventé toutes ces relations ; mais ils verront *que* nous leur avons dit la vérité, lorsqu'ils auront lu les ouvrages de ces Missionnaires : ils verront *que* les Chinois conservent encore l'édit dont nous avons parlé, dans lequel il est écrit, *que* Dieu a souvent puni les sujets pour les fautes du prince.

Nous lisons dans l'histoire, *que* personne ne régna à Athènes après Codrus, *que* l'administration de la république fut confiée à des magistrats annuels ; *que* les Athéniens n'eurent d'autres lois que leur caprice et leur volonté. Nous lisons encore *que* Solon, homme remarquable par sa justice et son amour pour la patrie, fonda, pour ainsi dire, une nouvelle ville, en donnant des lois aux Athéniens ; et *qu'*il se comporta de telle sorte envers le sénat et le peuple, qu'il s'attira l'amour et l'estime de l'un et de l'autre. L'histoire nous apprend *que* ce législateur, ayant attaqué les ennemis de sa patrie, les tailla en pièces ; et, *qu'*après lui, Pisistrate s'empara, par fraude, du gouvernement.

Quoiqu'Alexandre-le-Grand fût plein d'orgueil, il n'aimait pas les flatteurs. Un jour un de ses amis lui ayant dit *qu'*il avait surpassé Hercule par ses exploits militaires : Je pense, répliqua le prince, *que* mes exploits ne peuvent pas être comparés avec les belles actions d'Hercule ; parce qu'ils leur sont inférieurs. Nous lisons *qu'*un historien, nommé Aristobule, avait composé un ouvrage contenant les belles actions d'Alexandre, dans lequel il avait beaucoup exagéré ; *que* ce prince en ayant entendu lire quelques passages, l'arracha avec violence des mains de l'auteur, et le jeta dans l'eau, en disant à Aristobule : Imposteur, je t'y jetterais-toi-même ! comment oses-tu dire *que* je suis assez fort pour terrasser plusieurs éléphans d'un seul coup de trait ?

I V.

Credo illum cràs *venturum esse*.

APRÈS un *que retranché*, mettez au futur de l'infinitif latin, 1°. le futur de l'indicatif français (1) ; 2°. le présent du subjonctif, quand on peut

____

(1) Le futur se met au présent de l'infinitif, lorsqu'il peut se tourner par le présent de l'indicatif ; ce qui arrive

le tourner par le futur de l'indicatif, en transportant la négation du premier verbe au second ; 3°. le présent conditionnel français (1).

Exemples :

Je crois qu'il viendra demain, *Credo illum cràs venturum esse.*

Je ne crois pas qu'il vienne demain (*on peut tourner*, je crois qu'il ne viendra pas demain); *Non credo illum cràs venturum esse.*

Je croyais qu'il viendrait demain , *Putabam eum cràs venturum esse.*

THÈMES.

Je suis persuadé *que* mes relations ne plairont pas à tous les jeunes-gens ; j'ose néanmoins assurer *que* quelques-uns les écouteront avec plaisir, et *qu*'elles leur seront utiles dans la suite. Il est certain *que* demain je leur raconterai quelque chose touchant les Juifs. Je ne crois pas *qu*'ils me contredisent ; au contraire, j'espère *qu*'ils m'engageront

---

ordinairement quand le premier verbe est aussi au futur ; *Ex. :* Quand vous secourrez les pauvres, je croirai que vous aimerez votre prochain : *Quandò pauperibus opitulaberis, proximum tuum à te amari credam.* Quand vous quitterez la compagnie des libertins, je dirai que vous serez sage (*tournez*, je dirai vous être.......) ; *Cum perditorum hominum consortia vitabis , sapere te dicam.*

(1) Avec les verbes *posse , velle , malle*, le présent conditionnel français se traduit par le présent de l'infinitif, parce que ces verbes n'ont point de futur à l'infinitif, et jamais les Latins n'ont mis *fore ut* avec ces verbes. *Ex. :* J'ai cru un peu trop facilement que je pourrais supporter votre absence ; *Paulò faciliùs putavi posse me ferre desiderium tui.* La même chose arrive lorsqu'il est précédé d'un autre présent conditionnel. *Ex. :* Je dirais que vous seriez l'honneur de votre famille si..... (*tournez*, je dirais vous être) ; *Te tuæ gentis decus esse dicerem, si......*

à leur raconter de temps en temps quelque chose de nouveau. Je pensais *que* quelques-uns se moquaient de ce que je leur ai raconté dernièrement, et *qu'*ils en riraient; mais je vis avec plaisir *que* tout le monde écoutait attentivement, et que personne ne riait.

~~~~~

Les Juifs prétendent *que* l'antechrist naîtra à Rome, de la statue d'une vierge parfaitement belle. Ils disent *qu'*il sera d'une taille prodigieuse; *que* la hauteur du corps de ce monstre sera de dix aunes. Ils croient *que* l'espace qui sera entre les deux yeux de cet autre Polyphème, aura une aune de longueur; *qu'*il aura les yeux extrêmement rouges, enflammés et enfoncés dans la tête. Ils assurent *qu'*il aura les cheveux roux comme l'or, et les pieds verts. Ils ajoutent *que* ce géant aura deux têtes; *qu'*il publiera une mission divine, et commandera aux hommes de l'adorer.

~~~~~

Les Rabbins prétendent *que* tous les Romains se rangeront sous les lois de l'antechrist. Ils disent *que* le Messie Néhémie (car ils en attendent deux) lui fera la guerre, et *qu'*il marchera contre lui à la tête de trente mille Juifs. Ils assurent *que* le chef des Romains sera battu par l'armée juive, et *que* deux cent mille hommes périront dans le premier combat; mais ils croient *que* l'antechrist reviendra à la charge, et *qu'*il tuera de sa propre main le Messie Néhémie; que les anges descendront du ciel pour enlever le cadavre du vaincu, et *qu'*ils l'emporteront pour l'ensevelir avec le corps des anciens Patriarches.

~~~~~

Les Rabbins disent encore *que* les Juifs per-
~~~~~

dront courage, et *qu'ils* prendront la fuite; *qu'en-*
suite toutes les nations les persécuteront, et *qu'ils*
souffriront ce qu'ils n'ont jamais souffert. Ils ignorent cependant l'époque à laquelle l'antechrist naîtra, mais ils croient toujours *qu'il* naîtra bientôt ;
ils ignorent aussi l'arrivée de tous ces événemens,
mais ils prétendent *qu'ils* arriveront bientôt ; et ils
espèrent *que* ce Messie les délivrera de l'oppression
des autres nations. Je crois *qu'ils* se sont trompés,
et qu'ils se tromperont. Il y a déjà long-temps
qu'ils croient *qu'il* viendrait, et ils se sont
trompés. Ils espéraient *qu'il* les délivrerait de
l'esclavage des Chrétiens ; *qu'il* rétablirait la monarchie judaïque, et *qu'il* les rendrait maîtres de
l'univers : ce qui n'a pas été, et je ne pense pas *que*
cela arrive encore.

<center>~~~~</center>

Nous sommes persuadés *que* la plupart des jeunes-gens aimeraient mieux jouer que de faire des thèmes et des versions ; et nous croyons qu'il vaudrait
beaucoup mieux pour quelques-uns, parce que
nous sommes assurés *qu'ils* dépenseront l'argent
des parens mal-à-propos, et *qu'ils* seront toujours
des ignorans et des stupides ; *qu'ils* ne deviendront
propres à aucune fonction, *qu'ils* ne pourront occuper aucune place dans la société, et *qu'ils* ne seront jamais utiles au gouvernement. Nous leur
prédisons *qu'ils* maudiront un jour ces jeux et
ces amusemens ; mais en vain, le temps perdu est
irréparable.

<center>~~~~</center>

Une reine promit de placer sur son trône, pendant l'espace d'un jour, l'enfant qui passerait
pour le plus sage; elle promit aussi *qu'elle* lui
accorderait tout ce qu'il demanderait. Le jour

marqué elle assembla tous les enfans les plus sages , et les interrogea sur les bonnes actions qu'ils
avaient coutume de faire. Le premier lui répondit : *que* pendant toute l'année dernière il avait
occupé la première place dans sa classe , et *qu'il*
espérait l'occuper l'année suivante ; le second , *que*
ses parens lui disaient souvent *que* ses habits
étaient sales et mal arrangés , mais *qu'il* voulait
être propre dans la suite , *qu'il* voulait contenter
ses parens et en être aimé.

Le troisième dit à la reine : je donne souvent
mon pain aux pauvres , parce que je sais *que* les
bonnes œuvres parviendront jusqu'au trône de
Dieu , et *que* Jésus-Christ protégera ceux qui auront fait du bien à leur prochain , c'est pourquoi
j'espère *qu'il* m'aimera et *qu'il* me fera la grâce de
parvenir à la gloire éternelle qui m'est réservée.
Le quatrième parla ainsi : Reine , si vous connaissiez mes parens , vous les aimeriez autant (1) que
moi ; je leur ai toujours obéi promptement , et
je vous promets *que* je leur obéirai toujours. Alors
la reine dit : *qu'elle* donnerait des récompenses à
tous , mais *que* le quatrième aurait la plus grande.

V.

Credebam illum *venturum fuisse* si....

Nesciebam te *advenisse*.

APRÈS un *que retranché*, mettez au futur passé
de l'infinitif latin , le plusque-parfait du subjonc-

---

(1) *Autant*, devant un verbe ordinaire , s'exprime par
tantùm, et *que* par *quantùm*.

tif français; cependant, s'il peut se tourner par
le plusque-parfait de l'indicatif, mettez-le au
parfait de l'infinitif.

Exemples :

Je croyais *qu'*il serait venu si... ; *Credebam illum venturum fuisse si....*

Je ne savais pas que vous fussiez arrivé (*tournez*,
que vous étiez arrivé); *Nesciebam te advenisse.*

THÈMES.

Je crois *que* votre père vous aurait donné une
récompense hier, si vous eussiez été plus sage et
plus studieux, et *qu'*aujourd'hui il vous aurait conduit à la campagne avec lui. Vous croyez sans
doute *que* votre père n'aurait pas appris *que* vous
vous fussiez mal comporté ; vous pensiez *qu'*il
ignorerait *que* vous eussiez fréquenté les mauvaises
compagnies, que vous y eussiez resté toute la journée, et *que* vous eussiez manqué à tous vos devoirs. Si vous aviez cru *qu'*il serait instruit de tout
cela, vous vous seriez comporté tout autrement.
Je croyais *que* vous auriez écouté les conseils que
je vous ai donnés. et *que* vous les auriez suivis ;
mais je vois avec douleur *que* j'ai perdu mon
temps et ma peine.

<div style="text-align:center">~~~~~</div>

Je crois *que* votre frère aurait dîné aujourd'hui
chez nous, et *que* nous aurions eu le plaisir de
jouir de sa présence, s'il eût été mandé par votre
oncle. Il m'avait promis *qu'*il aurait terminé les
affaires dont il était chargé, et *qu'*il viendrait chez
nous à onze heures ; et je crois *qu'*il aurait tenu
parole. Mais il ne prévoyait pas *que* votre oncle
fût malade; car s'il avait prévu cela, je sais *qu'*il
me l'aurait dit, et *qu'*il ne m'aurait pas fait at-

tendre jusqu'à cette heure. Cependant il me semble *qu*'il aurait dû m'envoyer son domestique, pour m'avertir *qu*'il ne pouvait pas effectuer la promesse qu'il m'avait faite.

~~~~~

Les Espagnols répondirent *que* (si les étrangers eussent voulu conserver le repos de la société, et prendre à cœur le bien général) ils auraient travaillé pour eux avec plaisir et affection ; *qu*'ils leur auraient permis de se promener à leur fantaisie. Je crois en effet *que* tout aurait parfaitement réussi ; *que* les Espagnols leur auraient rendu les armes *qu*'ils leur avaient enlevées ; *qu*'ils leur auraient donné la même liberté dont ils jouissaient auparavant, et *qu*'ils les auraient rendus heureux.

~~~~~

Soyez persuadés, mes amis, *que* Dieu n'ignore rien, *qu*'il voit tout, jusqu'à nos plus secrètes pensées. Le méchant croit *que* Dieu ignore ce qui se passe dans son cœur, il croit pouvoir commettre en secret les actions les plus honteuses ; mais il se trompe. Nous savons *que* celui qui doit un jour le juger a les yeux sur lui, et *qu*'il se repentira tôt ou tard de ses actions, et en subira la peine *qu*'il a méritée. Il devrait penser *que* la mort, qui n'épargne personne, tranchera le fil de ses jours au moment qu'il y pensera le moins. Les Anciens croyaient *que* les Dieux vengeurs des crimes poursuivaient toujours les méchans.

~~~~~
~~~~~

VII.

L'Imparfait en asse , insse , isse , usse.

Non credebam, non credidi, non credideram
te *ægrotare.*

QUELQUEFOIS l'imparfait du subjonctif, en *asse,
insse, isse, usse,* se tourne par l'imparfait de l'indicatif ou par le futur. Lorsqu'on peut le tourner par l'imparfait, il suit la règle de l'imparfait ;
et celle du futur, quand on peut le tourner par le
futur.

Exemples :

Je ne croyais pas, je n'ai pas cru, je n'avais pas
cru que vous fussiez malade (*tournez,* que vous
étiez malade); *non credebam, non credidi, non
credideram te ægrotare* (1).

Je ne crois pas, je ne croirai pas que vous fussiez malade (*tournez,* que vous étiez malade); *Non
credo, non credam te ægrotavisse* (2).

Si je croyais que vous vinssiez bientôt, je vous
attendrais (*tournez,* que vous viendrez bientôt,
je vous attendrais) ; *Si putarem te brevi venturum
esse, te expectarem* (3).

---

(1) Je mets le présent *ægrotare,* parce que le premier
verbe est à l'un des temps passés.

(2) Je mets le parfait de l'infinitif, *ægrotavisse,* parce
que le premier verbe est au présent ou au futur.

(3) Je mets le futur de l'infinitif, *venturum esse,* parce
que la phrase étant tournée, le second verbe ou l'imparfait
vinssiez se trouve au futur de l'indicatif *viendrez.*

L'imparfait *je dusse, tu dusses,* etc., suivi d'un infinitif, ne s'exprime point en latin, et il marque toujours
un futur. *Ex. :* Si vous pensiez qu'un roi vînt ou dût venir
chez vous, que ne feriez vous pas ? *si venturum ad te
regem putares, quid non ageres ?*

T H È M E S.

Je crois *que* le ciel (qui vous a toujours protégé) serait venu à votre secours, si vous eussiez été dans un grand danger. Les Dieux permirent, à la vérité, *que* vous entreprissiez un voyage téméraire ; ils voulurent *que* vous fissiez une faute, qui sera propre à vous corriger ; mais ils ne permirent pas *que* vous périssiez, ni *que* vous fussiez maltraité par les habitans de l'île où vous abordâtes. Je crois même *qu'*ils voulurent *que* vous abordassiez dans cette région fortunée, et *que* vous y trouvassiez le meilleur de vos amis.

~~~~~~~

Je ne croyais pas *que* les Dieux fissent de pareilles faveurs aux mortels, ni *qu'*ils les protégeassent de la sorte. Je souhaiterais *que* votre voyage eût été plus heureux, et *que* vous eussiez réussi dans toutes vos entreprises. J'aurais été content si, de temps en temps, j'eusse appris de vos nouvelles, et que j'eusse su *que* vous jouissiez d'une bonne santé : mais ne recevant aucune de vos lettres, ignorant où les vents vous avaient jeté, je m'imaginais *que* je ne vous verrais plus, et *que* déjà vous étiez devenu la pâture des poissons.

~~~~~~~

Si j'avais cru *que* vous eussiez couru tant (1) de dangers sur ces mers orageuses, je vous aurais retenu à la maison ; mais je ne prévoyais pas *que* tous ces malheurs dussent vous arriver. Aujourd'hui j'ai bien du plaisir *que* vous ayiez fait ce voyage, et *que* vous en soyiez arrivé en bonne

---

(1) *Tant*, devant un nom de choses qui se comptent, s'exprime par *tot*, ou par *tantus*, *a*, *um*, lorsqu'on peut ajouter le mot *grand*.

santé. J'espérais *que* vous arrivassiez seulement vers la fin du mois de septembre. Si j'avais cru *que* vous vinssiez si tôt, je vous aurais accompagné dans votre voyage. Je me rappelle *que* nous allâmes autrefois dans ce pays, et je me souviendrai toujours *que* nous en fussions venus riches, si nous eussions bien fait nos affaires.

~~~~~

Vous m'avez dit *que* vous aviez été jeté par les vagues jusque sur les côtes de la Barbarie. Je ne croirai jamais *que* les Barbares eussent manqué cette proie. — S'ils nous eussent vus, il est certain *qu'*ils nous eussent pris, et *qu'*ils nous eussent conduits à Tunis ou à Alger; mais vous savez, et vous avez déjà dit vous-même, *que* les Dieux (qui avaient permis *que* nous fussions exposés à tous ces dangers) n'avaient pas voulu *que* nous périssions, mais *que* nous fussions instruits par notre propre expérience.

~~~~~

Nous lisons dans l'histoire romaine, *que* Pompée, gouverneur de la Sicile (ayant appris que la disette était à Rome), fit une grande provision de grains, pour y apporter; *qu'*étant prêt à partir, il s'éleva une grande tempête, et *que* les matelots n'osèrent lever l'ancre. Alors Pompée, ne niant pas *qu'*il n'y eût un grand danger de s'exposer à la violence des flots agités, mais sentant *que* les Romains étaient en proie aux horreurs de la famine, leur dit: Je ne croyais pas *que* vous fussiez si lâches, et *que* vous aimassiez si peu (1) votre patrie; levez l'ancre, il n'est pas nécessaire *que* nous vivions, mais *que* nous apportions du secours au peuple romain.

----

(1) *Si peu*, avec un verbe ordinaire, s'exprime par *tàm parùm.*

VII.

PREMIÈRE OBSERVATION.

Credo *fore ut te pœniteat*, etc.

Lorsqu'après un *que retranché*, on doit mettre le verbe à l'un des deux futurs de l'infinitif, et que le verbe latin n'en a point (1), il faut, 1° exprimer le futur de l'indicatif et le présent du subjonctif français, par *fore ut* ou *futurum esse ut*, avec le présent du subjonctif latin (2); 2° le présent conditionnel français, par *fore ut*, avec l'imparfait du subjonctif latin; 3° le plusque-parfait du subjonctif français, par *futurum fuisse ut*, avec l'imparfait du subjonctif latin. On se sert encore de *fore ut*, avec le parfait du subjonctif, pour exprimer le futur passé et le parfait du subjonctif, quand ils marquent l'avenir.

Exemples :

Je crois que vous vous repentirez, *Credo fore ut te pœniteat* (c'est-à-dire, je crois qu'il arrivera que vous vous repentirez).

Je croyais que vous vous repentiriez; *Credebam fore ut te pœniteret* (c'est-à-dire, je croyais qu'il arriverait que vous vous repentiriez).

Je croyais que vous vous seriez repenti; *Credebam futurum fuisse ut te pœniteret.*

Vous croyez qu'il aura bientôt terminé cette affaire; *Credis fore ut brevi illud negotium confecerit.*

---

(1) Tout verbe qui n'a pas un supin, n'a point de futur à l'infinitif.

(2) On se sert également de *fore ut*, ou *futurum esse ut*, après les verbes *spero*, *puto*, *suspicor*, etc., quand même le verbe suivant aurait un supin, et par conséquent un futur à l'infinitif.

Je ne crois pas qu'il ait si tôt terminé cette affaire ; *Non credo fore ut tàm citò illud negotium confe- cerit.*

THÈMES.

Votre frère ne s'applique point à l'étude ; je crois qu'il s'en repentira un jour, et qu'il aura honte de sa négligence. Je pensais qu'il étudierait les leçons que je lui avais données : mais point du tout. Je m'imaginais qu'il se serait ennuyé de jouer et de folâtrer, et que les jeunes-gens qui étaient avec lui lui auraient dit de s'appliquer à l'étude : mais le contraire est arrivé. S'il continue, je crois qu'il aura bientôt oublié ce qu'il sait. Il me semble qu'autrefois il aurait rougi des reproches que je lui fais, et aujourd'hui il est insensible à tout ce que je lui dis ; ce qui me fait penser (ce qui fait *que je pense*) qu'il sera un mauvais sujet, et qu'il se perdra s'il continue de fréquenter les jeunes-gens qu'il a fréquentés jusqu'ici. Votre mère me dit qu'il se corrigera, et qu'il ne faut pas croire qu'il ait si tôt perdu tous les bons principes qu'il a reçus. Pour moi, je dis qu'il ne changera jamais, et qu'il faudra le punir sévè- rement, si nous voulons le ramener au vrai chemin. Je crois qu'un jour nous nous repentirons de notre bonté et de notre douceur.

***

Je ne croyais pas que vous auriez terminé cette affaire avant le mois de juin : je vois maintenant que je me suis trompé. Je ne crois pas que vous ayez écrit à vos parens ; je crois qu'il y aura bientôt un an que vous ne leur avez écrit. Je suis persuadé que vos parens auront honte de votre paresse ; et il est certain qu'ils vous l'auraient reprochée, s'ils n'a- vaient pas voulu vous épargner. Je pense que le roi se serait repenti de sa trop grande bonté. Je sais qu'il aurait voulu faire grâce à tous les coupables ;

mais il a senti que l'impunité rendrait les méchans
plus audacieux.

~~~~~

Je crois qu'un jour vous aurez honte de la conduite que vous tenez maintenant, et que vous vous
repentirez de n'avoir pas (*de ce que vous n'avez
pas*) suivi mes conseils. Vous avez déjà oublié le
maître que vous avez eu l'année dernière. Quoi de
plus indigne d'un enfant bien né! Avez-vous pensé,
en agissant de la sorte, qu'*un* jeune homme bien
élevé rougirait, s'il était seulement soupçonné d'a-
voir perdu le souvenir du gouverneur qui a eu
soin de lui? Je suis persuadé que votre frère aurait
honte d'avoir oublié le moindre bienfait, et vous
ne rougissez pas d'en avoir oublié un si grand!
J'aurais cru que vous vous en fussiez déjà repenti ;
mais je vois que votre maître aura donné ses soins
à un ingrat.

~~~~~

Je me flattais que vous étudieriez mieux cette
année que l'année dernière! mais je vois que je me
suis trompé. Cependant vous devriez faire en sorte
que vos maîtres fussent contens de vous, et qu'ils
ne se repentissent point des peines et des soins qu'ils
ont pris pour vous. Si vous ne tâchez de les contenter, je vous promets qu'un jour vous vous en
repentirez. Vos condisciples ne pourront pas croire
que vous avez étudié avec soin et application, lorsqu'ils vous verront ignorant et stupide comme le
dernier des paysans. Ils sauront cependant que vous
êtes resté plusieurs années dans les colléges, et que
vous avez été sous de bons maîtres, mais que vous
n'en avez pas profité. Vous verrez qu'ils auront
honte d'être à votre compagnie.

~~~~~

Je crois que les hommes qui ont été condamnés
~~~~~

à mort hier se seraient repentis des crimes qu'ils avaient commis, s'ils en eussent connu l'énormité; je suis persuadé qu'ils auraient eu honte d'eux-mêmes, s'ils eussent paru à leurs yeux, tels (1) qu'ils paraissaient aux yeux des autres. Je pense qu'ils auraient mieux aimé être condamnés aux galères qu'à la mort. Je ne crois pas qu'ils eussent refusé de se soumettre à la punition la plus humiliante et la plus sévère, si, à ce prix, ils eussent pu obtenir la vie. Faisons le bien, mes amis, et évitons le mal, puisque nous savons que c'est le seul moyen d'être agréables aux yeux de Dieu et des hommes.

VIII.

SECONDE OBSERVATION.

Credo *me legisse*, etc.

APRÈS les verbes *croire, espérer, promettre, menacer, se souvenir*, etc., l'infinitif français se met à l'infinitif latin, devant lequel on ajoute un pronom accusatif. Ce pronom est *me*, quand le premier verbe est à la première personne; *te*, quand il est à la seconde, et *se* quand il est à la troisième.

Après les verbes *promettre, espérer, menacer*, on met le second au futur de l'infinitif; et après *memini*, se souvenir, on met élégamment le présent au lieu de l'imparfait.

Exemples :

Je crois avoir lu (*tournez*, je crois moi avoir lu); *Credo me legisse.*
Vous croyez être heureux (*tournez*, vous croyez vous être....); *Credis te esse beatum.*

______

(1) *Tel* s'exprime par *is, ea, id;* et *que*, par *qui quæ, quod.*

Il espère partir bientôt (*tournez, soi partir, ou qu'il partira.....*); *Sperat se brevi profecturum esse* (1).

Je me souviens d'avoir lu ; *Memini me legere* (au lieu de *legisse*).

THÈMES.

Je conviens de m'être trompé : imitez-moi dans mon aveu, puisque vous m'avez imité dans ma faute. Je vous promets de faire toutes choses pour vous, si vous vous rendez digne de mon amitié : mais n'espérez pas de me trouver tendre, lorsque vos maîtres se plaindront de vous, et qu'ils viendront me rapporter que vos progrès sont lents, que vous ne travaillez pas, et que vous n'écoutez pas ce qu'ils vous disent. Je vous ai cru jusqu'à présent le plus sage et le plus diligent des écoliers du collége ; mais je vois que je suis dans l'erreur. Vous niez de m'avoir promis que vous changeriez de conduite : je comprends par-là que vous êtes sincère.

<div style="text-align:center">~~~~~</div>

Je vous ai promis d'aller aujourd'hui chez votre oncle, et j'espère vous tenir parole. Je crois vous avoir dit d'amener votre frère avec vous. J'espère avoir le plaisir de voir cette grande forêt qui est derrière le vieux château, et que je me souviens d'avoir parcourue l'année dernière avec vous. Je vous promets de vous y faire voir bien des choses qui vous étonneront ; car je me souviens d'y avoir vu des oiseaux qui avaient le plus beau ramage que j'aie jamais entendu. Je me souviens aussi d'avoir vu des arbres creux qui étaient remplis de chauves-souris, et j'étais étonné de les voir sortir en foule

---

(1) Les verbes *espérer*, *promettre*, *menacer* veulent après eux le futur de l'infinitif. Cependant on trouve le présent après *sperare* : *Spero te mihi ignoscere*. Cic.

lorsque nous frappions l'arbre où elles étaient. Je crois y avoir vu aussi plusieurs troupeaux de lapins qui fuyaient, les uns à droite, les autres à gauche. Je vous promets de vous montrer aujourd'hui plusieurs choses qui vous amuseront plus que les lapins et les chauves-souris : ce sont plusieurs nids de pies, de corneilles, de rossignols, de tourterelles et d'autres oiseaux.

Je me souviendrai toujours, disait un jeune homme en parlant d'un roi mort dans un combat, d'avoir vu ce héros qui nageait dans le sang : il me semble voir encore ces yeux fermés et éteints, ce visage pâle et défiguré, cette bouche entr'ouverte, qui semblait vouloir encore achever des paroles commencées ; cet air superbe et menaçant, que la mort n'avait pu effacer. Je crois le voir toujours peint devant mes yeux. Je suis presque assuré de ne jamais oublier le moment fatal qui a mis fin à la vie de ce grand prince ; et si jamais les Dieux me faisaient régner, je me souviendrais d'avoir vu un roi qui savait gouverner les peuples et commander les armées. Si le ciel me promettait d'avoir un jour cet avantage, je tâcherais de devenir habile dans un art d'où dépend le bonheur des peuples et la sûreté du prince.

Celui qui espère vivre long-temps est un insensé : nous partirons tôt ou tard de ce monde. Ces pompes funèbres qui passent tous les jours devant nos yeux, nous avertissent que nous mourrons. Cependant, quoique nous soyons tous les jours parmi les morts et les mourans, nous ne pensons point à la mort : rien ne se renouvelle plus souvent, et rien ne s'oublie plus facilement. Néanmoins, il est certain *que* nous ne vivrons pas toujours : celui qui pense vivre long-temps, et acquérir des richesses et des honneurs, est souvent le premier à partir. Pensons *que* l'heure de notre mort est incertaine : cela nous engagera à nous tenir prêts.

RÉCAPITULATION,

Depuis le n.° 1, jusqu'au n.° 8.

THÈMES.

JE suis persuadé qu'Epicure n'a pas cru sincèrement tout ce qu'il a avancé. Ceux qui suivent la doctrine, ou plutôt le système de ce radoteur, soutiennent avec lui que le monde est l'ouvrage des atômes : ils vous disent, et vous diront toujours que c'est le hasard qui a formé toutes les merveilles que nous voyons; qu'un vide immense existait de toute éternité ; que les atômes étaient portés et agités dans ce vide; qu'ils avaient différens mouvemens; et que, par le moyen de ces mouvemens, ils se sont coalisés ensemble, et ont formé les globes lumineux qui roulent sur nos têtes, le ciel et la terre avec tout ce qu'ils contiennent, sans en excepter l'homme.

Croyez-vous que les philosophes d'aujourd'hui seront assez (1) insensés pour admettre un tel système ? Je ne crois pas qu'il y en ait un seul qui veuille défendre les absurdités d'Epicure : au contraire, je pense que plusieurs mépriseront le système et le philosophe; car il est certain que tous les gens d'esprit traitent et traiteront d'insensés tous

___

(1) *Assez* se tourne par *tant* ou *si*, et s'exprime par *tàm ;* et *pour*, par *ut* ou *qui*, avec le subjonctif.

les Epicuriens. Il me semble que la majesté et l'ordre qui règnent dans les cieux et sur la terre auraient dû ouvrir les yeux à ces aveugles. Il est
bien étonnant que le hasard et les atômes aient
établi un ordre pareil.

Si les Epicuriens n'eussent pas été des aveugles,
ils n'auraient jamais osé avancer des absurdités pareilles. Il est certain que la grandeur des cieux
leur représentait l'immensité de Dieu, qui renferme dans son essence tout ce qu'il en tire par son
pouvoir ; que la solidité de la terre leur donnait
une image de la stabilité du Créateur, qui cause
tous les changemens de l'univers sans changer lui-
même ; que la lumière du soleil leur désignait
l'ombre et le portrait de cette puissance infinie et
bienfaisante, qui, répandue dans toute la nature,
en forme la vie et la joie ; que la mer irritée, dont
les flots s'élèvent jusqu'aux cieux et descendent aux
abîmes, leur fournissait une peinture redoutable
de la colère de celui qui menace les ingrats qui fou-
lent aux pieds les bienfaits qu'il leur prodigue, et
qui refusent de le reconnaître. Il me semble enfin
que toutes les créatures attestaient à ces ingrats les
perfections de l'Etre suprême qui les avait tirés du
néant, et qui les conservait.

L'histoire ecclésiastique nous enseigne que les
vertus des premiers Chrétiens surpassaient tout ce
que l'imagination des philosophes a pu figurer de
plus parfait ; que tout se faisait parmi eux dans
l'union d'un même esprit ; que les riches vendaient
ce qu'ils possédaient, et en distribuaient l'argent
aux pauvres, selon leurs besoins ; que tous en général méprisaient les richesses et les honneurs ; que
l'opulent était sans faste, et le pauvre sans confu-

sion ; que les vierges gardaient la pureté dans un rang éminent, et les femmes la chasteté conjugale ; que les maîtres commandaient les domestiques avec douceur, et que ceux-ci s'acquittaient de leurs devoirs par amour et non par crainte ; qu'ils étaient tous pleins de charité les uns pour les autres ; qu'enfin, c'était une société d'amis et de frères.

<center>~~~~~</center>

Les historiens rapportent que Sénèque, demandant à Néron la permission de se retirer de la cour, lui parla en ces termes : Voici, Néron, la quatorzième année que je suis à votre service, et la huitième de votre empire ; vous savez que, pendant ce temps, vous m'avez comblé de biens et d'honneurs, et qu'il ne manque à ma fortune que la modération ; vous n'ignorez pas non plus qu'Auguste, votre trisaïeul, permit à Agrippa de se retirer à Mitylène, et à Mécénas de vivre à Rome avec le repos et la tranquillité dont on jouit à la campagne ; et qu'après avoir rendu, l'un et l'autre, de grands services, et reçu de grandes récompenses, ils passèrent le reste de leur vie dans la paix et la tranquillité.

<center>~~~~~</center>

Je sais que je n'ai pu contribuer à l'excellence de votre nature ; que l'éducation que je vous ai donnée, est devenue illustre par votre nom ; que les récompenses, dont vous avez couronné mes peines et mes travaux, sont excessives ; qu'il est étonnant qu'un étranger, d'une naissance médiocre, soit élevé aux plus grandes dignités de l'empire, et que cet esprit, qui se bornait à une fortune médiocre, possède aujourd'hui des palais, des jardins, et un grand nombre de terres : mais mon excuse est que je n'ai pu refuser les grâces de mon prince. Je crois que nous avons tous deux assez

fait; que vous m'avez donné tout ce qu'un prince
pouvait donner, et que j'ai reçu tout ce qu'un
particulier pouvait recevoir d'un très-bon et très-
grand empereur. Je suis persuadé que tout ce que
vous pourriez y ajouter m'attirerait l'envie de mes
concitoyens. Veuillez donc permettre que je me
retire de votre palais, et que je prenne quelque
repos.

Quand vous partîtes d'ici, madame, je vous promis que je vous donnerais de mes nouvelles. Je suis
homme de parole. Depuis votre départ, je suis allé
visiter votre terre : j'ai trouvé que votre fermier
avait entièrement terminé les semailles, et qu'il
exécutait vos derniers ordres avec exactitude; mais
j'ai découvert une chose qui vous étonnera. J'ai
appris que vos fermiers donnaient le couvert à une
espèce de prophète, qui certainement ne suit pas
les traces des prophètes du Seigneur, et je crois qu'il
ne descend pas de la même race; car il ne leur
ressemble pas.

Je les ai exhortés à congédier ce personnage, et
je n'ai pas pu l'obtenir. Ils m'ont répondu qu'ils
l'estimaient, qu'ils l'aimaient beaucoup, et qu'ils
ne le chasseraient pas sans un ordre exprès de votre
part. Quand j'ai vu qu'ils étaient résolus de le garder, j'ai cru que je ne devais pas insister davantage,
et je me suis retiré. Souhaitant néanmoins de voir
ce prophète de nouvelle espèce, je suis allé une
seconde fois chez vos fermiers, et j'ai satisfait ma
curiosité. Si je vous disais que je l'ai trouvé couché
à la porte de l'écurie, vous me diriez que je vous
en impose; cependant ce que je vous dis est vrai.
Dès qu'il a vu que je m'approchais de lui, il s'est
levé, et je puis vous dire que j'ai eu le temps de le
considérer attentivement.

J'ai vu qu'il était vêtu d'une robe de toutes sortes de couleurs. Je me suis aperçu que cette robe était sans couture, quoiqu'elle fût composée de plusieurs pièces, et qu'elle n'avait été faite ni de coton, ni de fil, ni de soie, ni de laine, ni de poils, ni de peau d'aucun animal ; et qu'enfin elle n'avait point été fabriquée de la main des hommes. Je suis persuadé que les partisans des Préadamistes l'auraient infiniment respecté ; car il se vante que ceux dont il tire son origine ont précédé Adam. Il a une couronne sur la tête, et une barbe de couleur de sang. Les fermiers m'ont dit qu'ils l'auraient chassé bien vite, s'ils (1) n'eussent été témoins qu'il rend grâce à Dieu jour et nuit.

~~~~~

Au reste, je ne crois pas qu'il soit méchant ni voleur, ni qu'il ait aucune mauvaise intention. Je vois cependant qu'il marche plus fièrement que le plus grand monarque du monde. Je sais que le peuple n'ose le condamner; mais les physionomistes disent qu'il mérite le feu, et je pense qu'ils ont raison. Je ne voudrais pas pourtant opiner, si j'étais juge, qu'il fût brûlé vif; j'aimerais mieux qu'il fût rôti mort, ou qu'il fût cuit dans un pot. Marquez-moi ce que (2) vous voulez que j'exige de vos fermiers, au sujet de ce nouvel hôte; je vous obéirai promptement.

~~~~~

Aristote pria instamment Alexandre de rétablir la ville de Stagyre. Le prince lui accorda ce qu'il demandait; il fit plus, il voulut que ce philosophe fût presque toujours auprès de lui, et il l'honora

---

(1) *Si*, suivi d'une négation, s'exprime par *nisi*.

(2) *Ce que* s'exprime par *quid*, quand il peut se tourner par *quelle chose*.

toujours comme son maître. Souvent il lui écrivit pour l'avertir de lui donner certaines règles de conduite, qu'il ne suivait point. Aristote lui disait de modérer son ambition, de former des desseins plus dignes de sa grandeur, et de ne pas ternir l'éclat de sa vie par des taches dont les historiens ne le laveront jamais. Mais nous voyons qu'Alexandre n'a point suivi les sages conseils de ce philosophe, et qu'il s'est laissé entraîner par les passions.

<div style="text-align:center">~~~~~</div>

Un seigneur espagnol, conduisant un ambassadeur français dans les superbes appartemens du roi d'Espagne, lui dit, en lui montrant les bottes de François Ier, que les Espagnols conservent comme un monument de la gloire de Charles-Quint : Je crois que les Français ne nous montreraient pas les bottes de quelqu'un de nos rois. Non, certes, répondit l'ambassadeur, et vous n'ignorez pas qu'il faut prendre le roi pour avoir les bottes, et le prendre à la guerre ; et vous savez aussi qu'il est difficile de prendre les rois d'Espagne où ils ne vont pas. Quelque temps après, le même seigneur dit à l'ambassadeur, en lui montrant la grandeur et la magnificence du palais de l'Escurial, que Philippe II, roi d'Espagne, fit élever pour accomplir le vœu qu'il avait fait, si les Espagnols gagnaient la bataille de Saint-Quentin : Vous conviendrez, monsieur, que cet édifice est superbe, et qu'il n'appartient qu'aux rois d'Espagne de tenir ce qu'ils promettent à Dieu. — Je conviens, répondit l'ambassadeur, que c'est un beau monument ; mais je dis qu'il faut que votre roi ait eu bien peur pour faire un tel vœu.

IX.

Verbes après lesquels le que *ou de français se rend en latin par différentes
conjonctions.*

Conseiller de.... ; Suadere *ut....*

Conseiller de ne pas... ; Suadere *ne... ou ut ne ..*

APRÈS les verbes *conseiller, persuader, souhaiter, faire en sorte, commander, avoir soin, il faut,
il est juste, il est nécessaire, il arrive, il importe,
etc.*, le *que* ou *de* français s'exprime en latin par
ut, et s'il suit une négation, par *ne*, ou *ut ne* (1).

Exemples :

Je vous conseille de lire (*tournez,* que vous
lisiez), *Tibi suadeo ut legas ;* De ne pas jouer,
Ne ludas.

Ayez soin de vous bien porter, *Cura ut va-
leas ;* De ne pas tomber malade, *Ne in morbum
incidas.*

THÈMES.

Je vous conseille de vivre sagement et de faire
en sorte que tout le monde vous estime. Soyez persuadé que vous ne vous repentirez pas d'avoir vécu
honnêtement. Je souhaite que vous suiviez les conseils que je vous donne. Je désirerais que vous fussiez semblable à votre père. Je vous conseille de

---

(1) On observe la même chose après les substantifs qui
dérivent de ces verbes. *Ex.* : Il n'y a pas de danger que
nous soyons enveloppés ; *Nullum periculum est ne circum-
veniamur.*

Cette règle n'est pas sans exception ; car le *que* se retranche après la plupart de ces verbes. Quelquefois aussi,
au lieu de *ut*, on peut mettre *qui. Ex.* : Faites en sorte
qu'elle vous soit donnée ; *Facito qui ea detur tibi.*

faire tous vos efforts pour devenir homme de bien comme lui. Prenez garde de ne pas vous laisser entraîner par les mauvaises compagnies. Ayez soin d'éviter les hommes corrompus, et de fuir la route qui conduit à la perdition. Faites en sorte de vous bien acquitter de vos devoirs, et de contenter vos parens et vos maîtres.

Un bon prince doit donner le bon exemple, et les sujets doivent le suivre. Il doit avoir soin d'établir des lois justes ; mais il faut que les sujets les observent, et qu'ils prennent bien garde de n'en violer aucun article. Il est nécessaire que quelqu'un commande, et qu'il prescrive les règles que les autres doivent suivre ; car, soyez persuadés, mes amis, que si le prince ne portait pas des lois, ou que les sujets n'observassent pas celles qu'il porte, il serait impossible que les hommes vécussent en société. Il est donc absolument nécessaire qu'il y ait un souverain, qu'il existe des lois, et que nous les observions.

Nous devons prendre garde, mes enfans, de ne pas blesser la réputation des autres, et avoir soin de ne faire à personne ce que nous ne voudrions pas qu'il nous fût fait à nous-mêmes. Prenez donc garde de ne pas nuire à vos condisciples par vos mauvais exemples ; faites en sorte de les porter au bien et de les détourner du mal : soyez persuadés qu'un jour ils vous en remercieront. Il est nécessaire de reprendre vos frères, et de les reprendre d'une manière douce et honnête : la raison et la charité nous ordonnent de le faire, il est donc juste que nous obéissions.

Les Musulmans ont soin de se laver les pieds et

les mains avant d'entrer dans la Mosquée. Les Chrétiens devraient aussi avoir soin de laver leur conscience et de se réconcilier avec leurs frères avant
de se présenter devant Dieu. Les anciens Indiens
faisaient en sorte d'avoir toujours un oignon ou un
ail à la poche, pour chasser les malins esprits. Les
Chrétiens devraient faire en sorte d'avoir toujours
le nom de Jésus-Christ gravé dans leur cœur, pour
que le démon ne pût jamais y entrer. Il serait juste
qu'ils imitassent l'exemple de ces peuples barbares, qui sont encore assis dans les ténèbres de
l'erreur.

X.

Des Verbes curare , oportet , volo , nolo, *etc.*

Litteras ad me *perferendas* curavit, etc.

Après *curare*, avoir soin , on met élégamment
le participe du futur en *dus, da, dum*, si le verbe
a un régime avec lequel on puisse le faire accorder ; après *oportet, volo, nolo, malo*, on met élégamment le participe passé en *us , a, um*.

Exemples :

Il a eu soin de me faire tenir des lettres ; *Litteras ad me perferendas curavit.*

Je veux vous avertir d'une chose ; *Unum te mo-
nitum volo.*

Il aurait fallu faire cela ; *Id factum oportuisset.*

T H È M E S.

Rufinus a eu soin de bien élever ses enfans, et
de leur donner de bons principes de religion. Il a
voulu les prémunir contre l'impiété de notre siècle.
Il a mieux aimé leur laisser une bonne éducation
et de bonnes mœurs , que de grandes richesses.
Pourvu que les enfansde cet homme aient soin

d'éviter la compagnie des hommes méchans et corrompus, ils deviendront des citoyens sages et utiles
à la société ; mais il leur importe de suivre les bons
conseils qu'ils ont reçus de leur père. Rufinus a
voulu les avertir de cela avant de fermer les yeux
à la lumière.

Il faut, mon cher ami, que vous soyez instruit
de mes desseins ; je ne veux pas que vous ignoriez
les projets que je veux exécuter. Nous sommes éloignés l'un de l'autre ; mais j'aurai soin de vous envoyer mon domestique toutes les semaines, pour
vous informer de mes affaires : j'aime mieux en
avoir un autre, si celui que j'ai ne me suffit pas.
J'espère que vous ferez en sorte de me choisir un
homme instruit, qui puisse bien défendre ma cause,
et que vous aurez soin de veiller à tout, et de me
faire tenir des lettres touchant les bons ou mauvais
succès que j'aurai sur mon adversaire. J'aurai soin
de vous faire réponse sur-le-champ, et de vous faire
passer l'argent dont vous aurez besoin.

XI.

Dic illi, mone illum *me advenisse.*

Après *dire, avertir, persuader, écrire,* etc., le
que se retranche, quand il ne peut se tourner
par *de.*

Exemple :

Dites-lui, avertissez-le que je suis arrivé ; *Dic
illi, mone illum me advenisse.*

THÈMES.

Je suis persuadé que mon père n'a pas reçu la
lettre que je lui écrivis lorsque je fus arrivé ici :
il aurait eu soin de me faire réponse. Je lui avais

marqué que je me portais bien, que mon voyage avait été heureux, et que je m'étais déjà acquitté de toutes les commissions dont il m'avait chargé. Je veux lui écrire au plus tôt que je suis dans cette ville, et que toutes mes affaires vont bien. Je veux lui dire que je suis chez mon oncle, et que je crois y rester jusqu'à mon départ. Je suis persuadé qu'il ne sera pas fâché d'apprendre cette agréable nouvelle.

~~~~~

Mon fils, vous me dites dans votre lettre que votre voyage a été heureux, que toutes vos affaires vont bien, que vous jouissez d'une parfaite santé et que vous êtes chez vos parens. Vous me marquez même que vous croyez y rester jusqu'à votre départ : je le souhaite. Soyez persuadé que votre lettre m'a causé beaucoup de plaisir. Vous me dites que vous m'aviez écrit le lendemain de votre arrivée ; mais je n'ai pas reçu votre première lettre ; si je l'avais reçue, je vous aurais fait réponse aussitôt. Je vous avertis de ne donner vos lettres à personne, de les remettre vous-même à la poste. Il n'est pas nécessaire de vous dire que je désire d'apprendre souvent de vos nouvelles : vous aurez soin aussi de m'avertir de votre départ. Adieu.

XII.

Il n'importe pas que.... on de...; Nihil refert utrùm... an...

Quand après *il n'importe pas*, *il importe peu* (1), *qu'importe*, il y a deux *que* ou deux *de*, on les tourne par *si*, et on exprime le premier par *utrùm*, et le second par *an*, avec le subjonctif.

____

(1) *Peu*, avec ces verbes, s'exprime par *parvi*.
~~~~~

Après *parùm curare* (se mettre peu en peine), les deux *que* ou *de* s'expriment aussi par *utrùm an;* et si, à la place du second *que* ou *de*, il y a ces mots, *ou non*, on les exprime par *an non*, ou *nec ne.*

Exemples :

Il m'importe peu, que m'importe d'être riche ou pauvre (*tournez*, si je suis riche....) ? *Nihil meâ refert, quid meâ refert utrùm sim dives an pauper ?* (Au lieu d'*utrùm*, on peut mettre *ne* après le premier mot.... *dives-ne sim an pauper.*)

Je me mets peu en peine que vous m'écoutiez ou non ; *Parùm curo utrùm me audias an non*, ou *nec ne.*

THÈMES.

L'ignorant ne peut jamais se taire : peu lui importe d'être estimé ou méprisé ; il se soucie fort peu d'avoir du crédit ou de n'en avoir pas. Que nous importe qu'un citoyen chérisse ou non le gouvernement sous lequel il vit, pourvu qu'il se conforme aux loix établies ? Qu'importe au gouvernement qu'un homme suive ou ne suive pas la religion qui est la plus répandue, pourvu qu'il ne trouble personne dans l'exercice de ses devoirs ? Nous avons tous de grands défauts, c'est pourquoi il nous importe d'être indulgens envers les autres. Je me mets peu en peine que les gourmands dorment à table, et qu'ils veillent au lit.

Que m'importe, dit le renard, d'aller rendre visite au lion ou de ne pas y aller ? Que m'importe qu'il soit malade ou en bonne santé ? Je me mets peu en peine qu'il guérisse ou qu'il meure. Il se soucie fort peu de ma visite. Il ne vient pas voir si j'ai bien dîné ou non. Il se met peu en peine que je meure de faim ou de soif, pourvu qu'il ait le ventre plein. Jupiter se mettait peu en peine que les païens lui parfumassent la barbe ou non. Que lui importait-il d'être parfumé ou non ? Il se souciait fort peu que les mortels lui rendîssent des honneurs, ou qu'ils lui dîssent des injures.

~~~~~

Que nous importe d'être estimés ou méprisés des hommes, pourvu que nous ayons le cœur pur ? Nous ne devons pas nous mettre en peine que nous soyons loués ou blâmés des autres, pourvu que notre conscience ne nous reproche rien. Cependant la plupart des hommes travaillent sans cesse pour acquérir la gloire; ils veulent vivre dans les siècles futurs. La postérité se mettra peu en peine que vous ayez commandé des armées ou non, que vous ayez été vainqueur ou vaincu. Que lui importera-t-il que vous ayez été beau ou laid ? que vous ayez eu le nez camus ou aquilin ?

XIII.

OBSERVATION.

A quel temps du subjonctif latin faut-il mettre l'infinitif français qui suit de *ou* que, *exprimé par* ut, ne, an, utrùm, quin (1)?

Tibi suadeo suadebo *ut legas.*

Tibi suadebam, suasi, suaseram *ut legeres.*

Si le premier verbe est au présent ou au futur, on met le second au présent du subjonctif latin,

____

(1) Quelquefois ces conjonctions sont sous-entendues ; mais cela n'empêche pas de mettre le verbe au subjonctif et au même temps. *Ex. :* Je vous prie d'écouter mes paroles; *Verba mea audias quæso* (c'est-à-dire, *quæso ut audias*.....).
~~~~~

et le régime du premier devient le nominatif du second. — Mais si le premier verbe est à l'un des trois parfaits, on met le second à l'imparfait du subjonctif latin.

Exemples :

Je vous conseille et je vous conseillerai de lire ; *Tibi suadeo et suadebo ut legas.*

Je vous conseillais, je vous ai conseillé, je vous avais conseillé de lire ; *Tibi suadebam, suasi, suascram ut legeres.*

THÈMES.

Je vous conseille, mes amis, de suivre les bons avis de vos parens, et d'imiter les bons exemples qu'ils vous donnent. Ne fréquentez jamais ceux qui vous conseilleront de faire le mal. Fuyez celui qui vous a détourné une fois du sentier de la vertu N'ayez point de commerce avec le jeune homme qui vous conseillait hier de mentir, ni avec celui qui vous avait conseillé dernièrement de désobéir à vos parens, parce que, si vous fréquentiez les mauvaises compagnies, vous deviendriez mauvais. Evitez avec soin la société de celui qui vous a conseillé de quitter le bon chemin pour suivre le mauvais.

~~~~~~

Faites en sorte, mes chers amis, d'être oujours doux et affables envers tous les hommes. Je vous ai toujours conseillé d'être honnêtes envers tout le monde, mais particulièrement envers vos parens et vos maîtres, et de leur obéir ponctuellement. J'ai eu soin de vous donner de bons principes, et de vous avertir des dangers auxquels vous serez exposés dans la suite. Je vous conseille et je vous conseillerai toujours de les fuir avec soin, parce que celui qui aime le danger périra dans le danger. Il vous importe donc de l'éviter. Si j'avais cru que
~~~~~~

vous me quittassiez si tôt, je vous aurais donné plusieurs autres conseils qui vous auraient été très-utiles; mais je croyais que nous serions plus long-temps ensemble.

XIV.

Craindre de, ou *que ne….; * Timere *ne.*

Craindre de ne pas, ou *que ne pas….; * Timere *ut,*
ou *ne non.*

Après *craindre, appréhender, avoir peur,* etc., *de* ou *que,* suivi de *ne* seulement, s'exprime par *ne,* avec le subjonctif; mais s'il est suivi de *ne pas,* ou *ne point,* il s'exprime par *ut,* ou *ne non.*

Exemples :

Je crains que le maître ne vienne; *Timeo ne præceptor veniat.*

Je crains que le maître ne vienne pas; *Timeo ut præceptor veniat,* ou *ne non præceptor veniat* (1).

T H È M E S.

Je crains, mes amis, que les passions ne vous entraînent au mal; il vous importe à tous de leur résister. Vous devez toujours craindre que le malheureux sort qui est arrivé à tant d'autres ne vous arrive. Je crains que vous ne suiviez pas les conseils que je vous donne; mais vous vous en repentirez. Vous devriez craindre que les étrangers ne vous fissent un jour le reproche que je vous fais aujourd'hui en manière d'instruction. N'appréhendez pas que les méchans vous fassent un crime de pratiquer la vertu; mais ayez toujours peur que

---

(1) Après *ut,* on sous-entend *non : ut non præceptor veniat,* ou mieux *ut præceptor non veniat.*

Dieu vous punisse de l'avoir méprisée. Sachez que les hommes les plus corrompus sont obligés de louer la vertu partout où elle se trouve.

* * *

Si vous entreprenez ce long voyage, mon frère, nous craindrons que quelque chose (1) de mal ne vous arrive. Si vous ne venez pas le jour marqué, tous vos enfans appréhenderont que les voleurs, dont nous entendons parler tous les jours, ne vous aient assassiné dans cette forêt obscure. Tous ceux qui la traversent ont peur de les rencontrer, et je vous assure que, si j'y passais, je craindrais bien qu'ils ne m'égorgeassent. J'ai peur que vous ne veniez pas le jour marqué, et que nous soyons dans la peine à cause de vous. Dernièrement je voulais la traverser; mais je craignis de rencontrer ces brigands, et je ne voulus pas m'exposer à ce danger : c'est pourquoi je pris une autre route, plus longue, à la vérité, mais plus sûre.

XV.

Fateri non *dubitat.*

QUAND le verbe *craindre* signifie *faire difficulté*, on l'exprime par *dubitare*, avec l'infinitif; et s'il signifie *ne pas oser*, on l'exprime par *non audere*, avec l'infinitif encore.

Exemples :

Il ne craint pas d'avouer (*tournez*, il ne fait pas difficulté d'avouer); *Fateri non dubitat.*

Je crains de dire (*tournez*, je n'ose dire); *Non audeo dicere.*

____

(1) *Ne quid mali.*

THÈMES.

Je ne craindrai pas de dire que les hommes deviennent tous les jours pires; ils n'appréhendent pas plus de faire le mal que de boire un verre d'eau. Je ne crains pas de trop avancer, en disant qu'ils avalent l'iniquité comme l'eau. La plupart ne craignent pas de passer pour vicieux : au contraire, ils se vantent de l'être, et ils craindraient de passer pour vertueux; ils craindraient de dire, dans une compagnie, qu'ils ont fait une bonne action : mais ils ne craindront pas de s'en attribuer plusieurs mauvaises qu'ils n'ont jamais faites, et dont vous n'oseriez pas parler.

⁓⁓⁓⁓

Un pauvre ne craint pas de s'adresser à un riche, de lui exposer sa misère, et de lui demander les secours dont il a besoin. Pourquoi donc craignons-nous de nous adresser à Dieu, qui est notre père, de lui exposer nos misères, et de lui demander les secours qui nous sont nécessaires pour parvenir à la gloire éternelle ? Dieu nous accordera plutôt son secours, que le riche n'accordera l'aumône au pauvre. Je ne crains pas de dire que le riche qui refuse au pauvre ce qu'il a de superflu, est aussi (1) coupable que celui qui assassine son frère. Il craindrait, à la vérité, de tremper ses mains dans le sang du pauvre; mais il ne craint pas de le priver du nécessaire, ce qui lui cause la mort.

____

(1) *Aussi*, s'exprime par *tàm* devant un adjectif, et le *que* par *quàm*.

XVI.

Prendre garde de , *ou* que ne ; *Cavere ne.*

Cave *ne cadas.*

Après les verbes *prendre garde, dissuader, de*
ou *que ne* s'exprime par *ne*, avec le subjonctif;
mais si *prendre garde* signifie *avoir soin* , *faire en
sorte* , on l'exprime par *curare, dare operam* , et
que par *ut*, avec le subjonctif encore.

Exemples :

Prenez garde de tomber, *ou* que vous ne tom-
biez ; *Cave ne cadas.*

Dissuadez-le de partir ; *Illi dissuade ne proficis-
catur.*

Prenez garde que tout soit prêt (*c'est-à-dire* ,
ayez soin que tout soit prêt) ; *Da operam ut omnia
sint parata.*

THÈMES.

Gardez-vous, mon cher enfant , de croire tout
ce que vous disent vos condisciples ; gardez-vous
d'écouter les mauvais propos qu'ils vous tiendront :
défiez-vous de vos forces. Je vous ai toujours dissuadé de les fréquenter. Prenez garde qu'ils ne vous
entraînent dans les désordres dont ils sont accusés.
Ayez soin de vous prémunir contre les piéges qu'ils
vous tendront. Je vous promets que, si vous les
écoutez , ils vous dissuaderont de pratiquer la vertu ,
et peut-être ils vous ont déjà dissuadé d'obéir à vos
parens et à vos maîtres. Ils ont dissuadé plusieurs
de vos condisciples de s'acquitter des devoirs et
d'apprendre les leçons que nous leur donnons , et
s'ils continuent de les fréquenter, ils les dissuaderont bientôt d'aller en classe.

Je vous ai souvent dissuadé de lire de mauvais livres : cependant je me suis déjà aperçu que vous faisiez en sorte d'en lire toujours quelqu'un ; mais que vous aviez soin de vous cacher. Vous croyez, sans doute, que je ne prends pas garde à ce que vous faites. Vous devriez savoir que je veille à tout ce qui se passe dans la maison, et qu'en conséquence, je dois prendre garde que vous ne fassiez rien contre la règle ; et que je dois vous conseiller de faire le bien, et vous dissuader de faire le mal. Prenez donc garde que je ne vous surprenne encore une fois à lire ces livres. Si vous avez envie de lire, lisez un livre utile et instructif. Mais quand vous en voudrez lire d'autres, prenez garde où je suis.

XVII.

Non *animadvertit* se *derideri.*

Quand *prendre garde* signifie *remarquer*, on l'exprime par *animadvertere*, et le *que* se retranche.

Exemple :

Il ne prend pas garde qu'on se moque de lui, *c'est-à-dire*, il ne remarque pas qu'on se....; *Non animadvertit se derideri.*

T H È M E S.

L'ignorant parle toujours, et ne prend pas garde qu'on se moque de lui. Il parle d'histoire, de géographie et de plusieurs autres choses ; et il ne fait pas attention que ces sciences lui sont inconnues. Il trouve plusieurs fautes à reprendre dans les autres ; et il ne prend pas garde qu'il en fait lui-même de plus grandes. Il blâme toujours les autres ; et il ne prend pas garde qu'il est lui-même

le plus blâmable. Il trouvera toujours des défauts
à corriger chez les autres ; et il ne prendra jamais
garde que les siens sont les plus grands. Tout ce
qu'il dit, tout ce qu'il fait, est bien, selon lui ;
tandis que les paroles et les actions des autres ren-
ferment toujours quelque défaut.

Dans ce monde nous sommes continuellement
exposés au danger, et nous y succombons sans
y prendre garde. Que celui qui est debout prenne
garde de ne pas tomber, dit l'Ecriture ; que celui
qui est juste prenne garde de ne pas déchoir. Un
ennemi caché est plus à craindre qu'un ennemi
déclaré, et nous n'y faisons pas attention ; nous
ne craignons que ce que nous voyons. Nous
croyons être en sûreté, et nous ne prenons pas
garde que notre ennemi nous talonne. Nous vivons
comme si la mort devait nous anéantir entièrement. La mort nous menace à tout moment, et
nous ne prenons pas garde que nous sommes dé-
pourvus de bonnes œuvres.

XVIII.

N'avoir garde de.... Se garder bien de....;
Non committere ut.....

Non committam *ut* à te *discedam.*

Après *se garder bien de..... n'avoir garde de....,*
on exprime *de* par *ut,* avec le subjonctif.

Exemple :

Je me garderai bien de vous quitter, *ou* je n'aurai
garde de vous quitter ; *Non committam ut à te
discedam.*

T H È M E S.

Je n'ai garde de vous reprocher votre faute; mais, mes amis, gardez-vous bien de la commettre une seconde fois. Je n'aurai garde de le dire à vos parens, pourvu que vous soyez sages dans la suite : et jusqu'ici, je me suis bien gardé de le dire à personne, parce que vous m'avez dit que c'était la première fois que cela vous était arrivé, et que vous n'y reviendriez plus; en un mot, vous m'avez promis que vous n'auriez garde de jamais retomber dans des fautes semblables. Cependant il faut que je vous dise que si vous n'avez garde de fréquenter les jeunes gens que vous avez fréquentés jusqu'ici, ils vous entraîneront infailliblement au mal.

⚬⚬⚬⚬⚬⚬

Gardez-vous bien de confier votre affaire à l'homme dont vous me parlez; il s'en acquitterait fort mal. Je n'aurai garde de vous mal parler de lui; mais je vous conseille de vous adresser à un autre. J'espère que vous vous garderez bien de dire à personne que je vous ai détourné d'aller chez lui. Je n'ai garde de le prendre pour un ignorant; je sais qu'il est très-instruit, mais non pas dans cette partie. Je me serais bien gardé de détourner un étranger, parce que je ne dois porter perte à personne; mais je connais votre affaire, et je sais que cet homme ne peut la gagner.

XIX.

Mériter, être digne de ou *que*....;
Dignum esse *ut*, ou *qui.*

Dignus est *ut* ou *qui imperet.*

Après *mériter, être digne, de* ou *que* s'exprime par *ut*, ou *qui, quæ, quod*, au nominatif; ou au cas que le verbe suivant demande, avec le subjonctif (1).

Exemples :

Il mérite de commander (*tournez*, qu'il commande); *Dignus est ut imperet*, ou *qui imperet* (*qui* tient lieu de *ut ille.*)

Il mérite que j'aie pitié de lui ; *Dignus est ut illius me misereat*, ou *cujus me misereat* (*cujus* tient lieu de *ut illius.*)

Vous méritez qu'il vous favorise ; *Dignus es ut tibi faveat*, ou *cui faveat* (*cui* tient lieu de *ut tibi.*)

Il mérite que je l'honore ; *Dignus est ut eum colam*, ou *quem colam* (*quem* tient lieu de *ut eum.*)

Vous méritez qu'il vous rende service; *Dignus es ut de te benè mereatur*, ou *de quo benè mereatur* (*de quo* tient lieu de *ut de te.*)

THÈMES.

Louis quatorze fut digne de commander aux Français. Il méritait de régner sur un grand peuple. Il mérite que nous honorions sa mémoire. Les bons rois méritent que nous nous souvenions d'eux, tandis que les princes qui ont mal gouverné méritent qu'on déteste leur règne. Louis quatorze a mérité que les peuples vaincus par lui, publiassent ses faits mémorables. La paix qu'il procura souvent à l'Europe, mérite que les Français lui rendent des grâces éternelles.

～～～～

Les malheureux, qui gémissent dans la misère, méritent que les riches aient pitié d'eux, et qu'ils

---

(1) *Ut conjux essem tua digna videbar*. Ovid.
Respondit se meruisse ut. Cic.

les soulagent. Les magistrats méritent que nous les honorions et que nous les estimions. Tous les soldats estropiés ont mérité d'être récompensés de la patrie. Votre ami a mérité que vous lui témoigniez votre reconnaissance, et que vous lui rendiez service lorsque l'occasion se présentera. Le peuple français a mérité l'estime et l'admiration des autres peuples. Cet enfant mérite que nous l'aimions et que nous le caressions ; il sera digne un jour de remplacer son père. Les bons pères méritent d'avoir de bons enfans.

~~~~~

Les écoliers diligens méritent d'être récompensés, et les paresseux de recevoir une punition devant toute l'assemblée. Les hommes de lettres méritent que le prince les favorise. Un prince qui ne favoriserait pas les sciences et les arts, ne mériterait pas de régner. Les services que ce général a rendus à sa patrie, lui ont mérité les faveurs du prince et les honneurs dont il jouit. Les enfans sages et studieux méritent que nous les aimions et que nous les encouragions toujours à bien faire. Le conquérant des Gaules et de la Germanie fut assassiné par des scélérats ; il avait mérité un meilleur sort.

X X.

Dignus sanè es *ut* sic agam.

Qui, *quæ*, *quod*, est employé pour *ut* et un pronom, comme nous venons de le voir, et il se met au cas où l'on mettrait le pronom : ainsi, quand après *mériter*, *être digne*, il n'y a point de pronom qui se rapporte au nominatif du verbe *mériter*, on ne peut pas employer *qui*, *quæ*, *quod* ; il faut donc se servir de *ut* seulement.
~~~~~

Exemple :

Vous méritez bien que j'agisse ainsi ; *Dignus sanè es ut sic agam*, et non pas *qui sic agam*.

THÈMES.

Votre frère a mérité que je fusse reconnaissant envers lui, et j'espère que vous mériterez que je sois indulgent envers vous. Vous vous fâchez contre nous parce que nous sommes rigides à votre égard ; mais vous avez bien mérité que nous agissions de la sorte. Votre frère est plus sage que vous ; aussi il a mérité que nous fussions doux et traitables à son égard : mais vous, vous auriez mérité que nous vous punissions et que nous vous traitassions avec la dernière sévérité. Les injures que vous avez vomies contre nous, auraient mérité que nous vous eussions chassé de cette maison, ou que nous vous eussions répondu par des injures ; mais nous savons que ce n'est pas de cette manière que nous devons nous comporter.

~~~~~

Je vous engage, mes amis, à vous appliquer sérieusement à l'étude : vous en tirerez de grands avantages. D'abord, vous mériterez que vos maîtres vous estiment et vous favorisent ; vous mériterez que tout le monde vous honore et vous respecte, et, dans la suite, vous serez dignes d'être admis dans la société des savans. Celui qui a la science, la vertu et les talens, mérite de commander aux autres et de leur donner des conseils ; il mérite d'occuper les premières places de l'état ; tandis que celui qui manque de science et de vertu, ne mérite aucun honneur ni aucun poste.
~~~~~

XXI.

Empêcher, défendre de ou *que*;
Prohibere *ne*.

Ne pas empêcher, ne pas défendre de ou
que ; Non prohibere *quin , quominùs.*

Deus prohibet *ne mentiamur ,* etc.

Après les verbes *empêcher, défendre, de* ou *que
ne* s'exprime par *ne*, avec le subjonctif , et le régime de la personne sert de nominatif au second
verbe ; mais quand il y a une négation ou une interrogation jointe au verbe *empêcher, défendre ,
de* ou *que ne* s'exprime par *quin* ou *quominùs,*
qui emporte la négation qui suit (1).

Exemples :

Dieu nous défend de mentir (*tournez*, Dieu défend que nous mentions); *Deus prohibet ne mentiamur.*

Cela m'a empêché de partir ; *Id impedivit ne
proficiscerer.*

Je ne vous empêche pas, qui vous empêche de
partir (*tournez*, que vous ne partiez)? *Non im-
pedio , quis impedit quin* ou (2) *quominùs pro-
ficiscaris.*

---

(1) Après les substantifs dérivés de ces verbes, le *que*
s'exprime de même qu'après les verbes.

Quin se met pour *qui ne ,* qui est la même chose que
ut ne. Quominùs se met aussi pour *ut ne ,* car le comparatif
minùs étant la même chose que *ne* ou *non , quominùs* est la
même chose que *ut ne.*

(2) Quand je dis *qui empêche*, c'est la même chose que
rien n'empêche. Avec *prohibere ,* Cicéron met le nom de la
personne à l'accusatif, et celui de la chose à l'ablatif, avec
ou sans la préposition , en changeant le verbe qui est à l'infinitif avec le nom qui en dérive. *Ex. :* Je lui ai défendu

THÈMES.

Aujourd'hui que (1) nous avons obtenu la tranquillité, nous voulons empêcher les agitateurs de nous donner la guerre. Je ne vous défends pas de lire quand vous avez des momens à consacrer à la lecture; mais je vous empêcherai toujours de lire des livres dangereux. Je n'ai pas défendu à ce jardinier de travailler aujourd'hui, que chacun vaque à ses occupations; mais je l'empêcherai toujours de travailler chez moi les jours de dimanche. Je ne défendrai pas à mon fils d'aller se promener; mais je l'empêcherai de fréquenter les jeunes-gens dont je suspecte l'innocence.

Si l'amour de la vertu ne peut contenir l'homme dans le devoir, la crainte des châtimens devrait l'empêcher de faire des actions indignes de lui. Toutes les lois lui défendent de faire du mal à son semblable, et rien n'est plus commun sur la terre. Tout nous empêche de faire le mal, et nous porte à faire le bien; et cependant nous suivons toujours notre penchant corrompu. Il semble que nous ne pouvons nous empêcher d'obéir à nos passions. Une telle conduite nous rendra malheureux sur la terre, et nous empêchera d'être heureux dans le ciel.

La pluie, la neige et le froid n'ont pas empêché les Français de s'avancer dans les régions glacées

---

d'entrer, *ou je lui ai interdit l'entrée; Illum aditu prohibui.* Empêcher que les brigands n'entrent dans la ville; *Prœdones ab urbe prohibere.* Lorsqu'on se sert de *vetare* pour exprimer *défendre,* on peut mettre le nom de la personne à l'accusatif, et le verbe suivant à l'infinitif. *Ex.* : La loi défend aux étrangers de monter sur les murailles. *Lex peregrinos vetat in murum ascendere.*

(1) Après les adverbes et les noms de temps, le *que* s'exprime par *quùm.*

du nord. La bravoure des ennemis n'a pu empêcher nos troupes de cueillir des lauriers. Ils auraient
voulu nous empêcher de passer les frontières ; mais
les généraux leur défendaient de songer aux périls
dont ils étaient menacés. Le prince Frédéric périt
malheureusement en voulant nous empêcher d'entrer sur les frontières de la Prusse. Il avait promis
de grandes récompenses à ses soldats, s'il remportait la victoire, et leur avait défendu, sous des
peines très-graves, de quitter leur poste ; mais il
fallut céder à la force et à l'adresse.

XXII.

Non possum *non loqui.*

DANS cette façon de parler, *je ne puis, je ne
saurais m'empêcher, me défendre,* les verbes *s'empêcher, se défendre,* se tournent par *ne pas,* qu'on
exprime par *non,* avec l'infinitif, ou par *que ne,*
qu'on exprime par *quin,* avec le subjonctif.

Exemples :

Je ne puis m'empêcher de parler (*tournez,* je
ne puis ne pas parler) ; *Non possum non loqui.*

Je ne puis, je ne saurais m'empêcher de rire
(*tournez,* je ne puis, je ne saurais ne pas rire) ;
Non possum non ridere.

Je ne puis, je ne saurais m'empêcher de le laisser
aller (*tournez,* je ne puis que je ne le laisse aller);
Non possum quin eum dimittam.

Qui peut s'empêcher de rire? *Quis potest non
ridere,* ou *quin rideat ?*

T H È M E S.

Je ne puis m'empêcher de blâmer ceux qui n'observent point les règles de la bienséance. Je ne saurais m'empêcher de dire la vérité. Les hommes ne
pourront jamais s'empêcher de haïr le mensonge et

les menteurs. L'honnête homme ne saurait aimer les fourbes et les trompeurs. Un sujet fidèle ne saurait s'empêcher d'aimer son prince et de lui obéir. Les hommes ne peuvent s'empêcher d'admirer la vertu partout où elle se trouve. Qui pourrait s'empêcher de l'aimer ? Qui pourrait s'empêcher de lui donner les louanges qui lui sont dues? Les jeunes-gens ne peuvent s'empêcher de causer et de rire; je ne saurais m'empêcher de les châtier. L'homme charitable ne saurait se défendre de faire du bien à son semblable.

━━━━

Les hommes vertueux ne sauraient se défendre de faire le bien toutes les fois qu'ils en trouvent l'occasion. Les avares ne peuvent s'empêcher d'amasser des trésors. Les ignorans ne peuvent jamais s'empêcher de parler de ce qu'ils ne savent pas , et ceux qui les écoutent ne sauraient s'empêcher de les mépriser. Qui pourrait se défendre d'aimer les enfans sages ? Nul ne peut s'empêcher de faire leur éloge. Je ne puis me défendre de mépriser les avares, qui non seulement ne donnent rien aux pauvres, mais encore empêchent les autres de leur donner. Vous ne pouvez vous empêcher de dire que l'homme soûl est au-dessous de la bête.

XXIII.

Per me non stat *quin* sis beatus.

Après *il ne tient pas à moi, à vous, à lui , etc. ; à quoi tient-il ? il ne tient qu'à moi : que ne s'ex*prime aussi par *quin* ou *quominùs* , avec le subjonctif.

Exemples :

Il ne tient pas à moi que vous ne soyez heureux ;
Per me non stat quin sis beatus.

A quoi tient-il que vous ne m'écriviez plus souvent ? *Quid vetat quin ad me sæpiùs scribas* (*c'est-à-dire*, qui empêche que....? à quoi tient-il que..? *quid obstat quin...*) ?

Il ne tient qu'à moi que cela ne se fasse ; *Per me unum stat quominùs id fiat.* On peut encore dire : *In me uno est ut id fiat.*

THÈMES.

Je serais arrivé plus tôt, mais il ne tint pas à moi ; mes affaires m'empêchèrent de partir le jour désigné. Votre frère, qui avait tout terminé, pouvait très-bien se mettre en route ; rien ne l'empêchait de partir. A la vérité, je lui avais défendu de s'en aller seul, parce que je craignais que quelque accident ne lui arrivât en chemin ; mais il ne tenait qu'à lui de prendre quelqu'un pour l'accompagner ; il ne tenait qu'à lui de venir avec mon cousin, qui partit quatre jours avant moi. S'il n'avait tenu qu'à moi de le suivre, je vous assure qu'il y a long-temps que je serais arrivé. Nous ne savions pas quel jour mon cousin devait partir ; mais il n'aurait tenu qu'à nous de nous en informer.

Je vous ai gardé long-temps dans ma maison : à quoi tenait-il que vous n'y restassiez davantage ? il ne tenait qu'à vous et à vos parens. Il n'a pas tenu à moi de vous retenir ; il ne tenait qu'à vos parens de vous laisser chez moi ; aujourd'hui vous seriez instruit comme vos condisciples. Vous savez que vous commenciez à faire de petits progrès, et qu'il n'aurait tenu qu'à vous d'en faire de plus grands : car, à quoi tient-il que les écoliers ne fassent des progrès ? il ne tient qu'à eux et à celui qui les instruit. Cependant quelquefois les parens peuvent empêcher les progrès des enfans en les flattant trop : voilà ce que les vôtres ont fait.

XXIV.

Se réjouir de.... ou que....; Gaudere quòd.

Gaudeo *quòd* tibi *profuerim*, ou *me* tibi *profuisse*.

Après *se réjouir, se repentir, être fâché, avoir honte, s'étonner, être surpris, remercier, savoir bon gré*, etc., *de* ou *que* se tourne par *de ce que*, et s'exprime par *quòd* avec le subjonctif ou l'indicatif; on peut aussi retrancher le *que* après tous ces verbes.

Exemples :

Je me réjouis de vous avoir été utile (*tournez, de ce que je vous ai été utile*); *Gaudeo quòd tibi profuerim*, ou *gaudeo me tibi profuisse* (en retranchant le *que*.)

J'ai honte de ne vous avoir pas encore répondu (*tournez, de ce que je ne vous ai...*); *Me pudet quòd ad te nondùm rescripserim.*

THÈMES.

Je me réjouis que votre oncle vienne nous voir; mais je me réjouis encore plus qu'il se porte bien. Je suis étonné qu'il soit sorti de chez lui : cela ne lui arrive pas souvent. Je n'ai pas été fâché d'apprendre que ses affaires allaient bien. Je souhaite que tout lui réussisse, et qu'il prospère toujours. Je suis surpris qu'il ne nous ait pas écrit; je ne croyais pas qu'il fût négligent. Il nous saura bon gré de lui avoir envoyé les livres qu'il avait laissés chez nous; il devait croire de les avoir perdus en chemin, ou qu'ils eussent été volés. Il a dû être agréablement surpris de les revoir, car il devait déjà se repentir de les avoir achetés.

Lorsque nous arrivâmes à la porte de la grotte de la déesse Calypso, je fus surpris de voir, sous une apparence rustique, tout ce qui peut charmer les yeux. Consolez-vous, me dit-elle, d'avoir perdu votre père, puisque vous trouvez une divinité prête à vous rendre heureux. Remerciez les Dieux de vous avoir accordé une faveur qu'ils ont refusée à plusieurs autres. Je vous sais bon gré d'être arrivé ici ; je vous félicite d'avoir eu un heureux voyage. Je suis très-satisfaite de vous voir arriver bien portant. Je me réjouis et me réjouirai toujours du bonheur que vous. avez eu d'arriver dans cette île, où rien ne manquera à votre félicité.

XXV.

Attendre que ; Exspectare *dùm* ou *donec.*

Exspecta *dùm* ou *donec* rex *advenerit.*

Après *attendre*, *que* se tourne par *jusqu'à ce que*, et s'exprime par *dùm* ou *donec*, avec le subjonctif ; au lieu de *dùm*, *donec*, il est mieux de se servir d'un dérivé du verbe.

Exemple :

Attendez que le roi soit arrivé (*tournez*, attendez jusqu'à ce que le:...) ; *Exspecta dùm* ou *donec rex advenerit* ; mais mieux, *exspecta adventum regis* ; attendez le retour du roi.

THÈMES.

Attendez que je sois revenu d'Espagne, nous irons ensemble en Suisse. Si vous n'attendez pas que j'aie terminé mes affaires, je ne pourrai pas faire le voyage avec vous. Attendons que les hirondelles reviennent, et nous irons passer à la campagne trois mois de l'année. Vous attendriez vainement que je me misse en colère contre vous, et que je vous injuriasse : les injures et la fureur sont étrangères à mon caractère. Si vous attendez que j'écrive à votre père, de qui j'ai reçu une impertinence , vous attendrez long-temps.

~~~~~

Nous ne devrions pas attendre que la mort vînt nous surprendre, pour penser à notre salut ; cependant la plupart des hommes attendent que cette heure fatale sonne, pour mettre ordre à leurs affaires ; ils attendent que ce moment terrible les avertisse qu'il faut sortir de ce monde pour paraître devant le tribunal du souverain juge , et lui rendre compte de toutes les actions de la vie. Ils savent cependant que rien n'est plus certain que la mort, et que rien n'est plus incertain que l'heure à laquelle elle arrivera ; aussi, de tous ceux qui attendent que la mort vienne, pour s'y disposer, il n'y en a pas beaucoup qui aient le temps de le faire.

XXVI.

Te ad me *scripturum esse* existimabam.

Ne confondez pas *s'attendre* avec *attendre*. Après *s'attendre*, en latin , *existimare, persuasum habere*, on retranche le *que*, et l'on met toujours le verbe suivant au futur de l'infinitif (1) ; on fait la même chose quand *s'attendre* signifie *prévoir*, en latin , *prævidere*.

Exemples :

Je m'étais attendu que vous m'écririez ; *Te ad me scripturum esse existimabam.*

––––––––––––

(1) On peut se servir encore de *puto* , *spero* : on emploie ce dernier , quand on souhaite ou qu'on désire que la chose arrive.
~~~~~

Je m'étais bien attendu qu'il en serait ainsi ; *Ita futurum sanè præviderum.*

THÈMES.

Vous voilà donc, Lucius ; je m'attendais que vous m'écririez : mais je ne me serais jamais attendu que vous fussiez venu me voir. Je m'attendais que votre frère passerait chez moi en venant du collége, et qu'il m'apporterait les livres qu'il m'avait promis ; je ne l'ai pas vu depuis, je ne sais qui l'a empêché de venir me voir. Il a peur sans doute que je me fâche contre lui, et il a raison de s'attendre à quelque chose de désagréable. Je ne m'attendais pas qu'il me manquât de parole, et j'en ai été fort surpris. Je m'étais attendu, au contraire, qu'il partirait quelques jours avant les autres, et qu'il viendrait passer une semaine chez moi ; mais je me suis trompé.

Les méchans disent que les lois sont sévères, parce qu'ils s'attendent à subir un jour les peines qu'elles infligent ; j'espère qu'elles deviendront encore plus sévères. Je m'attends tous les jours à voir paraître un nouveau Code civil, plus compliqué et mieux rédigé que l'ancien. Il paraîtra au moment où nous nous y attendrons le moins ; car ordinairement les grandes choses paraissent au moment où nous y pensons le moins. L'Europe ne s'attendait point aux grands événemens qu'elle voit ; et qui aurait pu s'y attendre ? Qui se serait attendu à voir si tôt la paix succéder à la guerre la plus cruelle ? Si vous vous fussiez attendus, mes amis, que je dusse écrire à vos parens, vous auriez changé de conduite ; mais il n'est plus temps.

XXVII.

Cela est cause que ; Ea causa est *cur,*
ou id in causâ est *cur.*

Morbus causa fuit *cur* te non *inviserim.*

Après *être cause, que* s'exprime par *cur,* avec le subjonctif.

Exemples :

La maladie a été cause que je n'ai pas été vous voir ; *Morbus causa fuit cur te non inviserim.*
Votre paresse est cause que vous avez été battu ; *In causâ est pigritia tua, cur vapulaveris (vapulare* ne prend jamais le régime de la personne.)

THÈMES.

La mauvaise santé de mon père a été cause que je ne suis pas sorti de chez moi de toute la semaine. Les blessures que ce soldat reçut en combattant ont été cause qu'il est mort. Les bons services que cet officier avait rendus à la patrie, ont été cause qu'il a reçu tous les honneurs dont il jouit. Votre conduite sera cause que je vous renverrai de chez moi. Vous êtes cause que ma famille est malade ; vous lui avez donné tant de chagrin, qu'elle vous accuse de perfidie. La méchanceté des hommes est cause que nous les haïssons.

La mauvaise foi et la ruse dont vous vous êtes servis, ont été cause qu'il a rompu la société. La douceur et la justice avec lesquelles le roi gouverne ses peuples, seront cause qu'il sera aimé et respecté de tous. Les services qu'il a déjà rendus à la religion, seront cause que l'église priera sans cesse pour lui. Le repentir que vous avez fait paraître, sera cause que vous obtiendrez le pardon des fautes que vous avez commises. Les bonnes lois qui seront faites, les sages réglemens qui seront établis, et les utiles réformes qui seront apportées dans l'état, seront cause que nous vivrons plus paisibles et plus heureux que nous n'étions.

XXVIII.

Douter que; Dubitare *an. Ne pas douter que;* Non dubitare *quin.*

Dubito *an* valeat, etc.

Après *douter, que* se tourne par *si,* et s'exprime par *an* ou *utrùm,* avec le subjonctif; mais quand le verbe *douter* est accompagné d'une négation ou d'une interrogation, on exprime *que* par *quin,* avec le subjonctif. (*Quin* renferme le *ne* français suivant.)

Exemples :

Je doute qu'il se porte bien (*tournez,* s'il se porte bien); *Dubito an valeat.*

Je ne doute pas qu'il ne se porte bien; *Non dubito quin valeat.*

THÈMES.

Personne ne doute que la superstition n'ait été très-grande chez les anciens. Ceux qui ont lu l'histoire ne doutent pas que les Romains n'aient attribué la perte d'une bataille à des poulets. Je n'ai jamais douté qu'ils n'aient cru que Romulus et Rémus frères avaient été nourris par une louve. Qui doute que tout le peuple romain n'ait été persuadé que Romulus et César avaient été admis au rang des Dieux. Je doutais autrefois que les Egyptiens eussent adoré un chat, un chien, un bœuf, les choux et les oignons; mais maintenant je ne doute plus qu'ils l'aient fait, car j'ai lu plusieurs historiens qui sont parfaitement d'accord là-dessus.

Personne ne doute que les Perses n'aient rendu les honneurs divins au soleil , au feu et à Mithras. Je doute cependant qu'ils se jettent dans l'eau , comme quelques-uns le disent , lorsqu'ils voient une éclipse de soleil ou de lune ; mais je ne doute pas qu'ils ne soient épouvantés lorsqu'ils voient ce phénomène , puisqu'ils en ignorent la cause. Qui en douterait ? Je ne doute pas que vous ne connaissiez les traductions poétiques des ouvrages de Virgile qui ont déjà paru ; je ne sais si elles seront bien ou mal accueillies du public. Je doute qu'elles soient exemptes de la critique. Nous savons que les meilleurs ouvrages n'en sont pas exempts. Qui doute que les traducteurs n'aient fait tous leurs efforts pour les perfectionner ?

XXIX.

Suspicabar *rem* malè *cessuram.*

NE confondez pas *se douter* avec *douter*. Après *se douter*, en latin , *suspicari, prævidere , præsentire , subodorari*, on retranche le *que ;* on peut se servir encore de *subolere*, qui se met impersonnellement, et qui veut le nominatif français au datif.

Exemple :

Je me doutais bien que la chose irait mal (*tournez*, je soupçonnais que la.....) ; *Suspicabar rem malè cessuram* , ou *mihi subolebat rem malè cessuram.*

THÈMES.

Je me doute que votre oncle vienne nous voir dans peu de jours. Il se doutait que les affaires de cet homme, dont il nous avait parlé , ne fussent pas en bon état ; c'est pourquoi il avait résolu de venir au plus tôt. J'ai appris que votre père viendrait avec lui , et je m'en réjouis ; je m'étais bien douté qu'il l'emmènerait , car je sais qu'il ne peut jamais aller seul. Mais vous ne vous doutiez pas qu'ils vinssent si tôt. — Non, je me doutais bien qu'ils ne tarderaient pas ; cependant je croyais qu'ils attendraient que les vendanges fussent finies, avant d'exécuter ce projet. Ils ne seraient pas venus si tôt, si les affaires de cet homme ne les y eussent contraints.

Nos troupes ont campé dans une belle plaine ; l'ennemi ne s'en doutait pas, car s'il s'en fût douté, il l'aurait occupée la veille , puisqu'il en avait la liberté. Avant d'y arriver , notre général était dans l'incertitude ; il se doutait que les ennemis s'en seraient emparés , et ils l'auraient fait en effet s'ils eussent cru que ce poste était le plus avantageux , et s'ils se fussent douté que nous l'occuperions , mais ils ne s'en doutaient pas. D'abord , nos officiers doutaient que l'armée pût y manœuvrer aisément ; mais lorsqu'ils en ont vu l'étendue , ils l'ont jugée très-propre et très-avantageuse pour nous.

RÉCAPITULATION,

Depuis le n.º 9 , *jusqu'au n.º* 29.

Conseiller de.... ou *que....*

Il serait à souhaiter que ceux qui gouvernent la république , fussent semblables aux lois , et qu'ils se portassent à punir le crime , non par vengeance, mais par justice. Pourquoi redoutez-vous la mort , dont le seul souvenir vous avertit d'être meilleurs ? Si vous voulez me plaire , faites en sorte que tout le monde sache que vous détestez l'injustice et la flatterie. Je vous prie de croire que je ne ferai rien contre ma conscience; ainsi il n'est pas nécessaire que vous employiez les prières et les sollicitations: elles sont inutiles auprès de moi. Je vous conseille de vous acquitter plus exactement de vos devoirs à l'avenir, et de prier Dieu de vous pardonner vos fautes passées.

⁓⁓⁓

Il est utile au gouvernement que les enfans qui sont destinés à remplir les premières places, tâchent de se rendre dignes de l'amour et de l'estime du peuple. Il faut aussi qu'ils commencent à lui inspirer la crainte et le respect qu'il doit avoir pour eux. Je conseille aux peuples d'aimer ceux qui les gouvernent, et de les respecter. Je les avertis de ne jamais se révolter contre eux, quoiqu'ils exercent la justice envers les méchans; car il est nécessaire que ceux qui troublent le repos de la société, soient punis, ou que l'état soit renversé. Ils doivent donc avoir soin de ne jamais troubler la tranquillité publique.

____

Curare, oportet, etc.

THÈMES.

Un père qui a un fils unique, a soin de le faire bien instruire et de l'établir avantageusement. Notre âme est notre fille unique; celui de nous qui l'aimera véritablement, aura soin de la faire arriver au bonheur éternel. Nous ne mourrons qu'une fois; il convient donc que nous fassions tous nos efforts pour bien mourir. Si nous voulons obtenir les récompenses qui sont promises à ceux qui auront pratiqué la vertu, il faut la pratiquer. Les hommes vertueux ont beaucoup à souffrir dans cette vie; mais ils font en sorte de tout supporter avec patience, parce qu'ils savent qu'il faut souffrir dans ce monde, si nous voulons être heureux dans l'autre.

Ne soyez pas surpris que vos parens aient soin que vous ne fréquentiez pas trop les grands : cette liaison pourrait vous devenir funeste, parce qu'en les fréquentant vous connaissez peu à peu les défauts qu'ils ont, et que vous ne pouvez pas les corriger ; qu'ils connaissent peu à peu les vôtres, et qu'ils vous méprisent. Quelqu'un apprenant que le roi ne perdait pas volontiers au jeu : Ayez soin, dit-il à un de ses amis, de faire entendre à Sa Majesté qu'elle doit être tranquille, quoi qu'il arrive : qu'appréhende-t-elle en perdant ?.... ne sommes-nous pas tous ses gérans ?

Dire , avertir , etc.

THÈME.

AYEZ soin, mon cher ami, de m'écrire lorsque vous serez arrivé chez votre père. Je désire savoir si vous y arriverez en bonne santé. Ayez soin aussi de me faire savoir à quoi vous vous occuperez, parce que je veux vous envoyer certaines règles de conduite qui vous seront très-utiles, si vous avez soin de les observer. Mais je vous avertis d'une chose : si vous voulez être honnête homme, il faut toujours faire le bien et éviter le mal. Toutes les règles dont je vous parle se réduisent à celle-là. Nous voyons cependant que la plupart des hommes comptent l'honnêteté pour rien ; mais j'espère que vous ne les imiterez pas. Je vous ai dit souvent que j'aimais mieux vous voir honnête que riche.

Quid refert , etc.

THÈMES.

QUE nous importe d'être riches ou pauvres, pourvu que nous soyons vertueux ? Que nous ser-

vira, à la mort, cet or et cet argent que le monde
adore? Que nous serviront ces maisons, ces palais,
ces prés et ces champs? rien. Qu'importe donc que
nous en ayons beaucoup ou que nous en ayons peu,
puisqu'ils seront alors inutiles? De quel intérêt
serait-il pour nous en ce moment d'avoir possédé
tous ces biens, d'avoir été salués par une foule de
courtisans, puisqu'il faudra tout quitter, et tout
quitter sans retour? Que nous importera d'avoir
été loués ou méprisés, pourvu que nous soyons
justes devant Dieu?

Que m'importe que le vulgaire parle bien ou mal
de moi, pourvu que je sois agréable aux yeux de
Dieu? Que m'importe d'avoir une grande réputation ou d'être ignoré? Je me mets peu en peine
d'obtenir ou non l'estime et l'approbation de cet
animal stupide et inconstant; pourvu que je sois
digne de l'estime et de l'approbation de celui qui
voit le fond des cœurs, je n'en demande pas davantage. Que m'importe que les méchans m'ap-
prouvent ou non? Je ne puis pas contenter tout le
monde : aussi je me mets peu en peine qu'ils me
blâment ou qu'ils me louent, lorsque je m'acquitte
de mes devoirs.

Tibi suadeo, *ou* tibi suadebo *ut legas,* etc.

THÈME.

Je vous avais conseillé, l'année dernière, de fuir
la compagnie de ce jeune homme, qui vous avait
été si (*tàm*) funeste, et de ne fréquenter aucun de
ceux qui vous entraînent au mal. Je vous conseille
encore aujourd'hui de faire ce que vous n'avez pas
fait, et je vous avertis de vous défaire au plus tôt

de lui ; car si vous le fréquentez plus long-temps,
il vous conseillera bientôt d'abandonner l'étude, et
de courir les rues avec lui ; et peut-être qu'il vous
l'a déjà conseillé. Je vous conseillais aussi de lire
l'histoire ancienne, et de ne pas perdre le temps
de votre jeunesse, qui est irréparable. Je vous conseille donc de l'employer plus utilement.

Craindre de.... Faire difficulté de.....

THÈMES.

Je crains, mon ami, que vous ne suiviez pas
les conseils que je vous donne ; mais je ne crains
pas de dire que vous vous en repentirez un jour.
Vos parens ne vous disent rien, parce qu'ils craignent de vous causer du chagrin ; mais ils devraient
plutôt craindre que vous ne jouissiez pas à l'avenir
d'un bonheur parfait : ils devraient craindre que,
ne connaissant pas le vrai chemin qui conduit à la
gloire et aux honneurs, vous ne suiviez une route
qui vous écarte du but où vous tendez. Je ne crains
pas de vous dire que si vous méprisez mes conseils,
vous vous perdrez. Vos parens craignent de vous
parler avec sincérité, et ils ont tort.

Ne craignez pas la destruction de votre corps par
la mort ; mais craignez que votre corps et votre âme
ne soient condamnés aux supplices éternels. Ne
soyez pas comme ces insensés qui craignent de faire
le bien en présence des autres, mais qui ne craignent pas de faire le mal ; qui craindraient de
rendre grâce à Dieu devant une compagnie, mais
qui ne craignent pas de prononcer les paroles les
plus indécentes, de chanter les chansons les plus
obscènes, et de faire les actions les plus honteuses.

Vous devriez craindre de fréquenter de pareilles compagnies ; car un homme qui ne craint pas d'offenser celui qui peut le détruire par un seul acte de sa volonté, est pire que les bêtes.

~~~~~

Les gens heureux fuient les misérables, comme s'ils craignaient de le devenir par contagion. Les riches ne fréquentent point les pauvres, parce qu'ils craignent que cela ne les déshonore ; ils ont peur de n'être pas assez estimés : ils devraient plutôt craindre de n'être pas assez estimables. Ceux qui sont véritablement estimables, sont exempts de toutes ces craintes ; car la vertu mérite d'être louée dans la cabane du pauvre, comme dans le palais du riche. Celui qui est estimable par sa vertu et son mérite, n'appréhendera pas de fréquenter les pauvres, et de leur donner tous les secours nécessaires, parce qu'il sait qu'en agissant de la sorte, il le deviendra davantage.

---

*Prendre garde de..... Avoir soin,
remarquer.*

THÈMES.

L'union qui est entre votre frère et vous, est grande ; je m'en réjouis : mais vous devez prendre garde qu'elle ne se change en une haine cruelle. Vous êtes un jeune homme libéral, et vous devez l'être ; faites en sorte que votre libéralité soit utile à vos amis, et qu'elle ne nuise à personne. Aimez et honorez vos parens, et prenez garde de ne les jamais contrister en rien ; écoutez-les, lorsqu'ils vous disent de faire une chose, et qu'ils vous dissuadent d'en faire une autre ; prenez garde de ne les jamais exciter à la colère, et de faire tout ce
~~~~~

qu'ils vous commanderont. Vous savez qu'un enfant sage doit prendre garde de ne jamais manquer à ses parens.

N'avoir garde de....

Vous n'avez garde de me tromper, mon cher ami; je remarque toutes vos démarches : prenez donc garde à ce que vous ferez. Je me garderai bien de me fier à vous dorénavant. Je vous ai souvent averti; mais je m'ennuie, parce que je vois que vous êtes toujours le même; je crains même que vous ne deveniez pire. Vous n'aurez garde d'acheter de mauvais livres dans la suite, parce que je ne vous donnerai point d'argent; et je prendrai garde de ne vous laisser sortir qu'avec moi, ou avec quelqu'un qui prendra garde de ne jamais vous perdre de vue, et qui n'aura garde de me tromper, parce qu'il est trop sincère.

Mériter, être digne de, etc.

THÈMES.

Tous les hommes ne sont pas dignes de commander; cependant rien n'est plus commun que de voir des gens qui croient mériter de donner la loi aux autres. La prudence et la simplicité rendent un homme digne d'être admiré de tout le monde; mais il est rare de trouver toutes ces vertus réunies dans un seul. Auguste, empereur romain, commença mal et finit bien; c'est pourquoi les historiens disent qu'il méritait de ne jamais voir la lumière, ou qu'il méritait de ne jamais mourir. Roscius, dit Cicéron, est habile dans son art; il paraît seul digne de monter sur le théâtre; mais comme il est homme de bien, il paraît seul digne de ne pas y monter.

Samson, qui jugea pendant vingt ans consécutifs le peuple d'Israël, mérita d'être loué et admiré de tous ; il mérita aussi d'être blâmé. Ce grand homme fut la terreur et le fléau des Philistins ; il leur parut plus digne d'être redouté, qu'une armée entière : cependant il ne mérita pas de délivrer son peuple de la tyrannie ; les Philistins le traitèrent comme le plus grand scélérat ; il avait mérité un meilleur sort. Les Israélites l'abandonnèrent à la merci de leurs ennemis : il n'avait pas mérité qu'on agît ainsi envers lui, puisqu'il avait toujours défendu sa nation, et qu'il la défendit jusqu'à la mort.

Empêcher de...... S'empêcher de....

THÈMES.

COMME je ne puis m'empêcher de haïr le mensonge et les menteurs, je ne saurais me défendre d'aimer la sincérité et les hommes sincères. La raison nous défend de faire tort à personne : aussi Pythagore défend de quitter le poste sans l'ordre du général ; c'est-à-dire, de sortir de cette vie sans l'ordre du Créateur. Une trop grande confiance est criminelle ; cela n'est pas douteux : mais le désespoir est encore quelque chose de plus criminel. Hippocrate défend de donner des remèdes à ceux qui sont désespérés. Qui pourrait s'empêcher de craindre les suites du désespoir, puisque nous en voyons tous les jours les funestes effets ?

Aujourd'hui je ne saurais m'empêcher de vous raconter une petite histoire ; il ne tient qu'à vous de la retenir : mais je vous défends de rire pendant que je parlerai ; cela m'empêcherait de continuer. Un jour un vieillard, dont je ne puis vous dire le

nom (je ne saurais m'empêcher de vous dire son surnom : il s'appelait Benoît-le-Sourd), alla à l'affût ;
il tira sur un renard , et croyant l'avoir tué, il le
prend par la queue et le jette sur ses épaules. Il
ne tenait qu'à lui d'examiner s'il était réellement
mort ; mais il n'eut point cette sage précaution.
Quelques momens après, le compère suspendu par
la queue , sentant que ses forces étaient revenues,
prit le vieillard par la culotte. Il n'aurait tenu qu'à
celui-ci de lâcher la queue ; mais il craignit qu'en
le laissant tomber, il ne lui arrachât le morceau
qu'il tenait déjà entre ses dents. Il n'aurait tenu
qu'à ses deux enfans qui étaient avec lui, de lui
donner du secours ; mais lorsqu'ils virent que le
renard tenait leur père par le dos, ils ne purent
s'empêcher de rire , et laissèrent le vieux grison aux
prises avec son ennemi.

Se réjouir de, etc.

T H È M E S.

Vous êtes peut-être surpris que je vous raconte
une histoire ; mais vous êtes bien plus étonnés que
ces deux enfans se réjouissent de voir leur père aux
prises avec un renard : cependant cela est véritable.
Ils auraient dû, au contraire, être fâchés que cet
accident fût arrivé à ce bon vieillard ; ils auraient
dû le secourir. Le bon homme leur aurait su bon
gré de l'avoir délivré des dents de cet animal ; il
les aurait remerciés de lui avoir rendu un service
qu'ils lui devaient comme enfans : mais point du
tout, ils rient du mal qu'éprouve le grison , ou
plutôt de la manière dont il l'éprouve.

Les deux fils de ce vieillard furent d'abord si peu
fâchés de ce qui était arrivé à leur père, qu'ils le

racontaient à tous ceux qu'ils trouvaient. Cependant, dans la suite, ils eurent honte de s'être moqués de lui, et ils se repentirent de ne lui avoir pas donné le secours qu'ils lui devaient en qualité (1) d'enfans. Après que le grison leur eut fait les reproches les plus amers de ce qu'ils l'avaient ainsi abandonné à la merci de ce rusé moribond, il les traita comme ils l'avaient mérité, en leur disant : Je rougis d'avoir nourri des enfans aussi dénaturés ; mais je suis content d'avoir connu, dans cette occasion, l'attachement qu'ils ont pour moi. Vous vous souviendrez, malheureux, dit-il, de m'avoir ainsi abandonné.

Attendre…. S'attendre, etc.

THÈME.

Nous nous attendions que vous nous raconteriez aujourd'hui quelque petite histoire ; mais vous êtes fort sérieux. — Je m'étais bien attendu que vous diriez cela ; cependant je ne suis pas plus sérieux qu'à l'ordinaire. Vous attendrez sans doute que nous ayons fini l'explication, pour que je vous raconte cette histoire ; vous pouvez vous attendre que je le ferai, pourvu que le temps nous le permette. Je vous raconterai une histoire qui me fut racontée un jour que j'étais bien malade : assurément je ne m'attendais pas à entendre des histoires ce jour-là ; je me serais plutôt attendu à voir venir l'aveugle Atropos avec sa faux ensanglantée, pour trancher le fil de mes jours.

---

(1) *En qualité de….* ne s'exprime point en latin. *Ex.:* Caton partit en qualité de questeur ; *Cato quæstor profectus est.* Quelquefois on exprime *en qualité de*, par *ut*, *tanquàm*, *prout*, *utpotè*.

Être cause, etc.

THÈME.

La promesse que vous nous avez faite hier, en nous disant que vous nous raconteriez une histoire, a été cause que nous avons bien travaillé ; mais aussi nous espérons que notre application sera cause que vous tiendrez votre parole.—Votre application, mes chers amis, n'est pas une raison pour que je tienne ma promesse ; mais je la tiendrai, parce que je vous l'ai promis. — Allons, Monsieur, racontez-nous donc cette histoire. — Votre trop d'empressement sera cause que je ne vous la raconterai point aujourd'hui : vous n'aurez pas raison de vous plaindre, ni sujet de vous fâcher, parce que vous êtes vous-mêmes cause que je ne vous la raconte pas. Lorsque vous voudrez obtenir quelque chose de quelqu'un, ne soyez pas importuns, vous réussirez plus facilement.

Douter que.... Se douter, etc.

THÈMES.

Je doute que vous croyiez tout ce qu'enseignent les géographes et les astronomes : car je sais que beaucoup de personnes doutent que la terre tourne ; qu'elle soit ronde ; qu'elle soit suspendue en l'air ; et que nous ayons des antipodes. Je n'ai jamais douté que le soleil ne fût immobile, et qu'il ne fût plusieurs fois plus gros que la terre. Je ne doute pas non plus qu'il n'y ait des antipodes ; c'est-à-dire, que les hommes d'un certain endroit de la terre n'aient les pieds directement opposés aux nôtres. Qui pourrait en douter ? D'après toutes les preuves que nous en avons, qui refuserait de le croire ?

Si vous ne doutez pas que Philippe, roi de Macédoine, n'ait été un conquérant moins fameux que son fils Alexandre, vous ne douterez pas non plus qu'il ne l'ait emporté sur lui en bonté et en humanité. Philippe ne fut pas conquérant; mais il fut toujours grand. Alexandre fut conquérant; mais il remplit sa vie de taches, qui terniront à jamais l'éclat de sa gloire. Je me suis bien douté que vous me diriez cela. Philippe était retenu et modéré; or, personne ne doute que la retenue et la modération ne soient des vertus très-louables dans un prince. Alexandre, au contraire, était plein d'orgueil et d'ambition; et vous ne doutez pas que ces passions ne soient funestes à un prince, et elles l'ont été à Alexandre. Philippe s'était bien douté que l'ambition porterait son fils à la conquête de l'Univers.

X X X.

Verbes à l'indicatif dans le français, qu'il faut mettre au subjonctif en latin.

Nescis *quis* ego *sim*, etc.

Qui ou *que* interrogatif, entre deux verbes, veut le second au subjonctif en latin. Il en est de même des adverbes de lieu, *ubi*, *quò*, *quà*, *undè;* des adverbes de temps, *quandò*, *quandiù*, etc., et des conjonctions, *cur, quarè*, *quomodò*, *quandò*, *an*, *utrùm*, etc. *Combien*, entre deux verbes, suit encore la même règle.

Exemples :

Vous ne savez pas qui je suis (qui je sois); *Nescis quis ego sim.*

Dites-moi quelle heure il est; *Dic mihi quota hora sit.*

Je ne sais lequel des deux a été le plus éloquent ; *Nescior uter fuerit eloquentior.*

Je voudrais savoir où vous êtes ; *Scire velim ubi sis :* d'où vous venez ; *undè venias :* où vous allez ; *quó eas :* par où vous passez ; *quà transeas :* s'il a de quoi vous payer ; *si habuerit undè tibi solvat.*

Interrogée pourquoi elle disait cela ; *Interrogata cur hoc diceret.*

Vous voyez combien je vous aime ; *Vides quantùm te amen.*

Je dirai en peu de mots combien la liberté est douce ; *Quàm dulcis sit libertas breviter proloquar.*

T H È M E S.

Je ne sais qui viendra à la promenade avec moi ; j'ignore à quelle heure nous partirons. Dites-moi quelle heure il était hier quand vous êtes parti. Je voudrais savoir quel jour votre frère viendra me voir. Dites-moi, quel parti prendra-t-il ? et comment il fut reçu de votre père, lorsqu'il arriva du collége ? Je ne sais quel est le maître qui l'a instruit ; mais il est fort mal élevé : il parle à tort et à travers, sans savoir pourquoi, ni comment il le fait. J'ignore comment votre père, qui aime la politesse, peut le souffrir.

Je ne sais lequel des deux était le plus éloquent, de Démosthène ou de Cicéron : j'ignore lequel des deux fut le plus utile à sa patrie. Vous qui avez lu l'histoire grecque et l'histoire romaine, laquelle des deux préférez-vous ? — Je ne sais laquelle des deux est préférable à l'autre ; je crois que ce choix est difficile à faire. — Si je vous demandais lequel des deux nous a laissé le plus d'ouvrages, vous ne seriez pas embarrassé pour répondre. Vous savez sans doute quels sont les ouvrages de Démosthène ; et vous n'ignorez pas quels sont ceux de

Cicéron, puisque vous les avez tous les jours entre vos mains.

~~~~~

Je désirerais savoir d'où est le marchand qui vint hier chez vous ; comment il s'appelle ; s'il est riche, s'il est honnête, s'il aura de quoi payer tout ce qu'il a acheté dans notre ville. Dites-moi où il loge. — Je ne saurais vous le dire. — Je suis surpris que vous ne lui ayez pas demandé cela ; je ne puis concevoir comment vous pouvez donner vos marchandises à un homme que vous n'avez jamais vu, sans lui demander son nom et son adresse. S'il ne revenait pas chez vous, dites-moi, où le prendriez-vous ? qui vous paierait ? Vous auriez dû lui demander où il allait, s'il repasserait par ici ; s'il vous paierait comptant ou non.

~~~~~

Si vous saviez combien les gens aiment à tromper aujourd'hui, vous auriez mieux examiné ce que (1) vous faisiez en vendant à un marchand inconnu. Vous n'ignorez pas combien vous êtes blâmable d'avoir agi ainsi. Il n'est pas nécessaire que je vous dise combien (2) de marchands ont été trompés en cela. Qui croirait (3) que vous avez fait

---

(1) *Ce qui, ce que* s'exprime par *quid*, quand on peut le tourner par *quelle chose. Ex.* : Écrivez-moi ce que vous faites ; c'est-à-dire, quelle chose vous faites ; *Ad me scribe quid agas* : ce qui se passe chez vous ; c'est-à-dire, quelle chose se passe..... ; *quid istic agatur*. Mais *ce qui, ce que* s'exprime par *quod*, quand on ne peut pas le tourner par *quelle chose*, parce qu'alors il n'est pas interrogatif. *Ex.* : Il a fait ce que je lui avais commandé ; *Fecit quod ei præceperam*.

(2) *Combien*, devant un nom de choses qui se comptent, s'exprime par *quot*.

(3) *Qui interrogatif*, devant un futur de l'indicatif et un imparfait du subjonctif, veut le verbe au présent du subjonctif latin. *Ex.* : Qui croira ? *Quis credat ?* Qui n'admirerait pas cette action ? *Quis illud factum non miretur ?*

une pareille sottise ? —Peut-être qu'il reviendra.— Il faut l'espérer. Il paraît être homme de bien ; mais vous savez que rien n'est si semblable à un homme de bien qu'un coquin ; et s'il ne vient pas, où le trouverez-vous ? qui vous dira où il loge ? saurez-vous s'il est encore ici, ou s'il est parti ? Qui vous plaindra ? personne : parce que vous auriez dû prendre garde à ce que vous faisiez.

Si vous saviez, mon cher ami, combien je vous aime et combien je vous (1) estime, vous ne me quitteriez jamais. Si vous connaissiez combien je me plais à votre compagnie, vous viendriez plus souvent que vous ne faites : vous savez combien (2) je suis doux et affable envers les enfans sages. Dites-moi combien d'années vous êtes resté dans cette ville. — Trois. — Qui croirait que nous ne sommes restés que trois ans ensemble? qui n'admirerait votre science et vos talens? qui croira que vous êtes devenu si savant en trois ans? Vous ne savez pas combien la science est estimable, et combien elle est utile à l'homme.

. Je désire, mon fils, que vous m'écriviez souvent, et que vous me marquiez ce que vous avez fait et ce que vous faites ; ce que font vos deux frères, et ce que vous croyez qu'ils feront dans la suite. Dites-moi quels sont vos progrès ; quel est le professeur qui vous a fait la classe ; en quelle classe vous êtes, et

---

(1) *Combien*, devant un verbe d'estime, s'exprime par *quanti.*

(2) *Combien*, devant un adjectif, s'exprime par *quàm* ou *ut.*

en quelle classe sont vos frères. Dites-moi quels sont les progrès qu'ils font ; s'ils sont obéissans, s'ils font ce que leur professeur leur commande. Faites-moi savoir s'ils ont reçu la dernière lettre que je leur ai écrite, et s'ils ont fait ce qu'elle leur ordonnait ; enfin, dites-moi ce qui se passe dans la ville où vous êtes, et dans le collége.

XXXI.

A quel temps il faut mettre le Verbe latin, après les mots qui veulent le Subjonctif, comme ut , ne, an , quin, *etc. ?*

Nescio quid *agas*, quid *ageres*, quid *egeris*, etc.

Il faut mettre tous les temps de l'indicatif français aux mêmes temps du subjonctif latin, excepté les deux futurs, qui se mettent au participe du futur en *rus, ra, rum*, pour l'actif, et en *dus, da, dum*, pour le passif, avec *sim, sis, sit*, si le verbe latin en a un ; s'il n'en a point, il faut le mettre au présent du subjonctif, et y joindre un adverbe qui marque le futur.

Exemples :

Je ne sais ce que vous faites ; *Nescio quid agas* : ce que vous faisiez ; *quid ageres* : ce que vous avez fait ; *quid egeris* : ce que vous aviez fait ; *quid egisses* : s'il écoutera ; *an auditurus sit* : s'il sera écouté ; *an audiendus sit* : s'il se repentira ; *an illum unquàm pœniteat*.

THÈMES.

Vous êtes très-laborieux ; je vous vois travailler sans cesse, et cependant j'ignore ce que vous faites. Vous lisez et vous écrivez souvent ; mais je n'ai jamais pu savoir ce que vous lisiez , ni ce que vous

écriviez. Hier votre père me demandait à quoi vous
vous occupiez : je n'ai su que lui répondre. Si j'a-
vais su quelles sont vos occupations ordinaires, je
lui aurais répondu. Je vous ai souvent demandé
ce que vous faisiez, et jamais vous ne me l'avez dit.
Vous m'avez écrit dernièrement ; mais je n'ai
pu comprendre ce que vous me demandiez. Cependant je désirerais savoir si vous viendrez me voir,
ou non, et quel jour vous viendrez.

Nous ne savons si le général passera dans cette
ville en revenant d'Espagne, ou s'il passera par
Toulouse. Nous ignorons encore quel chemin il
prendra : nous savons cependant qu'il ne traversera
ni les montagnes ni les forêts. Vous m'avez demandé si j'ai reçu une réponse du ministre ; je n'en
ai pas encore reçu. Je ne sais s'il m'accordera la
grâce que je lui demande. Informez-vous si ce jeune
homme dîne aujourd'hui chez moi ; je lui conseil-
lerais d'aller dîner ailleurs. J'ignore si le roi est revenu de Versailles ; je voudrais savoir s'il a revu
volontiers les appartemens qu'il a occupés.

Je connais un jeune homme qui mène une mauvaise vie : je ne sais s'il se repentira de ses désordres, et s'il aura honte de sa conduite. Le ciel vous
a comblé de richesses : je ne sais si vous aurez compassion des pauvres ; j'ignore si vous leur donnerez
quelque secours ; je doute que vous le fassiez : mais
aussi je doute si vous obtiendrez le pardon de vos
fautes ; et si vos prières seront exaucées de Dieu.
Si vous n'avez pas compassion des pauvres, qui
sont vos frères, j'ignore si Dieu aura compassion
de vous, et s'il vous accordera ce qu'il a promis à
ceux qui auront été généreux envers leurs frères.

Votre frère n'est pas très-diligent : je ne sais s'il étudiera ses leçons, et s'il s'acquittera de ses devoirs. La fortune m'a été toujours contraire : j'ignore si elle me favorisera dans la suite. Vous avez bien travaillé jusqu'ici : je ne sais si vous ne vous ennuierez pas. Le prince m'a accordé plusieurs faveurs : je ne sais s'il me refusera celle-ci. Le médecin a défendu le vin à cet homme qui est malade : j'ignore s'il s'en abstiendra. Si vous continuez de vous mal comporter, je vous reprocherai vos fautes en présence de tous vos condisciples : je ne sais si vous en rougirez ou non. Il fait beau temps : savez-vous si les arbres de notre jardin fleuriront bientôt ?

XXXII.

Dubito an rex brevi *venturus sit*, etc.

Si le verbe français est au subjonctif, et qu'il marque l'avenir, mettez en latin le participe du futur, avec *sim*, *sis*, *sit*, pour exprimer le présent du subjonctif ; avec *essem*, *esses*, *esset*, pour l'imparfait ; avec *fuissem*, *fuisses*, *fuisset*, pour le plus-que-parfait ; mais si le verbe français qui est au subjonctif, ne marque pas l'avenir, ou qu'il n'ait pas de participe du futur en latin, mettez les temps du subjonctif français aux mêmes temps du subjonctif latin.

Exemples :

Je doute que le roi vienne bientôt ; *Dubito an rex brevi venturus sit* (pour le présent du subjonctif).

Je ne savais si le roi viendrait bientôt, je doutais que le roi vînt bientôt ; *Nesciebam an*, *dubitabam an rex brevi venturus esset* (pour l'imparfait du subjonctif).

Je ne sais si le roi serait venu , je doute que le roi fût venu ; *Nescio an , dubito an rex venturus fuisset* (pour le plus-que-parfait du subjonctif).

Je doute qu'il se repente jamais ; *Dubito an illum unquàm pœniteat* (présent du subjonctif).

Je ne sais s'il se repentirait ; *Nescio an illum unquàm pœniteret* (imparfait du subjonctif).

Je ne sais s'il se serait repenti ; *Nescio an illum unquàm pœnituisset* (pour le plus-que-parfait du subjonctif, *pœnitet* n'ayant pas de participe en *rus*).

T H È M E S.

Je doute que votre frère ait lieu d'être charmé d'avoir fait le voyage qu'il a entrepris. Je ne doute pas qu'il n'ait dépensé beaucoup d'argent pour aller en Espagne. Je doute qu'il y fût allé , s'il eût réfléchi que les Espagnols ont beaucoup souffert. J'ai oui dire qu'il veut aller en Amérique. Je ne sais s'il ne se repentira pas de quitter la France, qui lui offre tant d'avantages. Je doutais qu'il mît son projet à exécution ; mais aujourd'hui qu'il fait ses préparatifs de voyage, je ne doute pas qu'il ne parte bientôt pour les régions lointaines. J'ignore si mon frère le suivra , car il ne témoigne pas le désir de voyager ; et d'ailleurs je doute qu'il se détermine à faire un long trajet de mer.

Je doute que vous terminiez l'ouvrage que vous avez commencé : je ne sais si vous ne vous repentirez pas de l'avoir entrepris. Je doute que vous ayez la patience de traiter tous ces articles en particulier. Je ne sais si tu ne te repentiras pas d'avoir négligé l'étude de la langue grecque. Tu dis que tu ignores si cette langue est bien nécessaire à ceux qui veulent suivre le barreau ; il faut douter, dans ce cas, si l'étude de la langue latine est utile aux avocats et aux médecins. Qui doute que l'étude des langues anciennes ne soit d'une très-grande ressource? Étudiez le plus que vous pourrez, si vous voulez réussir en quelque chose.

***

Je doutais que vous guérissiez de votre maladie; je ne savais si je vous reverrais en bonne ou en mauvaise santé. J'examinais ce matin, avant de partir, si je viendrais vous voir aujourd'hui, ou si j'attendrais un autre jour. Je craignais de vous trouver encore malade. Je vois que vous êtes mieux; je ne sais si le remède que vous prîtes hier vous a soulagé ainsi; mais, quoi qu'il en soit, j'espère que vous ne vous repentirez pas de l'avoir pris. Examinez si vous voulez que je vienne vous voir demain; j'ignore si j'aurai le temps de venir; mais, si vous avez besoin de moi, envoyez-moi chercher; je serai chez moi depuis le matin jusqu'au soir.

***

Ce matin j'ai exhorté votre frère à étudier ses leçons; je ne sais s'il les étudiera, ou s'il aimera mieux être puni. Les riches aiment bien la vie; je ne sais s'ils craignent la mort : mais je doute qu'ils la craignent, car s'ils la craignaient, ils s'y prépareraient, et je vois qu'ils n'y pensent pas. J'ai commandé au domestique d'aller à la ville demain matin; mais je doute qu'il m'obéisse, parce qu'il est fort occupé des affaires de la maison. Vous fréquentez des gens qui sont fort vicieux; j'ignore s'ils ne vous conseillent point de nous désobéir; je doute qu'ils ne vous l'aient déjà conseillé.

***

Les habitans de cette ville doutaient que nos troupes partissent bientôt pour l'Espagne. Les Espagnols ne savaient si elles entreraient bientôt dans leur royaume ; ils ignoraient si elles passeraient les Pyrénées avant l'hiver. Quelques-uns doutaient qu'elles arrivassent dans la Castille pendant l'automne. Je ne sais si elles se repentiront d'être parties si tôt ; mais je crois qu'elles seraient fâchées d'avoir attendu l'approche de l'hiver pour traverser les Pyrénées. J'ignore si elles arriveront à Lisbonne avant la fin du mois de décembre ; mais je ne doute pas qu'elles ne soient arrivées à Madrid , capitale de toute l'Espagne.

XXXIII.

Nescio an , dubito an frater tuus tàm maturè *cœnaverit* , etc.

Le futur passé , après *ne pas savoir si*......, et le parfait du subjonctif , après *douter que*..... , se mettent au parfait du subjonctif , quand ils marquent le passé ; mais si ces deux temps marquent l'avenir , ce qui arrive quand ils sont suivis de *lorsque* , mettez-les au futur en *rus* , *ra* , *rum* , avec *sim* , *sis* , *sit* , en changeant *lorsque* par *avant que* (1).

Exemples :

Je ne sais si votre frère aura soupé , je doute qu'il ait soupé de si bonne heure ; *Nescio an , dubito an frater tuus tàm maturè cœnaverit.*

Je ne sais s'il aura terminé , je doute qu'il ait terminé l'affaire lorsque vous viendrez ici ; *Nescio*

______

(1) Si le verbe latin est au passif , on peut mettre le participe passé avec *futurus* , *a* , *um* , *sim* , *sis* , *sit. Ex.* : Je ne doute pas que l'affaire n'ait été terminée , lorsque vous lirez cette lettre ; *Non dubito quin, te legente has litteras, confecta jam res futura sit.*

an , dubito an priùs rem confecturus sit quàm hùc venias (c'est-à dire , s'il la terminera avant que vous veniez.)

THÈMES.

Nous avons été long-temps dans l'incertitude : nous ne savions si nos armées auraient remporté la victoire, ou si elles auraient été vaincues ; nous ignorions si la fortune nous aurait été favorable ou non. Nous doutions qu'elle eût favorisé nos ennemis , et qu'elle nous eût abandonnés , parce que nous savons qu'elle n'est constante que dans son inconstance. Mais aujourd'hui nous ne doutons pas que nos armées n'aient moissonné des lauriers. Je ne sais si nos soldats seront tristes ou joyeux lorsqu'ils arriveront ; mais il est certain qu'ils ont eu de grands succès. Je ne doute pas qu'ils ne se soient couverts de gloire ; aussi ils ont beaucoup souffert.

Je ne doute pas que votre fils n'ait eu honte de sa conduite. S'il avait su combien chacun l'aurait blâmé, je doute qu'il eût voulu se comporter comme il s'est comporté réellement. Je ne doute pas que nous ne jouissions long-temps de la paix que nous avons désirée. Je ne sais si nos fermiers auront eu le temps de moissonner, avant que les troupes ennemies arrivent. Nous ne doutons pas que vous n'ayez obtenu cet emploi, avant même que je le demande pour vous. Qui peut douter que vous ne vous en acquittiez dignement ? Je ne sais si la loi aura été proposée, lorque le roi provoquera l'établissement de cette même loi.

Je ne sais s'il aura pris enfin un parti, car il est toujours irrésolu. Je doute si vous aurez moissonné, lorsque la saison pluvieuse sera venue. Je doute

qu'il ait achevé ses devoirs, car il n'a pas travaillé
long-temps. Je doute que vous ayez écrit à vos
parens, quoiqu'ils soient fort inquiets. Ils ne savent si vous êtes malade, ou non ; c'est pourquoi il
est de votre devoir de leur écrire. J'ignore si votre
mère sera rétablie, quand j'irai la voir. Je doute si
vous obtiendrez des succès dans la profession que
vous allez embrasser, parce que je doute fort que
vous aimiez le travail.

J'ai appris que votre frère allait à Constantinople, capitale de la Turquie ; je doute qu'il y soit
arrivé, lorsque notre ambassadeur en partira pour
se rendre à Paris ; j'ignore même si la révolution
qui a eu lieu dans cette ville, à l'occasion du nouvel empereur, aura été terminée lorsque votre frère
y arrivera. Notre ambassadeur, qui devait arriver
à Paris le quinze du mois dernier, n'est pas encore
parti de Constantinople ; je ne sais s'il se sera mis
en chemin lorsque vous partirez, mais je doute qu'il
soit arrivé ; je doute même qu'il soit parti de la
cour de Turquie, avant d'avoir vu la fin de la révolution dont nous avons entendu parler.

RÉCAPITULATION,

Depuis le n.° 29, jusqu'au n.° 33.

Vous ne savez pas qui je suis, etc.

THÈMES.

Lorsque vous m'écrirez, vous me marquerez
quelles sont vos occupations ; à quelle heure vous
vous levez ; quel jour vous allez à la promenade ; quelle route vous prenez ; quels sont vos
condisciples, d'où ils sont ; quels sont vos progrès ;

quelle place vous avez eue dans votre dernière composition ; ce qui se passe entre vous tous ; si vous êtes bien unis ; si vous êtes sages et studieux ; si vous vous acquittez exactement de ce qui vous est prescrit, et si vous évitez avec soin ce qui vous est défendu ; enfin, n'oubliez pas de me dire quels sont les livres dont vous avez besoin, et quand est-ce qu'il faudra vous les envoyer.

***

Vous me marquerez aussi pourquoi vous n'êtes pas venu me voir dernièrement ; où vous avez passé cette journée-là ; comment vous vous portez et comment vous vous êtes porté. Vous aurez soin de me faire savoir si vous avez encore de l'argent, et si vous avez eu de quoi payer les dépenses que vous aviez faites. Vous n'oublierez pas de me marquer d'où venait cet étranger qui passa dans votre ville, et dont la renommée a fait tant de bruit ; où il allait, par où il avait passé, et quelles sont les contrées qu'il a visitées. Enfin, vous tâcherez de me dire en peu de mots si vous êtes content dans le collège où vous êtes, et si vous ne vous y ennuyez pas.

***

Je ne puis, mon cher frère, répondre à toutes vos questions : elles sont trop nombreuses, et vous savez combien mes récréations sont courtes ; combien je suis occupé, et combien les momens me sont précieux. Néanmoins j'emploierai le peu de temps qu'il me reste à satisfaire à vos demandes ; mais il m'est impossible de pouvoir vous dire tout ce que vous demandez. Qui pourrait répondre à toutes vos questions ? Qui aurait cru que vous me demanderiez des nouvelles de cet étranger ? Qui n'admirerait pas votre curiosité ? Je ne sais pourquoi vous me demandez des choses inutiles.

Vous me dites que vous voudriez savoir ce que je fais. Je vous dirai non seulement ce que je fais, mais encore ce que j'ai fait, et ce que je ferai, pourvu que rien ne dérange mes projets ; je ne sais si vous me croirez. Jusqu'ici j'ai fait et je fais ce que mon professeur m'a commandé, et j'ai dessein d'agir toujours de la sorte. Je ne sais ce qui m'empêcha de venir jeudi passé ; je restai tout le jour dans ma chambre. Je me porte fort bien. Je ne sais si je viendrai jeudi prochain. J'ai besoin des livres qui sont dans votre armoire ; j'ignore si vous me les enverrez bientôt. Je vous ai écrit dernièrement de me les envoyer ; je ne sais si ma lettre vous est parvenue.

Je ne sais, mon frère, si vous avez perdu la tête, ou si vous vous moquez de moi, lorsque vous me demandez quelles sont mes occupations ; à quelle heure je me lève ; quel jour je vais à la promenade ; quelle route je prends ; quels sont mes condisciples, d'où ils sont, où ils restent, etc. Il semble que vous n'avez jamais été dans ce collége ; cependant il n'y a pas long-temps que vous y étiez. Je ne sais si vous avez oublié tout ce que vous me demandez ; mais je ne doute pas que cela ne vous ait été connu. Je pense que votre esprit était à la promenade lorsque vous avez écrit cette lettre, ou que votre mémoire était en exil. Adieu ; soyez plus court à l'avenir.

RÉCAPITULATION.

Depuis *Conseiller de....*

THÈMES.

Je vous ai souvent conseillé de lire, mes amis, et je vous le conseille encore ; c'est le seul moyen de devenir savans. En lisant l'histoire, nous voyons devant nos yeux les siècles passés comme le présent. Je vous ai dit souvent que si vous ne lisiez, vous seriez toujours ignorans ; car ce n'est qu'en lisant que vous pourrez acquérir des connaissances. Ayez donc soin de suivre mes conseils : vous ne vous en repentirez point. Vous dites peut-être : Que nous importe d'être savans ou ignorans ? Il est vrai que les savans sont estimés de tout le monde ; mais nous nous mettons peu en peine d'être estimés ou non, puisque nous devons mourir dans peu d'années (1). Dites-moi, je vous prie, où en serions-nous, si tout le monde raisonnait ainsi ?

Je dis aussi : Que m'importe que ces jeunes-gens suivent mes conseils ou non ? je les leur ai donnés ; ils sont bons : je leur conseille de faire ce qui peut les rendre heureux ; s'ils ne veulent pas m'é-couter, qu'ils suivent leurs sentimens et leurs idées. Ils devraient cependant craindre d'être un jour méprisés et rebutés de tous les hommes ; car je ne crains pas de leur dire, que s'ils continuent de perdre leur temps et de s'amuser à des niaiseries, comme ils ont fait jusqu'à présent, ils ne seront bons à rien. Je les ai souvent dissuadés de mener un pareil genre de vie ; mais ils ne m'écoutent point. Ils croient que je leur parle par intérêt.

Ils devraient prendre garde de ne pas mépriser mes avis. Cependant j'ai déjà remarqué qu'on commençait à les mépriser et à s'en moquer. Dans quelque temps, les gens instruits se garderont bien d'admettre à leur compagnie ces petits ignorans.

(1) *Peu*, devant un nom de choses qui se comptent, s'exprime par *pauci, paucæ, pauca.*

Au reste, s'ils continuent de vivre comme ils ont vécu jusqu'à présent, ils mériteront d'être expulsés de toute compagnie honnête : non pas que je le souhaite, mais je crains que cela ne leur arrive ; car je prévois déjà que cela ne peut leur manquer. Les honnêtes gens ne pourront s'empêcher de les fuir ; car l'honnêteté défend d'admettre un sot et un stupide dans une bonne compagnie. Enfin, je les ai avertis et je les avertis encore : il ne tient qu'à eux de prendre garde à ce qu'ils ont à faire.

Je me doutais bien qu'ils ne m'écouteraient pas ; mais sachant quelles étaient les passions qui les dominaient, j'ai voulu leur prédire ce qu'il leur arriverait un jour, s'ils continuaient à les suivre. Je vois clairement quel est le sort qui les attend, et comment ils passeront le reste de leur vie. Ils ne connaissent pas combien il est utile d'écouter les bons conseils, et combien il est avantageux de les suivre. Ils le connaîtront un jour ; mais trop tard. Je ne doute pas qu'ils ne se repentent de les avoir méprisés ; mais je doute que ce repentir leur soit utile. Enfin, je ne m'ennuie pas de les avertir, parce que je les plains ; je ne sais s'ils ne s'ennuieront pas de m'écouter.

XXXIV.

Verbes au passif dans le français, qu'il faut tourner par l'actif en latin.

Mihi *favet* fortuna, etc.

QUAND un verbe est au passif dans le français, et qu'il est neutre ou déponent en latin, il faut tourner le passif en actif : pour cela, on prend le régime pour en faire le nominatif, et le nominatif pour en faire le régime; mais s'il n'y a point de régime dont on puisse faire le nominatif, on met le verbe à la troisième personne du pluriel (en sous-entendant *homines.*)

Exemples :

Je suis favorisé de la fortune (*tournez*, la fortune me favorise) ; *Mihi favet fortuna* (*faveo* n'ayant point de passif.)

Il est admiré de tout le monde (*tournez*, tout le monde l'admire) ; *Illum omnes admirantur.*

Cicéron était admiré quand il parlait ; *Admirabantur Ciceronem quùm diceret* (sous-entendu *homines admirabantur....*)

THÈMES.

Les exemples du maître sont imités par les disciples. Les rois et les princes ont toujours été flattés par de vils courtisans. Les pauvres ne sont pas secourus des riches. Vos frères ont été exhortés à l'étude par votre mère ; mais ils ne lui ont pas obéi. Votre maître est dur ; les écoliers ne sont pas flattés par lui. Je blâme votre conduite, mais j'espère qu'elle ne sera pas imitée de vos condisciples. L'exemple du prince est imité par les sujets. Nous avons été attaqués par des voleurs. La langue grecque a été étudiée par vos frères. Les exploits des anciens généraux sont admirés de tout le monde.

***

Tous les hommes ne sont pas favorisés de la fortune. Les enfans sages sont admirés des autres. Les méchans sont redoutés de tout le monde. Tous les faits dont je vous parle, ont été avoués par les coupables. Les bons exemples de votre grand-père ont été suivis par votre jeune frère. Toutes nos terres furent mesurées par un habile géomètre. Tous les moyens que vous avez employés, furent éprouvés autrefois par un grand architecte, et ils ne servirent de rien. Un père et une mère doivent être respectés de leurs enfans. Les soldats sont exhortés au combat par les généraux. Nous avons vu nos parens, et nous avons été embrassés par eux.

*

Les grands princes sont ordinairement accompagnés par de nombreuses cohortes. Les gens malheureux sont consolés par les hommes charitables. Les superbes monumens qui ont été élevés en l'honneur des victoires de nos armées, seront contemplés et admirés de toute la postérité. Du temps de la révolution, ces provinces furent entièrement ravagées par nos ennemis. Les bas-reliefs que vous avez vus dans cette salle, furent exécutés par un ouvrier très-habile. Le roi a été félicité par les habitans de toutes les villes par lesquelles il a passé. Les Anglais furent poursuivis par nos soldats, jusqu'au bord de la mer. Cette conspiration avait été tramée par les patriciens.

*

Les tourmens les plus horribles que les païens ont pu inventer, ont été soufferts par les martyrs. Ces beaux monumens ont été construits par un architecte dont le nom est très-célèbre. Toutes ces villes furent prises et pillées par les vainqueurs. Les conseils que votre avocat vous avait donnés, ont été soupçonnés douteux par le mien. L'empereur de Turquie a été détrôné par ses sujets : c'est un fait assuré par plusieurs relations. La ville sera protégée et défendue par la garnison qui y est. Toutes ces raisons ont été profondément méditées par un homme d'esprit, qui ne les a pas trouvées bonnes.

XXXV.

Verbes à l'actif dans le français, qu'il faut tourner par le passif en latin.

Dicis *Paulum* à Petro *amari.*

Il faut changer l'actif en passif, quand il y a *amphibologie*, c'est-à-dire, quand après un *que* retranché, le nominatif français et le régime seraient mis tous les deux à l'accusatif latin, sans que l'on pût distinguer l'un de l'autre ; alors on tourne par le passif, en prenant le régime direct pour en faire le nominatif, et le nominatif pour en faire le régime.

Exemple :

Vous dites que Pierre aime Paul. Vous ne pouvez pas mettre *dicis Petrum amare Paulum*, parce qu'on ne saurait qui est celui qui aime : si c'est Pierre qui aime Paul, ou si c'est Paul qui aime Pierre ; il faut donc changer l'actif en passif, de cette manière : Vous dites que Paul est aimé de Pierre ; *Dicis Paulum à Petro amari.*

THÈMES.

L'histoire rapporte que Platon aimait Socrate, et que Socrate instruisait Platon ; que César vainquit Pompée à la bataille de Pharsale ; que ce grand homme avait adopté Brutus, et que Brutus le tua dans le sénat. Nous lisons aussi que les Romains battirent les Gaulois, et que les Gaulois, à leur tour, battirent les Romains ; que Camille, dictateur, vainquit Brennus, chef des Gaulois. Tite-Live dit : que Paul-Emile prit Persée, roi de Macédoine, qu'il le conduisit à Rome, et le fit servir d'ornement à son triomphe ; qu'Annibal, général des Carthaginois, vainquit plusieurs fois les Romains, et qu'à la fin, les Romains vainquirent les Carthaginois et Annibal lui-même.

<div align="center">~~~~~</div>

Les historiens rapportent que Romulus, qui jeta les premiers fondemens de Rome, et qui lui donna son nom, tua son frère Rémus, pour avoir franchi le fossé qui environnait cette ville naissante. Vous croyez que nous avons vu vos parens ; mais vous vous trompez. Soyez persuadé que nous vous avertirons lorsqu'ils seront arrivés. Les Chinois croient qu'un serpent et un éléphant blanc portent la terre, et que leurs magiciens chassent le diable avec des aulx et des ognons. L'histoire rapporte que César Auguste vainquit les Parthes. Vous savez que Mécène estimait beaucoup Virgile, et que Virgile aimait singulièrement Horace.

<div align="center">~~~~~</div>

§. Si l'on ne peut tourner l'actif en passif, comme avec les verbes défectils, neutres et déponens qui n'en ont pas, il faut supprimer le *que*, et mettre le verbe qui le précède en parenthèse, ou se servir de quelque verbe actif qui ait la même signification, ou bien d'un verbe qui gouverne l'accusatif avec une préposition ; ou enfin d'un nom dérivé du verbe (1).

---

(1) Si l'on ne peut employer la parenthèse, il faut examiner à quel temps est le verbe qui suit le *que retranché :* s'il est au futur de l'indicatif, ou à l'imparfait ou plusque-parfait du subjonctif, il faut exprimer le *que* par *fore ut*, avec le présent du subjonctif pour le futur : par *fore ut*, avec l'imparfait du subjonctif pour l'imparfait ; et par *futurum fuisse ut*, avec l'imparfait encore pour le plusque-parfait. Mais si le verbe est au présent ou au parfait, exprimez le *que* par *quòd* avec l'indicatif ou le subjonctif. *Ex. :* Je crois que les uns accompagneront les autres ; *Credo fore ut,* ou *futurum esse*

Exemples :

Je crois que les maîtres admirent les enfans sages (*tournez*, les maîtres admirent, je crois, les enfans sages) ; *Præceptores, opinor, pueros sapientes demirantur*, ou — *credo pueros sapientes esse præceptoribus in admiratione* ou *admirationi*, ou bien, *à præceptoribus suspici.*

THÈMES.

Je crois que toutes les nations de l'Europe imitent les Français par leurs mœurs et par leurs costumes. Les enfans de votre frère ont fait les plus grands progrès; je suis persuadé que tout le monde les admire. Je crois que votre fils vous respecte beaucoup. L'histoire rapporte qu'Annibal exhorta Scipion à faire la paix avec les Carthaginois. Le juge m'a dit que le coupable avait avoué ses complices. Je pense que ce grand prince prit la fuite; et que plusieurs officiers le suivirent. Le roi Salomon donna une grande preuve de sagesse dans le jugement qu'il rendit entre ces deux femmes qui se disputaient un enfant. Il fit semblant de vouloir le partager ; néanmoins il est certain que ce prince n'aurait pas partagé l'enfant, quoiqu'il n'eût pas eu d'autres moyens pour découvrir la vérité.

Nous savons que chez tous les peuples de la terre, les hommes vertueux sont aimés et admirés des autres; mais qu'ils ne sont pas imités de tous. Votre

---

ut alios alii comitentur : — accompagneraient, *fore ut comitarentur ;* — auraient accompagné, *futurum fuisse ut comitarentur.* Il paraît assez qu'il m'honore : *Satis apparet quòd me colat.* Je ne vous reproche pas que vous l'avez dépouillé de toute son argenterie ; *Non tibi objicio quòd hominem omni argento spoliásti.*

frère est allé à la ville ; je pense qu'il aura vu ses enfans, et qu'il les aura embrassés. J'ai vu que ses deux domestiques l'accompagnaient lorsqu'il est parti ; je crois qu'ils l'auront accompagné jusqu'à la ville, et qu'ils l'accompagneront, en revenant, jusqu'à sa maison : il doit amener son aîné avec lui. Je crois que ce jeune homme embrassera sa mère avec plaisir, parce qu'il ne l'a pas vue de long-temps, et qu'il désire beaucoup de la voir (1).

CHAPITRE SECOND.

XXXVI.

DES PRONOMS.

Pronoms français qui manquent en latin,
ON, L'ON.

Virtus *amatur*, ou *amant* virtutem.

Il y a deux manières de rendre en latin, *on*, *l'on*.

1.° Si le verbe qui suit *on*, *l'on*, est actif, tournez-le par le passif, pourvu qu'il ait un régime dont on puisse faire le nominatif du verbe passif ; s'il n'en a point, mettez-le à la troisième personne du singulier passif : plusieurs verbes neutres ont cette troisième personne.

(1) Si le verbe se trouve à quelque temps composé de l'infinitif, et que le nominatif et le régime soient de différens genres ou de différens nombres, il n'y a point d'amphibologie. *Ex.* : Je crois que mon frère embrassera ma sœur ; *Credo meum fratrem amplexurum esse meam sororem* (*amplexurum* étant du masculin, ne peut avoir que *fratrem* pour nominatif.) Il n'y a pas non plus d'amphibologie quand la même chose ne peut pas se dire également des deux personnes. *Ex.* : Nous savons que Dieu punira le pécheur ; *Non nos fugit Deum peccatorem castigaturum* (on ne peut pas dire que le pécheur punira Dieu).

2.° Quel que soit le verbe qui suit *on*, *l'on*, on peut le mettre à la troisième personne du pluriel, en sous-entendant *homines*; et il faut toujours le mettre à cette troisième personne quand le verbe est déponent, et très-souvent quand il est neutre.

Exemples :

1.° On aime la vertu (*tournez*, la vertu est aimée); *Virtus amatur.*

Non seulement on ne porte pas envie aux jeunes-gens, mais on leur est même favorable ; *Adolescentibus non modò non invidetur, verùm etiam favetur.*

On raconte (*tournez*, il est raconté); *Narratur.* On rapporte (*tournez*, il est rapporté); *Fertur.* On va, *Itur.* On est venu, *Ventum est.*

2.° On aime la vertu (*tournez*, les hommes aiment....); (*homines*) *Amant virtutem.*

On admire la vertu (*tournez*, les hommes admirent....); *Admirantur virtutem.*

On hait celui que l'on craint (*tournez*, les hommes haïssent celui qu'ils craignent) ; *Oderunt quem metuunt.*

On dit (*tournez*, les hommes disent) ; *Aiunt, ferunt, memorant, perhibent.*

THÈMES.

Les hommes sont extrêmement corrompus dans le siècle où nous sommes. On voit triompher l'irréligion partout, dans les villes et dans les provinces ; on aime le vice, et on méprise la vertu : on porte envie au mérite, et on tâche de le décréditer ; on hait les gens sages et vertueux, et on fréquente les impies ; on méprise le juste, et on chérit le pécheur ; on vante le crapuleux, et on méprise le sobre. On se moque du bon, et on favorise le méchant ; on estime le riche, on le suit partout, et on méprise le pauvre, on le fuit du plus loin. On s'étudie à faire du mal aux autres, et cependant on ne voudrait pas recevoir la moindre injure ; on voudrait dominer partout, et obéir nulle part.

~~~~~~

Non seulement on ne favorise pas ceux qui font le bien, mais encore on leur porte envie. On se félicite des succès qu'on a eus, et on s'attriste du bonheur des autres; on se réjouit des malheurs qui leur arrivent, tandis qu'on devrait les plaindre. On va, on vient; on monte, on descend ; on mange, on boit; on joue, on s'amuse, on rit, on badine, on chante, on danse; on passe la vie dans l'oubli du salut, et tout-à-coup on est surpris par la mort, et on meurt comme on a vécu. On voit cela tous les jours ; tous les jours on entend dire : celui-ci est mort, celle-là est morte ; ce matin on a enseveli un tel, ce soir on ensevelit une telle. Partout on entend parler de la mort, et cependant on n'y pense pas : on ne pense pas que peut-être demain on dira de nous ce qu'on dit aujourd'hui de ceux-là.

XXXVII.

Homines pœnitet malè vixisse.

Devant les impersonnels *pœnitet, pudet, tædet, miseret, piget,* il faut exprimer le mot *homines.*

Exemple :

On se repent d'avoir mal vécu ; *Homines pœnitet malè vixisse.*

THÈME.

On se repentira un jour d'avoir négligé le salut de l'âme ; on sera fâché d'avoir mené une mau-
~~~~~~

vaise vie ; on aura honté d'avoir préféré les biens
terrestres et les plaisirs frivoles et trompeurs à une
gloire éternelle : mais il ne sera plus temps. On
sera agité par les remords de la conscience ; on
sera effrayé à l'aspect de la mort ; on sacrifierait
alors tous les trésors du monde, si on pouvait
éloigner de soi cette inhumaine, et obtenir quelques années de plus : mais en vain, la mort est
sourde, aveugle et impartiale ; elle n'épargne ni le
riche ni le pauvre ; elle entre dans le palais du
roi * et dans la cabane du berger ; elle est tellement
désintéressée, que pour tous les trésors du monde,
elle ne nous accorderait pas une minute de plus.
On (1) devrait donc avoir soin d'être prêt à partir
lorsqu'elle nous appelle.

XXXVIII.

Nemo sine virtute *potest* esse beatus, etc.

Si le verbe qui suit *on*, *l'on*, est accompagné d'une
négation ou d'une interrogation, on le tourne par
personne ne (*nemo*, *numquis*), et quelquefois par
aliquis, etc., et on met le verbe à la troisième
personne du singulier.

Quand on, *lorsqu'on*, se tournent par *celui qui*,
ceux qui, et s'expriment par *quisque* ou *qui-
cunque*.

Si on, *si l'on*, se tournent par *si quelqu'un* (*si
quis*, et non pas *si aliquis*.)

Après *si*, *nisi*, *ne*, *num*, *sivè*, *quò*, on retranche

---

* *Pallida mors æquo pulsat pede*
  Pauperum tabernas, regumque turres. Hor.

(1) On peut quelquefois mettre le verbe à la première
personne du pluriel. *Ex. :* On ne peut avoir la paix qu'en
faisant la guerre (*tournez*, nous ne pouvons....) ; *Pace
frui nequimus, nisi bellum geramus.*

ali dans les mots qui commencent ainsi : *Si quandò*, pour *si aliquandò ; ne quandò*, pour *ne aliquandò*, etc.

Exemples :

On ne peut être heureux sans la vertu (*tournez, personne ne peut être.....*) ; *Nemo sine virtute potest esse beatus.*

Est-ce qu'on pourrait être heureux sans la vertu? (*tournez, est-ce que quelqu'un pourrait être....*) ; *Numquis sine virtute posset esse beatus ?*

On vient (*tournez, quelqu'un vient ; Aliquis venit.*

On frappe à la porte ; *Aliquis pulsat fores.*

Quand on désire le bien d'autrui, on perd justement le sien (*tournez, celui qui désire....*) ; *Qui bonum alienum appetit, meritò amittit proprium.*

Si l'on vous demande (*tournez, si quelqu'un vous....*), *Si quis te interroget.*

THÈMES.

On ne peut parvenir à la gloire éternelle, sans violence ; on ne peut recevoir de récompense, sans mérite. Sans travail, on ne peut devenir savant. Est-ce qu'on pourrait devenir savant, si on ne travaillait pas ? est-ce qu'on peut être appelé vertueux quand on ne pratique point la vertu ? est-ce qu'on peut mériter des triomphes et des couronnes, quand on ne remporte point la victoire ? Quand on est pauvre, on est méprisé de tout le monde ; tandis que quand on est riche, on est estimé de tous. Ce n'est donc pas le riche qu'on estime et qu'on aime, mais son argent ; car, si l'on savait qu'il n'est plus riche, on ne l'estimerait plus ; tandis que, si l'on était persuadé que la fortune du riche a passé au pauvre, on ferait la cour à celui qu'on a méprisé.

Si on examine l'aveuglement des hommes, on verra qu'ils sont à plaindre. Quand on craint Dieu, on ne fait tort à personne. Si on fait le bien, on en recevra la récompense ; mais si on fait le mal, on en sera sévèrement puni. Si on nous demande quelque chose de difficile à faire, nous ne sommes pas très-obéissans. On ne doit jamais abandonner le pays où l'on peut faire le bien. Quand on renonce à la patrie, on perd tous les avantages qu'elle procure à ceux qui lui sont fidèles. Si on avait le cœur droit, on ne serait jamais stimulé par les remords de la conscience. Si l'on parle de divers genres d'instructions, l'ignorant ne peut s'empêcher de se taire.

Quand on lit, et qu'on étudie assidûment, on fait des progrès dans les sciences ; mais quand on a de l'aversion pour la lecture, et du dégoût pour le travail, il est impossible de devenir savant. Quand on s'abandonne au désordre, on perd la paix du cœur, qui est préférable à tous les trésors du monde. Quand on a la charité dans le cœur, on trouve toujours de quoi faire l'aumône. Si l'on vous persécute, si l'on vous frappe, ou si l'on vous outrage, vengez-vous en rendant le bien pour le mal, à l'exemple de Jésus-Christ. Si l'on médit du prochain en votre présence, retirez-vous, à moins que vous ne puissiez imposer silence à celui qui médit..

Si quelqu'un de vos amis vient vous voir, dites-lui que s'il a besoin de quelques livres, je lui en prêterai. Si vous demandez quelque chose à quelqu'un, demandez-la honnêtement. Si quelque chose vous plaît chez moi, je vous la donnerai. Si quelque guerre nous menaçait, nous ferions des préparatifs pour bien recevoir notre ennemi. S'il était arrivé quelque incendie dans cette ville, tout le monde aurait apporté du secours. N'apportez - vous pas quelques nouvelles de la ville? Si l'on vous demande quel fut le plus grand capitaine, vous nommerez Annibal.

~~~~~~

Les orgueilleux ne parlent que d'eux-mêmes ; et si quelquefois on dit du bien d'un autre devant eux, ils le souffrent avec peine. Si un jour vous rencontrez un orgueilleux quelque part, vous le connaîtrez-là. Allez chez vos parens, et prenez garde que, si vous vous arrêtez en quelque autre endroit, je vous punirai. Vous savez que j'ai des gens qui vous surveillent : si vous allez ailleurs , on me le dira. Si quelque autre nous invitait, nous le remercîrons. Mon fils, disait Tobie, si quelqu'un vous a rendu service , donnez-lui aussitôt la récompense dont il est digne. Si vous rencontrez mon père quelque part, dites-lui que je suis arrivé.

~~~~~~

Quand on est auprès du prince , on est presque toujours masqué; on épuise toutes sortes d'artifices pour le tromper. Quand on ne trouve pas dans les hommes les talens et les vertus qu'on y cherche, on les étudie, on les approfondit et on les méprise. On ne vient jamais à bout de faire de meilleurs hommes pour le public , ce qu'on aurait cependant besoin de faire. On ne les persuade, ni on ne les corrige guère. Oh! qu'on est malheureux, quand on est au-dessus du reste des hommes! souvent on ne peut voir la vérité par ses propres yeux; on voit souvent des gens qui l'empêchent d'arriver jusqu'à celui qui commande. On fait semblant d'aimer le prince , et on n'aime que les richesses qu'il donne; on le flatte, et on le trahit.

XXXIX.

On voit , on trouve des gens qui.....

On *voit, on trouve des gens qui......* s'exprime par *videas, reperias homines qui...... videre est, reperire est homines qui......* et le verbe suivant se met au subjonctif, *c'est-à-dire*, que toutes les fois que la particule *on* peut se tourner par la seconde personne, on met le verbe à la seconde personne du subjonctif, ou bien on se sert de *licet*, avec l'infinitif.

Exemple :

On voit, on trouve des gens qui aspirent aux honneurs ; *Videas, reperias ; videre est, reperire est homines qui honores appetant* ; ou bien , *videre licet homines qui honores spirent.*

THÈMES.

On trouve des gens qui ne peuvent pas croire que nous venions à bout de vaincre nos ennemis. On en voit qui souhaiteraient qu'ils eussent le dessus ; cependant le profit qu'ils en retireraient ne serait pas grand. On trouve des gens qui voudraient qu'il n'y eût point de guerre en Europe ; mais il y en a toujours eu , et il y en aura toujours. On voit des personnes qui donneraient tout ce qu'elles possèdent pour avoir la paix. On a eu la guerre si long-temps, qu'il est bien permis de faire des vœux pour écarter ce terrible fléau. On doit gémir sur les suites d'une guerre qui enlève tant de citoyens utiles.

Tous les hommes n'ont pas les mêmes passions : on en voit qui aiment les richesses et les honneurs. On en voit qui aiment les jeux et les amusemens ;

d'autres, les plaisirs de la table. On en trouve qui, contens de leur médiocrité, vivent fort tranquilles. On en en trouve qui sont sincères et de bonne foi ; mais on en voit aussi beaucoup qui sont fourbes, et qui cherchent toujours à tromper les autres. On en trouve qui s'adonnent à une occupation, d'autres à une autre. On en voit plusieurs qui, faisant un dieu de leur ventre, cherchent toujours à le contenter, et regardent les plaisirs comme la première et la dernière fin de l'homme.

RÉCAPITULATION.

THÈMES.

Quand on fait le bien, on est assuré de jouir de la tranquillité en cette vie, et de recevoir une récompense éternelle en l'autre. Si on doute de cette vérité, qu'on interroge l'Ecriture sainte ; on trouvera presque dans chaque page, une preuve de ce que je dis. Cette vérité ne peut être contestée, et cependant on trouve des gens qui en doutent, ou qui agissent comme s'ils en doutaient. Je crois qu'on pensera bien autrement à l'heure de la mort. Alors on se repentira d'avoir mal vécu ; on aura honte de ses fautes, et on ne craindra pas d'avouer qu'on a eu tort de préférer le vice à la vertu. C'est alors qu'on reconnaît qu'on est homme, et que Dieu seul est maître de toutes choses : lorsqu'on verra approcher le moment fatal où il faut quitter ce monde qu'on adorait, ces plaisirs qu'on avait recherchés avec empressement, et dont on avait fait son dieu ; ces beaux palais, cet or, cet argent, ces parens, ces amis, et tout ce qu'on a de plus cher sur la terre ; enfin, ce moment où il faut dire un éternel adieu à ce monde,.....

On a cherché à se faire illusion pendant la vie ; on a toujours chassé cette pensée importune : *il faut mourir un jour;* mais en la chassant, on ne s'est point exempté de la mort. On tremblera, quand on se représentera le tableau d'une vie passée dans le crime, quand on pensera qu'il faut rendre compte de tout ce qu'on a dit ou fait ; quand on verra qu'il faut aller paraître, sur-le-champ, devant le tribunal de ce juge inexorable, qu'on a tant de fois méconnu ou fait semblant de méconnaître ; lorsqu'on se rappellera que c'est celui qui de rien fit toutes choses par un seul acte de sa volonté, et qui peut tout faire rentrer dans le néant par un même acte ; que c'est celui qui sonde les cœurs et les reins, et qui voit d'un seul coup-d'œil toutes les actions des hommes : on sera couvert de honte et de confusion. Oh ! si on avait alors un de ces momens précieux qu'on a perdus dans les jeux et dans les amusemens, on l'emploîrait bien plus utilement ; mais la mort qui a le cœur de fer et les entrailles d'airain, et qui n'a jamais eu d'yeux ni d'oreilles, n'accordera pas un moment.

<div style="text-align:center">~~~~~</div>

Dieu est juste : on doit donc craindre la rigueur des châtimens qu'il réserve aux méchans ; mais il est plein de miséricorde : celui qui espère en lui, ne périra point. Si lorsqu'on désespère, on pensait que la miséricorde divine est infinie, que Dieu, en qualité (1) de père, ne veut pas que ses enfans périssent ; qu'il désire, au contraire, de les voir tous réunis dans le séjour de la gloire, on prendrait courage : mais comment, à la mort, pensera-t-on aux bontés de Dieu, lorsqu'on n'a jamais pensé à lui pendant la vie ; qu'on a fait semblant d'ignorer son existence, ou qu'on l'a réduite

______

(1) *Voyez la note de la page* 77*, ci-devant.*

en problême ? On n'a pas voulu le connaître pendant la vie, et on sera méconnu de lui à la mort.

~~~~~

Cependant on voit beaucoup de gens qui disent : amusons-nous lorsque nous sommes encore jeunes ; jouissons du présent, on aura bien le temps de faire pénitence quand on sera vieux, et qu'on portera les béquilles ; on aura bien le temps de se repentir des péchés de la jeunesse, quand on ne pourra plus sortir de la maison ; on fera un bon *peccavi* quand on verra que la mort approche. C'est ainsi qu'on dispose du temps, comme si on en était maître. Quand on saurait l'heure à laquelle on doit mourir, on ne parlerait pas avec plus d'assurance. On ne doit pas cependant ignorer qu'il meurt tous les jours des gens qui avaient fait le projet de se convertir à la mort, qui auraient voulu se repentir, mais qui n'en ont pas eu le temps.

X L.

On dit que..... on croit que.... il semble ,
il paraît que.....

Cervi *dicuntur* diutissimè vivere, etc.

On *dit*, *on croit*, etc., s'expriment en latin de deux manières :

1.º *Personnellement*, en prenant le nominatif du second verbe, pour en faire le nominatif des verbes *on dit*, *on croit*, etc.;

2.º *Impersonnellement*, en tournant par la troisième personne du singulier passif : ce qu'il faut toujours faire quand *on dit*, *on croit*, sont suivis d'un verbe impersonnel..
~~~~~

Exemples :

1.º On dit que les cerfs vivent très long-temps (*tournez* , les cerfs sont dits vivre....) ; *Cervi dicuntur diutissimè vivere.*

Il semble, il paraît que vous êtes malade (*tournez* , vous paraissez être malade) ; *Videris ægrotare.*

2.º On dit que les cerfs vivent très long-temps (*tournez* , il est dit *que* les cerfs...) ; *Dicitur cervos diutissimè vivere.*

On dit que vous vous repentez de votre faute (*tournez* , il est dit *que* vous vous....) ; *Dicitur te tuæ culpæ pœnitere.*

THÈMES.

On dit que les passions tyrannisent les hommes. On croit que les gens sobres vivent très long-temps. On rapporte que les anciens vivaient plus long-temps que nous. On raconte que le fameux temple d'Ephèse se brûla la même nuit qu'Alexandre-le-Grand vint au monde. On assure que Milon de Crotone assomma un bœuf d'un coup de poing, et qu'il le mangea tout entier dans un seul jour. On prétend qu'il y a des habitans dans la lune. On assure que les déserts de l'Afrique sont plus vastes que la Méditerranée. On dit que votre condisciple a honte de sa conduite ; et on assure qu'il se repent de ses désordres.

On rapporte que les Pygmées firent la guerre contre les grues, et que plusieurs restèrent sur le champ de bataille. On assure qu'un jour plusieurs bataillons de Pygmées assiégèrent Hercule endormi, et qu'ils furent tous saisis de frayeur, et prirent la fuite lorsqu'ils virent remuer le bras de ce héros. Les Anciens étaient persuadés que la terre était plate, et que le soleil, en disparaissant de dessus notre horizon, se plongeait dans l'Océan. On assure qu'un boulet de canon mettrait plusieurs millions d'années pour venir de l'étoile la plus voisine de nous, jusqu'à la terre. On dit que la distance qu'il y a entre la terre et les étoiles, est incompréhensible.

<center>~~~~~</center>

On rapporte que les Chinois s'arrachent les moustaches lorsqu'ils voient une éclipse de soleil ou de lune; que les Japonnais ramassent les excrémens du Grand-Prêtre comme des reliques. On assure que les Musulmans se tournent vers la ville de la Mecque, lorsqu'ils font leurs prières. On dit que Mahomet monta au ciel assis sur un âne nommé l'*Alborac*, et que la lune dansa devant lui. On croit en Turquie que les Anges furent obligés de jouer de tous les instrumens de musique, pour faire entrer l'âme dans le corps d'Adam. On dit que les Japonnais croient que le premier homme fut créé dans le tuyau d'une paille. On croit que le roi Midas avait des oreilles d'âne.

<center>~~~~~</center>

On dit que la fable avait épuisé le mensonge, et qu'elle s'occupait (1) continuellement à contrefaire l'histoire. On prétend que Télémaque entra aux enfers l'épée à la main. On dit que les Scythes buvaient dans le crâne de leurs ennemis. On rapporte que les Africains croient que le diable n'est autre chose que le renard. On dit que certains peuples de l'Afrique tuent leurs parens, lorsqu'ils sont vieux ou qu'ils sont dangereusement malades; que ceux qui n'ont pas le courage de le faire, les exposent aux injures de l'air, pour les délivrer plus tôt

---

(1) *S'occuper à*..... devant un infinitif, ne s'exprime pas en latin.

des douleurs qu'ils souffrent. Il paraît que ces peuples sont encore ensevelis dans les ténèbres de l'ignorance et de la mort.

XLI.

Observations sur le verbe français, on enseigne.

Pueri docentur grammaticam.

Pour tourner ce verbe par le passif, il faut faire attention à la signification du verbe latin *doceri*, qui veut dire *être instruit :* comme cela ne peut se dire que d'une personne, et non pas d'une chose, le verbe passif *doceor*, veut toujours pour nominatif le nom de la personne.

Exemples :

On enseigne la grammaire aux enfans (*tournez*, les enfans sont instruits sur la grammaire) ; *Pueri docentur (ad* ou *secundùm)* grammaticam.

Les enfans à qui l'on enseigne la grammaire (*tournez*, les enfans qui sont instruits....) ; *Pueri qui docentur grammaticam.*

La grammaire que l'on enseigne, *ou* qui est enseignée aux enfans (*tournez*, la grammaire sur laquelle les enfans sont instruits) ; *Grammatica (ad* ou *secundùm) quam pueri docentur.*

THÈMES.

J'ai étudié long-temps l'histoire ancienne ; qui m'était enseignée par un professeur fort habile dans l'art de présenter les faits historiques. Nous ignorons cette nouvelle ; qui nous a été célée fort long-temps par votre oncle. Les sciences qu'on vous enseigne, vous seront très-avantageuses dans la suite ;

étudiez donc avec application. Ecoutez et remar-
quez les difficultés qu'on vous explique et qu'on
vous enseigne. Rien n'est plus beau que la vertu à
laquelle nous formons la jeunesse. J'admire l'esprit pénétrant de ce jeune homme, à qui j'enseigne
les principes de l'éloquence.

~~~~~

Les écoliers à qui nous enseignons la langue latine, devraient avoir honte d'ignorer les premières
règles de la syntaxe. La langue grecque qu'on vous
enseigne est très-riche et très-énergique. Les élèves
à qui la mythologie a été enseignée et expliquée,
comprennent mieux que les autres les auteurs latins et grecs, qu'on leur enseigne et qu'on leur
explique. On a enseigné à vos enfans les principes
de la religion chrétienne : on leur aurait enseigné
la langue latine, s'ils eussent voulu l'apprendre :
mais ils étaient déjà ennuyés des premiers principes
qu'on avait commencé de leur enseigner et de leur
expliquer.

XLII.

*Pronoms français que l'on exprime d'une
manière différente en latin.*

Vulpes negavit *se* esse culpæ proximam, etc.

Il, *elle, le, la, lui, leur,* qu'il faut quelquefois
tourner en latin par *soi, à soi,* etc., et exprimer
par *sui, sibi, se,* pronom qui est de tout genre
et de tout nombre.

Il, le, la, lui, etc., s'expriment par *sui, sibi,
se,* toutes les fois qu'ils se rapportent au nominatif
du premier verbe ; autrement on les exprimerait
par les génitifs des pronoms *is, ea, id; ille, illa,
illud :* or, pour s'assurer si les pronoms *il, elle, le,*
~~~~~

la, etc., se rapportent au nominatif du premier verbe, il suffit de faire les deux questions et les deux réponses suivantes :

Le renard dit qu'il n'était point coupable de la faute. D. *Qui est-ce qui n'était point coupable?* R. *Le renard.* Le pronom *il* se rapporte donc au nominatif du premier verbe; ou, ce qui est la même chose, le pronom *il* est le même que le nominatif du premier verbe; donc ce pronom doit se tourner par *soi*, etc., et s'exprimer par *se* (ou par un autre cas, si le verbe le demande).

On peut faire aussi plusieurs autres interrogations, comme : *qui il? quoi? à quoi?* etc. *Ex.* : Les citoyens assurent qu'ils défendront la république. D. *Qui ils?* R. *Les citoyens.* D. *Qui est-ce qui est le nominatif du premier verbe?* R. *Les citoyens.* Comme vous répondez deux fois le même mot (*citoyens*), *ils* se rapporte au nominatif du premier verbe; ainsi vous devez dire : *Asserunt cives se rempublicam tuituros.*

Mais je crois qu'ils se trompent. D. *Qui ils?* R. *Les citoyens.* D. *Qui est-ce qui est le nominatif du premier verbe?* R. *Moi.* Comme vous répondez deux mots différens (*citoyens* et *moi*), *ils* ne se rapporte pas au nominatif du premier verbe; il faut donc l'exprimer par *is* ou *ille*, et dire : *At opinor illos errare* (le pronom doit être toujours du même genre et du même nombre que le mot de la première réponse).

Exemples :

Le renard dit qu'il n'était point coupable de la faute. D. *Qui est-ce qui n'était pas coupable? qui est-ce qui est le nominatif du premier verbe?* R. *C'est le renard, qui dit soi n'être pas coupable; c'est le renard qui est le nominatif du premier verbe.* Dites donc : *Vulpes negavit se esse culpæ proximam.*

Diogène ordonna qu'on le jetât à la voirie. D. *Qui est-ce qui ordonna ?* R. *Diogène.* D. *De jeter quoi ?* R. *De jeter soi, Diogène.* Comme vous répondez deux fois *Diogène*, dites : *Diogenes jussit se projici inhumatum.* Ce philosophe disait qu'il lui importait peu. D. *Qui est-ce qui disait ?* R. *Ce philosophe.* D. *A qui importait-il peu ?* R. *A soi, à ce philosophe.* Il faut donc dire : *Hic philosophus dicebat suâ parvi referre* (*suâ* au lieu de *sibi.*)

Mais je crois qu'il mentait. D. *Qui est-ce qui croit ?* R. *Moi.* D. *Qui est-ce qui mentait ?* R. *Lui, le philosophe.* Ces deux réponses sont différentes ; il faut donc dire : *At credo illum mentitum fuisse.*

L'ambitieux croit-il que nous lui applaudissons ? D. *Qui est-ce qui croit ?* R. *L'ambitieux.* D. *Que nous applaudissons à qui ?* R. *A soi, à l'ambitieux.* Comme ces deux réponses sont les mêmes, dites : *Creditne ambitiosus nos sibi plaudere ?*

Nous pensons qu'il se trompe. D. *Qui est-ce qui pense ?* R. *Nous.* D. *Qui est-ce qui se trompe ?* R. *Lui, l'ambitieux.* Ces deux réponses sont différentes ; il faut donc dire : *Putamus illum errare* ; (*il*, *elle*, etc, ne peuvent jamais se rapporter à un nominatif de première ou de seconde personne).

THÈMES.

Le maître dit qu'il punira son disciple. Le disciple répond qu'il obéira à son maître ; il le prie de lui pardonner sa faute ; il promet qu'il ne la commettra plus, et qu'il sera plus sage dans la suite : mais je crois qu'il sera toujours paresseux, et qu'il ne changera jamais de conduite. Je crois qu'il ne s'acquitte pas souvent du devoir qu'on lui donne ; il me semble qu'il perd absolument son temps, et qu'il vaudrait mieux pour lui qu'il se retirât chez ses parens que de dépenser inutilement l'argent qu'on lui donne. Le maître croyait qu'il viendrait à bout de lui persuader qu'il est nécessaire de s'instruire ;

mais il s'est trompé : il assure qu'il a employé tous les moyens que sa prudence lui a suggérés pour le lui persuader, et que cependant il n'a pu y réussir.

~~~~~

Un voyageur anglais assure qu'il a vu de ses propres yeux la plupart des faits dont il parle dans ses relations. Il dit qu'il a parcouru l'Egypte, la Perse, l'Arabie, les Indes, la Chine et la Tartarie, et qu'il a vu les plus belles curiosités qu'il y ait sur la terre. Les Persans, dit-il, croient qu'ils seront sauvés, pourvu qu'en mourant ils tiennent une vache par la queue, et qu'ils aient bien frotté leur figure avec les excrémens de cet animal. Je ne crois pas qu'il mente, en disant cela, ni qu'il nous apprenne rien de nouveau, car plusieurs autres l'ont dit avant lui. Il assure qu'il a resté plusieurs années dans l'Asie, et qu'il a étudié les mœurs et les coutumes de la plupart des peuples qui habitent cette partie de l'Univers.

~~~~~

Il dit qu'il a lu l'Alcoran, et qu'il a remarqué qu'il était ordonné aux Musulmans de se tourner vers la Mecque lorsqu'ils feraient leurs prières. Il a remarqué aussi qu'il leur était défendu de boire du vin, et d'entrer dans la Mosquée sans s'être lavé les pieds et les mains. Je sais qu'il n'ignorait pas la langue turque, et que par conséquent il lui a été facile de s'instruire des usages de cette nation. Il était persuadé qu'il lui importait de connaître les langues, pour tirer plus de fruit de son voyage. Il assure qu'il ne rapporte que ce qu'il a vu ou appris en lisant les livres qu'il a trouvés chez ces différens peuples ; aussi il ne veut pas qu'on l'accuse de mensonge, ni même qu'on le soupçonne.

Joseph, en mourant, ordonna qu'on le transportât de l'Egypte dans le pays que Dieu avait promis à ses ancêtres, et qu'on l'ensevelît dans le tombeau de Jacob, son père. Lorsqu'il eut vu que ses frères lui promettaient d'exécuter ses ordres, il mourut tranquille. Ceux-ci crurent qu'il leur importait d'exécuter les dernières volontés de Joseph. Ayant donc embaumé le corps de ce grand homme, ils le transportèrent dans le pays de Chanaan, où ils l'ensevelirent. Les anciens croyaient qu'il leur était utile et même nécessaire, pour l'autre vie, d'être ensevelis auprès de leurs ancêtres ; je pense qu'ils auraient été aussi-bien ailleurs, pourvu qu'ils eussent été justes devant Dieu.

Il n'est pas douteux que Pilate n'ait commis un grand crime, en condamnant Jésus à mort : il faut avouer cependant qu'il défendit long-temps l'innocence de l'accusé, et qu'il désirait le soustraire à la fureur des Juifs. Quelque temps après avoir prononcé la sentence, il reconnut qu'il avait mal fait ; mais il ne fut plus temps. Jésus permit qu'on le maltraitât comme le dernier des hommes ; qu'on lui fît souffrir tous les opprobres que l'esprit humain est capable d'inventer ; qu'on le chargeât d'une croix, et qu'on l'y attachât. Il permit même, qu'on le fît mourir entre deux insignes voleurs, et qu'on l'insultât jusqu'au dernier soupir.

XLIII.

Son, *sa*, *ses*, *leur*, *leurs*, qu'il faut tantôt exprimer par *suus*, *sua*, *suum*, et tantôt tourner par *de lui*, *d'elle*, *d'eux*, *d'elles*, et exprimer par le génitif des pronoms *is*, *ille*, *ipse*.

Pater amat *suos* liberos, at *eorum* vitia odit.

Quand *son*, *sa*, *ses*, *leurs*, sont après un seul verbe, ils s'expriment par *suus*, *sua*, *suum*, pourvu qu'ils se rapportent au nominatif de ce verbe; s'ils ne s'y rapportent pas, on les exprime par le génitif des pronoms *is*, *ille*, *ipse*.

Or, pour s'assurer si *son*, *sa*, *ses*, *leur*, *leurs*, se rapportent au nominatif du verbe, il suffit de faire deux interrogations et deux réponses.

Exemples :

Le père aime ses enfans. D. *Les enfans de qui ?* R. *Du père.* D. *Qui est-ce qui est le nominatif du verbe ?* R. *Le père.* Comme vous avez répondu deux fois le même mot (*père*), *ses* se rapporte au nominatif du verbe ; il faut donc l'exprimer par *suus*, et dire : *Pater amat suos liberos.* Mais il déteste leurs vices. D. *Les vices de qui ?* R. *Des enfans.* D. *Qui est-ce qui est le nominatif du verbe ?* R. *Le père.* Comme vous avez répondu deux mots différens (*enfans* et *père*), *leurs* ne se rapporte pas au nominatif du verbe ; il faut donc exprimer *leurs* par le génitif pluriel de l'un des trois pronoms *is*, *ille*, *ipse*, et dire : *At eorum vitia detestatur* (*eorum*, *earum*, doivent toujours être au même genre que le mot de la première réponse.)

Les avares enterrent leurs trésors. D. *Les trésors de qui ?* R. *Des avares.* D. *Qui est-ce qui est le *nominatif du verbe ?* R. *Les avares.* Les deux réponses sont semblables ; il faut donc dire : *Infodiunt avari thesauros suos.*

Nous devons fuir leur compagnie. D. *La compagnie de qui ?* R. *Des avares.* D. *Qui est-ce qui est le nominatif du verbe ?* R. *Nous.* La réponse étant différente, dites donc : *Debemus illorum societatem fugere.*

THÈMES.

Le Créateur nous invite à mériter ses bienfaits, et nous paraissons les refuser. Il nous aime comme ses enfans, et nous les sommes en effet ; mais il déteste nos vices. Il suspend long-temps sa vengeance, cependant il est obligé de punir. Dieu appelle la créature, et la créature est sourde à la voix de son Dieu ; elle cherche les moyens de satisfaire ses passions et de contenter ses désirs. Prions souvent Dieu, nous qui sommes ses créatures et ses enfans, afin qu'il nous accorde sa protection, dont nous avons tous besoin. Ceux qui n'ont pas honte d'oublier ou de mépriser leur créateur, méritent les maux qu'ils souffrent ; leur sort ne doit exciter la compassion de personne. S'ils agissent toujours de la sorte, leur perte est inévitable. Ils devraient rendre à Dieu ses bienfaits.

Lucrèce ne pouvant survivre à la violence qu'elle avait soufferte, appelle son père, son mari, ses parens et les principaux amis de sa maison, auxquels elle demande vengeance ; et en même temps elle se plonge un poignard dans le sein, et tombe morte aux pieds de son père et de son mari. En mourant, elle jeta les yeux sur ses parens qui l'environnaient, et leur insinua les sentimens de vengeance qu'elle avait déjà conçus. Brutus, voyant qu'il ne pouvait sauver ses enfans, préféra sa patrie à sa famille. Il condamna ses deux fils à mort, et les regarda mourir de ses propres yeux. Il ne haïssait pas ses enfans, mais il détestait leur perfidie.

~~~~~

César déclara la guerre à sa patrie, parce qu'on lui avait refusé le consulat. Il conduisit son armée en Grèce, et vainquit Pompée son gendre, dans les plaines de Pharsale. Pompée, après sa défaite, se retira en Egypte, croyant que sa vie, celle de sa femme et de ses enfans seraient en sûreté auprès de Ptolémée, roi d'Alexandrie : mais il se trompa ; car ce prince, pour faire sa cour à César, le fit mourir aux yeux de sa femme et de ses enfans. On dit qu'il eut la tête coupée, et que son corps fut jeté dans le Nil. César, voyant la tête de son ennemi, ne put s'empêcher de verser des larmes.

~~~~~

Un maître qui aime ses disciples, corrige leurs moindres défauts. Un disciple qui chérit son maître, tâche de faire tout ce qu'il lui commande. Votre frère aime ses enfans : mais il déteste leur paresse et leur désobéissance. Un enfant sage respecte son père et sa mère, et supporte leurs défauts. Voltaire était un grand homme : j'admire son génie et ses talens ; mais je déteste sa mauvaise foi et sa rage contre la religion. En remplissant l'Europe de ses écrits, il l'a remplie de ses mauvaises maximes, qui n'ont été que trop goûtées par la plupart des hommes.

XLIV.

Suum Cæsari gladium restitui.

CEPENDANT, quand le verbe est de première ou de seconde personne, on se sert de *suus, sua, suum*, pourvu qu'il se rapporte à un second régime, et on le place, s'il est possible, immédiatement avant le mot auquel il se rapporte ; et cela, quand même après avoir fait les deux interrogations, les réponses seraient différentes.

Exemple :

Je rendis à César son épée. D. *L'épée de qui ?* R. *De César.* D. *Qui est-ce qui est le nominatif du verbe ?* R. *Je* ou *moi.* Ces deux réponses sont différentes (*César, moi*) ; cependant il faut se servir de *suus, sua, suum*, et dire : *Suum Cæsari gladium restitui* (*son*, ne peut pas se rapporter à un nominatif de première ni de seconde personne.)

T H È M E S.

Ce matin je suis allé voir votre frère dans sa maison, et j'ai été bien étonné de le trouver dans son lit. Je crois que sa maladie sera dangereuse ; j'ai vu que sa fièvre était forte, que sa langue était fort blanche, et que son visage était fort pâle. Demain je lui conduirai ses enfans qui ont resté quelque temps chez moi, et je lui apporterai ses livres. Quand est-ce que vous voulez lui envoyer ses marchandises et son argent ? — Lundi prochain je lui enverrai tout, ainsi que son domestique et son cheval, qui sont ici depuis hier. Vous avez sans doute ses papiers ; vous aurez donc soin de ses affaires et de ses enfans.

~~~~~~~

Toutes les fois que vous irez voir mon oncle
~~~~~~~

vous le trouverez dans sa chambre, dans son jardin ou avec ses amis; il mène une vie de tortue; car, comme la tortue reste toujours dans sa coquille, de même mon oncle reste toujours dans sa maison ou dans son jardin, tantôt seul, tantôt avec ses amis ou ses parens. Je le vois souvent cultiver son jardin, arroser ses choux et ses salades, et avoir soin que tout son parterre soit en bon état. Je ne vois jamais ses domestiques avec lui : je ne sais s'il en a, ou non; tandis que je vois toujours son petit chien à ses côtés, qui le flatte et le caresse continuellement, comme c'est la coutume de ces bêtes.

~~~~~~

J'ai vu le général qui parlait à son armée, et lui donnait ses ordres. Nous avons vu nos enfans qui s'acquittaient de leur devoir avec exactitude. On m'a dit que votre père avait vendu sa maison et ses terres : on m'a même assuré qu'il n'avait presque rien laissé à ses enfans. Avez-vous rendu au bibliothécaire tous ses livres ? — Non ; je n'en ai pas encore parcouru la moitié. Nous avons pris, dans sa retraite, le voleur dont on avait tant parlé, comme on prend un oiseau dans son nid ; nous l'avons trouvé endormi au fond de sa grotte, couché sur son mauvais grabat.

XLV.

Mater te orat ut filiolo ignoscas *suo*.

Te rogabo ut *illius* commodis inservias.

QUAND *son, sa, ses, leur, leurs*, sont après deux verbes, on les exprime par *suus, sua, suum*, pourvu qu'ils se rapportent au nominatif de l'un des deux verbes, à moins que ces deux verbes ne soient tous deux de la troisième personne; car alors
~~~~~~

il faut que *son*, *sa*, *ses*, etc., se rapportent au nominatif du verbe *principal* (c'est-à-dire, de celui
qui gouverne l'autre), pour éviter l'ambiguité;
quand ils ne se rapportent pas au nominatif de l'un
des deux verbes, on les exprime par le génitif de
is, *ille*, *ipse*.

Exemples :

La mère vous prie de pardonner à son fils (*tournez*, que vous pardonniez à....) D. *Qui est-ce qui
vous prie ?* R. *La mère.* D. *Qui est-ce qui est le
nominatif du premier verbe ?* R. *La mère*, qui vous
prie de pardonner à son fils; donc *son* se rapporte
au nominatif du premier verbe; il faut donc l'exprimer par *suus*, et dire : *Mater te orat ut filiolo
ignoscas suo.*

J'ai écrit à mon ami de me confier son affaire
(*tournez*, qu'il me confie son....) D. *Qui est-ce
qui a écrit ?* R. *Moi*, qui suis nominatif du premier verbe. D. *Qui est-ce qui me confie son affaire ?*
R. *Mon ami*, nominatif du second verbe. *Son* se
rapporte ici au nominatif du second verbe; il faut
encore l'exprimer par *suus*, et dire : *Ad amicum
scripsi ut mihi negotium committeret suum.*

Je vous prierai de prendre ses intérêts. D. *Qui
est-ce qui prie ?* R. *Moi*, nominatif du premier
verbe, *et je prie vous*, régime du premier et nominatif du second, *de prendre ses intérêts.* D. *Les
intérêts de qui ?* R. *De lui*, *de mon ami* : donc *ses*
ne se rapporte ni au nominatif du premier, ni du
second verbe; donc il s'exprime par le génitif de
l'un des pronoms *is*, *ille*; ainsi dites : *Te rogabo ut
illius commodis inservias.*

Votre frère écrivit à son oncle de lui envoyer
ses livres.... Dans cette phrase, le verbe *écrire*
gouverne le verbe *envoyer*; *écrire* est donc le verbe
principal; il faut par conséquent que *ses livres* se
rapportent ou appartiennent au nominatif du verbe

écrire ; pour éviter l'ambiguïté , il faut donc dire : *Tuus frater ad avunculum scripsit libros ut sibi mitteret suos.*

THÈMES.

Le général vous prie de prendre son cheval et ses armes , et de vous mettre à la tête de son armée. Je lui ai promis que j'exécuterais ses ordres, et que je vous ferais part de ses volontés. Je lui ai conseillé de faire panser sa plaie, et de se retirer dans sa tente. Il m'a répondu qu'il sentait déjà revenir ses forces ; qu'il voulait encourager ses soldats par sa présence , et les aider de ses conseils. Je crois qu'il fait peu de cas de sa blessure , pourvu qu'il voie ses soldats triomphans. Je me suis aperçu qu'il avait les yeux tournés vers son armée, et qu'il ne pensait point à sa blessure. Je suis persuadé qu'il voit couler son sang avec plaisir, pourvu qu'il procure la paix à sa patrie.

<div align="center">~~~~~</div>

Le marchand qui nous venait voir si souvent est mort ; je vous prie de prendre soin de ses enfans et de ses marchandises. Je vous engage à écrire à ses parens, qui sont en France, de venir prendre possession de ses biens, jusqu'à la majorité de ses enfans. Il a laissé son épouse ; mais elle ne peut pas faire ses affaires, ni avoir soin de ses enfans, puisqu'elle est infirme, et qu'elle ne sort jamais de sa chambre. Je crois même que depuis la mort de son mari, elle n'est pas sortie de son lit. Car je suis allé ce matin chez elle ; mais je vous avoue qu'il est bien triste de la voir dans son lit, environnée de tous ses enfans, qui ne peuvent lui donner aucun secours.

<div align="center">~~~~~</div>

Je veux écrire à mon frère. Son avocat m'a appris ce matin que les juges avaient renvoyé la décision de son affaire au mois de septembre, mais qu'il croyait que cette décision serait en sa faveur : je l'ai engagé à prendre ses intérêts et à défendre sa cause. Manlius fut relégué à la campagne par son père, à cause de la lenteur de son esprit, et de la difficulté qu'il avait à parler. Ayant appris que son père avait été assigné par Pomponius, tribun du peuple, il forma la résolution de le délivrer, et le délivra en effet. Annibal fut le premier des Africains qui conduisit une armée à travers les Gaules et les Alpes ; ce grand homme défendit sa patrie jusqu'à la dernière extrémité, et sa patrie chercha toujours à le perdre.

***

Mon frère vous prie de prendre soin de son fils, et de l'instruire de ses devoirs envers Dieu et envers les hommes ; ne pouvant venir lui-même, à cause de ses occupations, il m'a confié son fils pour vous le conduire ; il veut que vous soyez son maître et son père. De temps en temps il vous enverra son domestique, pour s'informer si son fils est obéissant et studieux ; s'il s'acquitte de ses devoirs, et s'il respecte son maître : il pense que son enfant sera mieux chez vous qu'à la ville, et qu'il sera plus près de ses parens et de ses amis.

XLVI.

Ejus indoles est optima.

Sua eum commendat modestia.

SON, *sa*, *ses*, au commencement d'une phrase, ou joints au nominatif, s'expriment par *ejus* ou *illius* ; et *leur* ou *leurs*, par *eorum* ou *earum*, quand ils ne se rapportent pas au régime du verbe suivant : ils ne s'y rapportent que quand ce verbe est précédé de *le*, *la*, *les*, *lui* ou *leur*, etc., ou d'un nom. Dans ces deux derniers cas, on exprime *son*, *sa*, *ses*, *leur*, *leurs*, etc., par *suus*, *sua*, *suum*, que l'on met immédiatement avant les pronoms *le*, *la*, *les*, etc. On exprime de même *son*, *sa*, *ses*, *leur*, lorsqu'ils sont précédés d'un *que relatif*, auquel ils se rapportent.

Exemples :

Son caractère est excellent (*tournez*, le caractère de lui....); *Ejus indoles est optima.*

Sa modestie est grande (*tournez*, la modestie de lui....); *Magna est ejus modestia.*

Sa modestie le rend recommandable (*c'est-à-dire*, sa propre modestie....); *Sua eum commendat modestia.* (*Le pronom *sa* se rapporte au pronom *le*, qui précède le verbe *rend*, et qui en est le régime.*)

L'enfant que sa modestie rend recommandable; *Puer quem sua commendat modestia.* (*Sa* se rapporte au *que relatif* qui le précède, et qui est le cas du verbe *rend*.)

THÈMES.

Nous avons entendu aujourd'hui un grand orateur, et son discours était fort éloquent. Nous avons rendu visite aux prisonniers, et je vous assure que leur sort est digne de compassion. Nos princes ont voyagé dans toutes les parties de la France, et leur présence a causé le plus grand plaisir. Leurs manières gracieuses ont excité l'enthousiasme; leur popularité leur fera beaucoup de partisans et d'amis sincères. Ce philosophe que ses écrits ont rendu célèbre, a combattu l'irréligion.

~~~~~

Le prince Firminius était un homme très-distingué. Son origine était très-illustre; il descendait de
~~~~~

la première famille de l'empire ; son père et sa mère étaient cousins germains de l'empereur. Il était doux et affable envers tout le monde ; ses libéralités et sa bonté lui avaient acquis l'amour et l'estime de tous ceux qui le connaissaient ; ses vertus étaient admirables ; ses talens et sa science l'avaient rendu recommandable ; son habileté paraissait en tout ; ses ressources étaient inépuisables. Sa femme mourut jeune comme lui : aujourd'hui ses enfans sont grands.

Son fils aîné, que ses vertus ont toujours distingué, occupe une des premières places dans le gouvernement. Ses deux filles, que leur modestie et leur bon caractère ont rendu recommandables, se sont richement établies. Tous ses autres enfans sont encore dans les écoles publiques ; ils se disposent à marcher sur les traces de leur père et de leurs ancêtres. Ils ne sont pas riches, parce que le bien de leur père a été vendu, et ses maisons brûlées ou pillées par des soldats. On a voulu effacer jusqu'à son nom ; mais sa mémoire, qui l'a rendu célèbre dans tout l'empire, ne s'effacera jamais : elle restera toujours gravée dans le cœur de ceux qui ont ressenti ses bienfaits, et de ceux qui ont admiré ses vertus.

Ce prince était le père des pauvres ; ses aumônes donnaient à vivre à un très-grand nombre de malheureux. Son appartement était toujours environné d'une foule de mendians, qui venaient implorer son assistance. Ses revenus étaient grands ; mais aussi il les distribuait avec profusion, et il se croyait heureux lorsqu'il pouvait rendre service à son prochain. Les bons offices qu'il a rendus à plusieurs personnes, font et feront toujours son éloge. Quel-

quefois ses amis lui faisaient des reproches de ce
qu'il dépensait ainsi son bien : il leur répondait,
qu'il pensait que c'était pour cette fin, que Dieu
les lui avait donnés.

~~~~~

L'homme que ses vertus rendent estimable, est
heureux sur la terre ; tandis que celui que ses passions tyrannisent, est malheureux. Cet enfant est
orgueilleux, et son orgueil le porte très-souvent au
crime. L'homme pourrait être heureux ; mais son
ambition est, et sera toujours la cause de ses malheurs. Qui ne connaît pas César, que son ambition
et son désir de dominer rendirent le plus malheureux des Romains ? Alexandre et César, que leur
ambition et leur orgueil perdirent, peuvent être
regardés comme de vrais tyrans. Leur ambition insupportable les rendit odieux à toutes les nations,
et les porta d'une extrémité de l'univers à l'autre.
Tous les deux ont rendu leurs noms exécrables.
Tous les deux ont répandu le sang de leurs concitoyens ; et leur gloire et leurs triomphes ne les ont
pas rendus immortels. César, que ses concitoyens
poignardèrent, avait vaincu l'Europe et l'Asie. Sa
clémence et sa douceur lui avaient concilié l'estime
et la bienveillance de certains peuples ; mais sa tyrannie lui avait attiré la haine de plusieurs autres.
Alexandre, que sa volupté arrêta au milieu du
cours de ses victoires, et conduisit au tombeau,
était aimé de ses soldats. Son ambition l'avait porté
à se faire déclarer fils de Jupiter-Ammon, comme
si ce nom avait dû lui procurer l'immortalité.
~~~~~

XLVII.

Sua hominem perdet ambitio.

On ajoute, en latin , *suus, sua, suum* au nominatif, quand ce nominatif latin est suivi d'un génitif, et de *le*, *la*, *les*.

Exemple :

L'ambition de cet homme le perdra (*tournez*, son ambition perdra cet homme) ; *Sua hominem perdet ambitio.*

THÈMES.

La paresse des écoliers leur attire des peines et des châtimens. La désobéissance de nos premiers parens leur attira la malédiction de Dieu , ainsi qu'à tous leurs descendans. L'orgueil des Pharisiens les rendit odieux à Jésus-Christ. Les grandes vertus d'Aristide l'élevèrent au-dessus du reste des Athéniens, et lui procurèrent le surnom de Juste. L'orgueil des démons les a chassés du ciel , et les a précipités dans les enfers. La douceur et la modestie de ce jeune homme lui ont attiré l'estime et l'admiration de tout le monde. L'avarice et la mauvaise foi des marchands de cette ville les conduiront à leur perte.

L'éloquence de Cicéron lui a mérité le nom de Prince des orateurs. Les talens de Démosthène le rendirent à jamais célèbre. Son éloquence qu'on admirait en Grèce plus qu'on ne l'admire chez nous, l'éleva au-dessus des plus grands orateurs. Le courage et la valeur des Français les a rendus redoutables à toute l'Europe. La beauté , la majesté et la grandeur du ciel le rendent admirable aux yeux de tous les hommes. La mauvaise conduite de votre frère lui attirera le mépris de tous ses condisciples; sa dissipation et sa désobéissance le chasseront du collége.

<hr>

RÉCAPITULATION,

Depuis le n.° 33 , jusqu'au n.° 47.

Mihi *favet* fortuna.

THÈMES.

L'ʜᴏɴɴêᴛᴇ homme est caressé et favorisé de tout le monde; tandis que le méchant est détesté de tous. Lorsque je repasse dans mon esprit les leçons qui nous ont été données à ce sujet par les anciens philosophes, j'admire la sagesse dont elles sont remplies, et je me persuade facilement qu'elles doivent être louées et admirées de tout le monde. Il me semble que la plupart de ces grands hommes se servaient mieux de leur raison que nous. Leurs écrits sont propres à nous confondre et à nous instruire; ils méritent d'être lus et étudiés des plus savans. Socrate, qui a été l'oracle de la sagesse humaine, croyait que les hommes devaient seulement demander aux Dieux des choses bonnes en général; puisque les Dieux savent ce qui est utile à chacun.

<hr>

— Sur le théâtre du monde, le premier rôle n'est pas toujours joué par les plus honnêtes gens. Il ne suffit pas à un homme d'être déclaré innocent et favorisé par ses juges, pour être entièrement lavé, dans l'esprit du vulgaire, du simple soupçon d'un crime dont on l'aura accusé. L'amitié ou l'aversion des hommes est mesurée par l'intérêt. Tubéron est vanté ou menacé par ses vassaux, selon qu'ils sont favorisés ou tyrannisés par lui. Les chasseurs disent que les lions et les lièvres ont toujours la fièvre, les uns par ardeur de courir, et les autres par timidité.

AMPHIBOLOGIE.

THÈMES.

Il est certain que tous les hommes aiment et respectent les jeunes-gens vertueux ; car il est presque impossible que l'homme méprise la vertu : au contraire, il est en quelque sorte forcé de la louer et de l'estimer partout où elle se trouve. Tout le monde convient qu'un enfant vertueux aime et respecte ses parens et ses maîtres ; qu'il les estime et les favorise. Vous savez, mes amis, que je vous aime beaucoup : mais je vous aimerais bien davantage, si vous étiez tous vertueux. Je pense qu'un enfant qui aimera Dieu et qui observera ses commandemens, jouira d'une paix intérieure que rien ne troublera.

~~~~~

Je crois, mes amis, que vous aimez beaucoup les richesses ; profitez donc de cet avis-ci : la vertu et l'amitié sont les richesses les plus assurées. Je sais cependant que certains préfèrent la santé à ces richesses, d'autres la puissance, d'autres enfin les honneurs. Je suis persuadé que vous conviendrez que tous se trompent grossièrement ; il n'y a point de véritables richesses, ni de véritable bonheur sans la vertu. Vous savez que nous admirons la vertu dans ceux mêmes que nous ne connaissons pas. Vous n'ignorez pas que je n'ai jamais vu ni connu Fabricius ; cependant j'admire ce grand homme, et je me souviens de lui avec plaisir, parce qu'il était vertueux. Je voudrais que vous considérassiez ce Fabricius mangeant ses racines
~~~~~

assis auprès de son feu, et méprisant l'or des Samnites.

———

On, l'on.

THÈMES.

On aime la fortune, et on l'aimerait bien davantage si elle n'était pas inconstante ; on s'im-
molerait sur ses autels, si elle voulait être stable
dans ses faveurs ; mais comme elle est inconstante,
on craint toujours de la voir changer, et on a raison ; car elle n'est constante que dans son inconstance. On se plaint d'elle, on l'accuse même quelquefois d'ingratitude, et on a tort ; parce qu'elle
n'est pas la cause des malheurs qui sont la suite
de son inconstance. Elle préside à tous les événemens : elle devrait, dit-on, les mieux diriger.
On ignore qu'elle a le pied droit sur une roue qui
tourne sans cesse, et qui ne lui permet pas de verser
ses faveurs sur un même endroit.

———

Doit-on donner le nom de héros à celui qui aura
asservi des peuples et des nations ? On nous apprend
que Tibère soumit la Pannonie, la Dalmatie et la
Germanie : et cependant on ne le regarde pas
comme un héros. Accordera-t-on ce titre à celui
qui aura porté partout l'alarme, la terreur et la
mort ? il y en a plusieurs qui ont fait ce métier, et
on les a regardés comme des scélérats et des brigands. Quand est-on donc véritablement héros ?
quand on modère ses désirs, quand on commande
à ses passions, et qu'on n'obéit qu'à la raison ; c'est
alors qu'on est admiré de tous les hommes, et qu'on
peut être mis au nombre des héros.

———

On s'ennuie de vivre quand on est malheureux,

et quand on mène une mauvaise vie ; mais quand on vit bien, on ne s'ennuie point de la vie. On ne se repentira point d'avoir vécu long-temps, pourvu qu'on ait bien vécu. Si l'on veut bien mourir, il faut bien vivre ; et en vivant bien, on est assuré de bien mourir. On ne doit pas se laisser abattre par l'adversité, ni aveugler par la prospérité : ce sont deux écueils qu'on doit soigneusement éviter. On doit oublier les injures, et faire du bien à ceux qui nous ont fait du mal ; on doit accomplir la loi en tout : alors on pourra espérer une mort précieuse aux yeux du Seigneur. On meurt toujours bien, quand on meurt tous les jours à soi-même.

~~~~~

Le goût du chant est universel. Si l'on va dans les pays les plus sauvages, on trouve partout des gens qui emploient les chansons pour marquer leur joie ou leur douleur. On sait que la plupart des peuples de l'Asie chantent lorsqu'ils sont bien affligés, tandis que les Européens pleurent. La musique sert à exprimer les passions, à les exciter et à les calmer. On n'ignore pas que Tyrthée, fameux musicien grec, en chantant des chansons martiales, enflammait d'une ardeur guerrière tous ceux qui l'entendaient. On a vu des prophètes qui avaient besoin d'un musicien pour exciter leur esprit, d'autres pour le calmer. On rapporte que David calmait la fureur de Saül en jouant de la harpe.

~~~~~

On dit qu'Annibal chassé de sa patrie, se retira à Ephèse, auprès du roi Antiochus. Pendant qu'il était chez ce prince, on le pria un jour de venir entendre Phormion qui était un grand discoureur ; il y consentit. On rapporte que ce philosophe parla pendant quelques heures sur les devoirs d'un gé-

néral d'armée, et qu'Annibal l'écouta attentivement. Rien ne pouvait être plus imprudent de la
part de Phormion; aussi on assure que le Carthaginois se moqua de lui. Quelqu'un lui ayant demandé ce qu'il pensait du discours de ce philosophe, on rapporte qu'il répondit : J'ai bien vu des
vieillards radoteurs, mais je n'en ai trouvé aucun
qui radotât plus que Phormion.

<div style="text-align:center">~~~~~</div>

On ne peut douter que les habitudes que nous
contractons ne deviennent une seconde nature ;
insensiblement on s'accoutume à tout. Voici quelques exemples qui en fournissent une preuve com-
plète. On rapporte qu'il y avait à Athènes une vieille
femme, qui s'accoutuma peu-à-peu à manger de la
ciguë. On dit que Mithridate, roi du Pont,
s'était tellement (1) accoutumé à toutes sortes de
poisons, qu'il ne put finir sa vie par leur moyen.
On assure encore qu'il y avait à Cologne une fille
qui aimait beaucoup les araignées, et ne vivait
d'autre chose. Cependant ces animaux sont si pleins
de venin, qu'on dit qu'on serait en danger de mourir, si l'on goûtait du vin dans lequel une araignée
aurait été étouffée.

<div style="text-align:center">~~~~~</div>

On dit partout que vous commencez à vous repentir de vos désordres, et que vous voulez changer de vie ; et on m'a assuré que vous le feriez au
plus tôt. Cette nouvelle m'a causé une grande joie.
On vous a dit souvent que vos désordres étaient la
cause de vos malheurs : commencez donc à les éviter, et vous serez heureux. Puisqu'on assure que
les bons s'ennuient de la vie, que doit-on penser
des méchans ? Les hommes se repentent tôt ou

______

(1) *Tellement* s'exprime par *adeò*, et *que* par *ut.*

tard de leur mauvaise vie, et si vous n'exécutiez
la résolution que vous avez prise, vous feriez
comme eux ; vous vous repentiriez d'avoir sacrifié
votre bonheur et votre tranquillité à des plaisirs
frivoles.

Doceri, être instruit, *etc.*

THÈMES.

En France, on instruit la jeunesse sur plusieurs
choses : on lui enseigne d'abord les principes de la
grammaire, qui sont le fondement de tout ; ensuite on lui enseigne la langue latine, qui est très-
nécessaire à plusieurs, et utile à d'autres. Les autres langues qui lui sont enseignées ne sont pas absolument nécessaires, mais elles sont toujours utiles. La langue grecque, qu'on ne néglige pas d'enseigner aux jeunes-gens, dans plusieurs villes du
royaume, est très-utile, quoique ce ne soit qu'une
langue morte ; et lorsqu'ils veulent lire les auteurs
grecs, ils ne sont pas fâchés de s'y être appliqués.
On ne néglige pas non plus de les instruire sur
les principes de la religion , et sur la morale.

On enseigne les mathématiques à ceux qui se
destinent au service de l'État. La physique et
la chimie , qu'on enseigne à plusieurs, est une
science fort amusante et fort utile : cependant on
voit plusieurs personnes qui n'en tirent aucune
utilité, ni aucun profit. Ceux à qui on enseigne la
philosophie, qui est une science assez abstraite , se
destinent au barreau ou à l'état ecclésiastique. Il faut
que les uns et les autres soient parfaitement instruits sur les lois et les coutumes du pays où ils se
trouvent. On enseigne à d'autres la musique, la
danse ; on leur enseigne aussi à tirer des armes.

RÉCAPITULATION,
Depuis le n.° 1 , jusqu'au n.° 47.
THÈMES.

Lorsqu'Alexandre-le-Grand fut arrivé sur les bords du Styx, Caron lui adressa ces paroles : Prince, tu as été favorisé de la fortune pendant toute ta vie, et admiré de toutes les nations de l'Europe et de l'Asie, qui croyaient que tu serais un jour maître de l'univers ; aujourd'hui que tu n'es plus, on te maudit sur la terre ; ta gloire commence à s'éclipser. Ici, nous n'avons pas à nous plaindre de toi : tu nous a envoyé bien des ombres, et nous en attendions encore davantage ; car nous ne croyions pas que tu vinsses si tôt dans le royaume du silence, parce qu'on nous avait dit que tu étais fils du grand Jupiter, et qu'on croyait qu'après ta mort, tu régnerais dans l'Olympe : ils se sont donc trompés. Nous avions résolu de faire une nouvelle barque, si tu avais vécu davantage, parce que l'ancienne était trop petite pour contenir les ombres que tu nous envoyais chaque jour ; mais, puisque tu n'es plus, nous pourrons encore nous servir de la même.

Sur la terre, on aime la gloire et les honneurs, et il paraît que tu ne les méprisais pas. Un Scythe qui arriva ici l'année dernière, et qui avait péri par tes armes, me dit que si ton corps était aussi grand (1) que ton ambition , tu toucherais d'une main l'Orient et de l'autre l'Occident. Dis-moi,

----

(1) *Aussi grand* s'exprime par *tantus , a , um* , et *que* par *quantus , a , um.*

que te sert aujourd'hui d'avoir corrompu les prêtres
du grand Jupiter, pour qu'ils te déclarassent fils de
ce dieu? que te sert d'avoir bâti des villes , et de
leur avoir donné ton nom? que te sert enfin d'avoir
poussé tes conquêtes jusqu'au-delà du Gange? Tu
voulais conquérir le monde entier. On assure que
tu pleuras lorsque tu eus entendu dire qu'il y avait
une infinité de mondes. On convient que tu avais
de grandes qualités : mais on dit aussi que tu avais
de grands vices.

Alexandre lui répondit en ces termes : Il me
semble, Caron, que tu fais peu de cas de moi :
tu crois, sans doute, insulter impunément au
vainqueur de l'Europe, de l'Asie et de l'Afrique ; tu crois me braver, à cause que je suis abandonné de mes soldats. On m'avait dit que tu étais
un vieillard rempli de prudence ; mais tu radotes
bien aujourd'hui. Si tu avais été prudent , tu te serais méfié de mes ennemis ; tu n'aurais pas cru tout
ce que les Scythes et les autres te disaient de moi.
Ne t'a-t-on pas dit par hasard que je n'avais pas
été inhumé? — Au contraire, on m'a annoncé que
tu étais mort dans le vin et la bonne chère ; qu'on
avait embaumé ton corps, qu'on l'avait mis dans
un coffre d'or , et qu'on se préparait à le porter au
temple de Jupiter-Ammon en Libye, où l'on t'a-
dorera comme une divinité céleste , tandis que tu
seras dans le royaume des morts. Si l'on savait que
tu es ici , l'encens ne fumerait pas souvent sur tes
autels.

On voit des hommes qui sont ambitieux ; mais
on n'en voit aucun qui surpasse en cela Alexandre.
On dit que plusieurs se repentent de n'avoir pas
fait des efforts pour acquérir de la gloire ; mais on
ne dira pas que ce conquérant s'en fût jamais repenti , puisqu'il avait cherché à égaler les Dieux.

On rapporte qu'ayant entendu lire les travaux fabuleux d'Hercule, il avait résolu de le surpasser. On voit aussi que Caron lui fait un crime de son ambition, et qu'il lui fait plusieurs représentations inutiles. On ne lui en faisait pas tant (1) sur la terre : on tremblait au bruit de son nom. Il était un grand conquérant, ou plutôt un grand voleur et un brigand, redouté de toutes les nations.

Son, sa, ses, etc.

THÈMES.

Il arrive souvent que l'homme ne sait pas connaître son bonheur ; que celui qui était son maître, se repent de s'en être donné un autre. Tout homme qui veut devenir riche, ne prévoit pas les suites de son ambition. Il risque de perdre sa liberté, et de devenir l'esclave de ses passions et des richesses. Leur empire, sur le cœur de l'homme, est une véritable tyrannie. Ses désirs insatiables aggravent de plus en plus son esclavage ; et la mort seule peut briser ses fers. Celui qui ne peut résister à son ambition, et qui ne peut modérer ses désirs, est malheureux, et il le sera toute sa vie ; mais je crois que l'homme peut surmonter ses inclinations, et se vaincre lui-même quand il le veut réellement.

~~~~~

Pythagore prouva d'une manière bien convaincante, qu'il n'avait pas oublié son maître Phérécide, et qu'il lui était fort attaché. Tandis qu'il était en Italie, ayant appris que Phérécide était dangereusement malade dans l'île de Délos, il met

---

(1) *Tant*, suivi d'un nom de choses qui se comptent, s'exprime par *tot*.
~~~~~

incontinent à la voile pour cette île. Il trouve son maître, et n'oublie rien pour rétablir sa santé. Mais les remèdes étant devenus inutiles, le malade mourut. Pythagore pleure sa mort, et l'ensevelit. Quand il lui eut rendu les derniers devoirs, il retourna en Italie. Il pouvait dire qu'il avait rendu à son maître, ses peines et ses soins, autant (1) qu'on peut les rendre.

On voit des gens qui parlent d'eux-mêmes d'une manière qui paraît humble, mais qui, dans le fond, cache beaucoup d'orgueil. S'ils avouent qu'ils sont sujets à quelques petits défauts, ils ajoutent de suite qu'ils ont (ou sont doués) de grandes vertus, et de talens qui les distinguent des autres. S'ils disent qu'ils ont peu de mémoire, ils ne parlent de la sorte, qu'afin que quelque flatteur réponde qu'en récompense ils ont beaucoup d'esprit. Quelquefois ils reconnaissent qu'ils sont paresseux et sans souci ; mais pourquoi ? pour montrer qu'ils ne sont ni ambitieux ni intéressés. Ils n'auront pas honte de paraître mal-propres en public : dans quelle vue ? afin qu'on suppose que leur négligence pour les petites choses, suppose un grand soin pour les grandes.

On convient qu'Alexandre était un grand guerrier. Ses qualités et ses talens étaient rares ; son intrépidité était grande ; sa grandeur d'âme était héroïque ; ses projets étaient grands, et ses succès rapides. Tout cela montre que son génie était vaste et profond. La victoire le suivait partout où ses désirs et son ambition le portaient. Son désir chi-

---

(1) *Autant*, devant un verbe ordinaire, s'exprime par *tantùm*, et *que* par *quantùm*.

mérique de conquérir l'univers, et de lui persuader qu'il était le fils de Jupiter, ne l'a jamais
quitté. C'est ce désir et son ambition qui l'ont
perdu. Aussi Philippe, son père, disait souvent:
Le génie de cet enfant est excellent, mais je crains
que son ambition ne le perde un jour. Ce qui arriva en effet.

Un jour, sire Loup mangeait trop avidement un
agneau qu'il avait pris ; un os s'embarrassa dans
son gosier, et l'incommodait beaucoup. Pour se
délivrer de ce mal, il employa des remèdes de
toute espèce ; mais en vain. Il comprit alors qu'il
était en très-grand danger de perdre la vie ; c'est
pourquoi il promit de donner une très-grande récompense à celui qui le guérirait. La Grue ajouta
foi à ses promesses, et dit qu'elle ne ferait pas difficulté d'entreprendre cette cure, quoique péril-
leuse. Elle inséra donc son long bec dans la gueule
du Loup, et en retira l'os qui était la cause de
son mal, et qui lui aurait infailliblement procuré
la mort.

La récompense lui était certainement bien due :
elle demande donc son salaire au Loup. Vous êtes
une ingrate, répondit le Loup. Quoi ! vous osez
demander une récompense ? Vous m'avez délivré
d'un grand danger, j'en conviens : mais sachez
qu'en retirant de notre gueule, votre tête saine et
sauve, vous avez été délivrée d'un danger encore
plus grand. Que cela vous tienne lieu de récompense, parce que si vous osiez en demander une
autre, vous vous en repentiriez. — Tout ce qu'on
peut se promettre en servant les méchans, c'est de
n'en recevoir aucun mal. Nous ne devons pas cependant nous empêcher, pour cela, de rendre service aux méchans, puisqu'ils sont nos frères comme

les autres ; mais nous pouvons prendre certaines précautions.

XLVIII.

Tel que.... telle que ; *is qui*, *ea quæ* ; ou *talis*, *tale* ; *qualis*, *quale*.

Non *is* est *quem* putas, etc.

Tel *que*, *telle que*, se tournent et s'expriment de différentes manières.

1.º Quand *tel*, *telle*, sont suivis de *que*, et qu'ils peuvent se tourner par *le même* ou *semblable*, on les tourne en latin par *celui*, *celle qui*, et on les exprime, *tel*, *telle*, par *is*, *ea*, *id*, et *que*, par *qui*, *quæ*, *quod*, que l'on met au nominatif devant *sum*, je suis ; *fio*, je deviens, etc. ; et à l'accusatif devant *esse* ou *fieri*, mis pour un *que* retranché, ou bien *tel* par *talis*, *tale*, et *que* par *qualis*, *quale*.

2.º Si *tel*, *telle*, ne sont pas suivis de *que*, on les exprime encore par *is*, *ea*, *id*, ou bien par *talis*, *tale*.

3°. Si *tel*, *telle*, sont au commencement d'une phrase, et qu'ils soient suivis de *qui* ou *que*, on les tourne par *quelques-uns*, et on les exprime par *quidam*, *quædam*, *quoddam*, ou bien par *il y en a qui....* ou *que.....*, *sunt qui*.

4°. Quand *tel*, *telle*, sont répétés, le premier s'exprime par *qui*, *quæ*, *quod*, et le second par *is*, *ea*, *id ;* ou bien, le premier par *qualis*, *quale*, et le second par *talis*, *tale*.

5.º Quand *tel*, *telle*, ne peuvent pas se tourner par *le même* ou *semblable*, on exprime *que* par *ut*, avec le subjonctif.

6°. Enfin, quand *tel*, *telle*, peuvent se tourner par *de cette sorte*, *de cette espèce*, on les exprime par *hujus modi*, en bonne part, et *istius modi*, en mauvaise part.

Exemples :

1.º Je ne suis pas tel que vous (*tournez*, je ne suis pas celui lequel vous êtes) ; *Non is sum qui tu* (sous entendu *es*) ou bien , *non sum talis qualis tu.*

Il n'est pas tel que vous pensez (*tournez*, il n'est pas celui lequel *ou* que vous pensez qu'il est) ; *Non is est quem putas* (sous-entendu *eum esse*). *Quem* est à l'accusatif, à cause du *que* retranché.

2.º Tel a été mon père ; *Is* ou *talis fuit pater meus.*

3.º Tel rit aujourd'hui, qui pleurera demain (*tournez*, quelques-uns rient aujourd'hui qui....); *Quidam hodiè rident, qui cràs flebunt.* Ou bien : il y en a qui rient aujourd'hui, qui pleureront demain ; *Sunt qui hodiè rident, qui cràs flebunt.*

4.º Tel père, tel fils ; *Qui pater est, is est filius,* ou *qualis pater est, talis filius.* C'est comme s'il y avait : le fils est tel que le père... mais la phrase est renversée.

5.º La libéralité doit être telle , qu'elle ne nuise à personne ; *Ea esse debet liberalitas , ut nemini noceat.* (On exprime *que* par *ut* , parce qu'on ne peut pas dire : la libéralité doit être la *même* , doit être *semblable* qu'elle ne nuise.... au lieu que, dans les exemples précédens, on peut dire : le fils est *semblable* au père, il est le même que le père, etc.)

La force de la vertu est telle, que nous l'aimons même dans un ennemi ; *Ea est vis probitatis , ut illam vel in hoste diligamus.*

6.º Qui n'aimerait de tels enfans (*tournez*, des enfans de cette sorte, de cette espèce) ; *Quis huius-modi puerulos non amet ?*

Qui ne haïrait de tels gens (*tournez*, des gens de

cette sorte, de cette espèce) ; *Quis istius modi homines non oderit ?*

T H È M E S.

Les hommes ne sont pas tels qu'ils nous paraissent ; ils cachent beaucoup de vices sous l'apparence de la vertu. Toutes leurs actions ne sont pas telles aux yeux de Dieu, qu'elles paraissent aux yeux des hommes. Leur intérieur n'est pas tel que leur extérieur. Tous les hommes admirent un prince qui aime son peuple : tel est Charles dix, roi de France. Vous connaissez mon oncle, qui passe pour un homme de bien et pour un savant : tels furent tous mes aïeux. Tel s'amuse à jouer, à badiner et à rire aujourd'hui, qui s'en repentira un jour. Tel boit et mange aujourd'hui, qui peut-être demain ne sera plus. Tels se couchèrent hier bien portans, qui ne se seront point levés aujourd'hui. Telles seront les œuvres que vous aurez faites, telle sera votre récompense.

L'amour des anciens Romains pour leur patrie, était tel qu'ils se dévouaient volontiers à la mort pour elle. Leur courage et leur valeur furent tels qu'ils se rendirent maîtres de l'univers. La valeur martiale des soldats romains, était telle qu'on la voyait peinte sur leur visage après leur mort. Aussi Pyrrhus, considérant un jour ceux qui étaient restés sur le champ de bataille, dit : Avec de tels hommes, je voudrais conquérir l'univers. Qui n'admirerait de tels soldats ? Tel fut Romulus, tels furent ses descendans. Ce prince qui avait été élevé parmi des bergers, établit une république et des lois justes et sages. Qui n'admirerait de telles preuves de prudence et de sagesse ?

Votre père a toujours été tel que je le connais

aujourd'hui ; mais je crains bien que vous ne soyez pas tel que lui. Votre conduite n'est pas telle que vous pensez. Vos actions ne sont pas telles que vous dites. Votre frère est un ignorant, et vous deviendrez tel que lui, parce que vous n'avez aucun goût pour l'étude. Je crois que vous serez un ignorant et un paresseux : tels sont les progrès qu'on peut espérer de vous ; telle est l'opinion que nous en avons conçue. Sachez cependant que tel perd son temps aujourd'hui, tel méprise nos conseils, qui s'en repentira dans la suite. Votre paresse et votre dissipation sont telles, qu'elles vous attireront le mépris de tous vos condisciples.

***

Telle est la condition des rois les plus sages et les plus éclairés. Tel vante sa clémence et sa modération, qui n'a jamais pardonné les injures qu'il a reçues des autres. Il n'est pas rare de trouver des gens qui ont un caractère tel, que personne ne peut vivre avec eux. Lorsque Judas Machabée fut mort, la douleur de ses concitoyens fut telle, qu'ils le pleurèrent trente jours et trente nuits. Tel possède aujourd'hui de grandes richesses, qui demain sera fort pauvre. Les faveurs de la fortune ne sont pas telles que vous croyez. Il nous importe de devenir tels que nos pères, et meilleurs si nous pouvons. Tels sont les pères, tels sont, pour l'ordinaire, les enfans.

***

Telles sont les fleurs, tels sont les fruits. Ce riche n'est pas tel que vous croyez ; il aime à rendre service aux indigens. Cette ville est encore telle que vous la vîtes ; son commerce n'est pas devenu tel qu'on croyait. Votre frère est d'un caractère tel, que rien ne peut l'émouvoir. La clémence de Dieu est telle que nous ne craignons pas de l'of-

fenser très-souvent, et qu'il nous pardonne toujours, pourvu que nous revenions à lui. Cependant,
tel l'offense en cette vie, qui s'en repentira en
l'autre ; car, tel est le péché, telle sera la pénitence.
Tel critique les défauts des autres, qui a lui-même
des défauts encore plus grands.

Titus, fils de Vespasien, empereur romain, ne
fut pas tel que Domitien son frère. Domitien était
cruel et sanguinaire ; mais Titus était bon, doux et
affable. Un jour qu'il n'avait pas trouvé l'occasion
de faire du bien à un seul de ses sujets, il dit : J'ai
perdu ma journée, parce que je n'ai fait du bien
à personne. Telle était la bonté de ce prince,
telle était son humanité. Oh ! si les peuples pouvaient toujours posséder de tels princes ! Ses bonnes
qualités furent telles, qu'elles le firent surnommer
les délices du genre humain. Les Romains avaient
eu plusieurs empereurs avant lui, ils en eurent plusieurs après ; mais ils n'en eurent jamais un tel.

L'amour de Dieu envers les hommes a été tel,
qu'il n'a pas épargné son fils unique, pour les délivrer de la mort. Cependant l'ingratitude des
hommes envers Dieu est telle, qu'ils ne pensent
presque jamais aux bienfaits qu'ils ont reçus et
qu'ils reçoivent tous les jours de sa bonté paternelle. La charité de Jésus-Christ a été telle, qu'il
a souffert la mort la plus ignominieuse, pour nous
délivrer de l'esclavage du démon et des supplices
éternels que nous avions mérités. Qui n'admirerait
une telle charité ? Qui résisterait à de telles preuves
d'amour ? Qui ne reconnaîtrait une telle grâce !

XLIX.

Le même que, idem qui ; *la même que*, eadem quæ, *ou* ac, atque.

Non *idem* es erga me *qui* fuisti olim, etc.

LE *même, la même*, s'expriment, 1.° par *idem, eadem, idem*, et *que*, par *qui, quæ, quod*, que l'on met au cas du verbe suivant, exprimé ou sous-entendu, ou bien le *que* par *ac, atque*.

2.° *Le même, la même*, devant un nom ou un pronom, s'expriment aussi par *idem, eadem, idem* ; et, après le nom ou pronom, par *ipse, ipsa, ipsum*.

3.° *Ne pas même*, s'exprime par *nequidem*, que l'on sépare en mettant un mot entre *ne* et *quidem*.

4.° *De même que si...*, signifiant *comme si....*, s'exprime par *non secùs ac....*, *perindè ac.......*, *tanquàm.......*

5.° *De même*, non suivi de *que*, se rend par *item* ; *et même*, s'exprime par *imò....*, *quin etiam*.

Exemples :

1.° Vous n'êtes pas le même à mon égard que vous avez été autrefois ; *Non idem es erga me qui fuisti olim*. Ma mère n'est pas aujourd'hui la même que je l'ai vue autrefois ; *Non eadem est hodiè mater mea, quam vidi olim* (sous-entendu *eam esse*). Je me sers des mêmes livres que vous ; *Iisdem libris utor quibus tu* (sous-entendu *uteris*).

2.° Le même homme ; *Idem homo*. La même femme ; *Eadem mulier*.

L'homme même ; *Homo ipse*. Moi-même ; *Ego ipse*. Vous-même ; *Tu ipse*.

3.° Je ne l'ai pas même vu ; *Eum ne vidi qui dem.*

4.° Je l'aime de même que s'il était mon frère ; *Illum perindè amo ac si esset frater meus.*

5.° Il n'en était pas de même des Romains ; *Non item de Romanis.*

Avez-vous déjeûné ? — et même dîné ; *Jentástine ? — imò, prandi.*

THÈMES.

La France n'est pas aujourd'hui la même qu'elle était autrefois ; les mœurs ne sont pas les mêmes qu'elles étaient sous Henri quatre. La forme du gouvernement n'est pas la même que sous Charlemagne, ni que nous l'avons vue sous les derniers rois. Les Français ne se servent pas des mêmes armes que leurs ancêtres, ni des mêmes habits. Les soldats n'ont pas le même costume qu'ils avaient autrefois. Du temps des premiers rois, la France n'avait pas la même puissance qu'aujourd'hui. La discipline militaire n'était pas la même sous Louis neuf, qu'elle est aujourd'hui. Toutes les nations n'ont pas acquis la même gloire que la nation française.

La réforme que votre frère avait résolu de faire, serait excellente ; mais tout s'y oppose, les lois, les usages mêmes. Tout est susceptible d'interprétation, les lois mêmes. Toute l'armée a loué la valeur de ce soldat ; le général même n'a pu s'empêcher de lui donner son approbation. A la vue de ce spectacle, toute l'armée fut saisie d'étonnement, le roi même en fut surpris. Vous venez de la ville, avez-vous vu mon frère ? — Je ne savais pas même qu'il y fût ; je n'ai vu qu'un homme avec une voiture à deux chevaux. — C'est lui-même. — Je ne l'ai pas connu ; je ne pensais pas même à lui dans ce moment-là.

Les Anglais n'ont pas les mêmes lois que nous, ni les mêmes coutumes. Le pauvre ne jouit pas des mêmes honneurs que le riche. Les hommes vivent aujourd'hui comme s'ils ne devaient jamais mourir. Il n'en était pas de même de nos pères. Avez-vous lu l'Alcoran? — Non, je ne l'ai pas même vu; je ne sais pas même quel est ce livre. — C'est un livre qui contient la religion des Musulmans; c'est Mahomet lui-même qui l'a composé; c'est lui-même qui l'a publié. — Les Musulmans ne professent donc pas la même religion que nous? — Non, ils se sont fait eux-mêmes (1) une religion; ils adorent cependant le même Dieu, mais d'une manière différente.

<center>~~~~~~</center>

La chaste Lucrèce se donna la mort elle-même. Les Décius se dévouaient eux-mêmes à la mort pour le salut de Rome. Les Saints se sont mortifiés, et se sont maltraités eux-mêmes pour gagner le ciel. Jésus-Christ s'est livré lui-même à la mort pour le salut du genre humain. Nous avons bien réussi dans toutes nos entreprises; je ne sais s'il en sera de même de celle-ci. Aurez-vous bientôt fini vos opérations? — Nous n'avons pas même commencé. — Aurez-vous le temps de venir demain chez moi? — Et même aujourd'hui. — Quand donc? ce soir? — Et même ce matin. Une application constante surmonte tout, les difficultés mêmes. Le feu détruit et consume tout, les pierres mêmes.

---

(1) Quand le pronom *même* se rapporte au nominatif du verbe, on met toujours le pronom au nominatif, quoiqu'en français il soit joint au régime. *Ex.* : L'avare se nuit à lui-même; *Avarus sibi ipse nocet.* Mais si *même* ne se rapporte pas au nominatif, on le fait accorder avec le régime. *Ex.* : Le temps ronge le fer même; *Vetustas ferrum ipsum exedit.*

Les nations libres sont heureuses ; il n'en est pas de même des peuples esclaves, qui n'ont jamais joui d'un moment de liberté. Si vous êtes vertueux, tous les hommes vous aimeront et vous estimeront ; car tous les hommes estiment la vertu, les impies mêmes. Celui qui est véritablement vertueux, méprise tout, même les trésors. Celui qui n'aime que soi-même, n'est pas né pour la société. Nous devons aimer les autres, de même que s'ils étaient nos frères ; avoir envers eux la même indulgence qu'envers nous. Tous les hommes n'agissent pas de même : ils vivent de même que s'il n'y avait ni peine à craindre ni bonheur à espérer.

～～～

Venez à ma maison, je vous recevrai de même que si vous étiez mon fils. Je vous traiterai de même que si vous étiez le meilleur de mes amis ; vous n'ignorez pas que je suis accoutumé chez vous comme chez moi. Vous serez toujours bien auprès de moi ; il n'en serait pas de même auprès d'un autre. J'aurai pour vous les mêmes égards que j'ai eus pour votre frère, qui ne m'en a pas même remercié ; je prendrai les mêmes soins pour vous que je prenais pour lui. Vous habiterez dans la même maison que moi ; vous mangerez à la même table, des mêmes mets. Venez quand vous voudrez, demain, aujourd'hui même, vous me trouverez le même à votre égard, que j'ai été envers votre frère.

L.

Autre , autrement que....; Alius , aliter quàm.... , ac....., atque.

Non alius est quàm erat olim , etc.

AUTRE s'exprime par *alius , alia , aliud;* autre-ment , par *aliter,* et *que,* par *quàm.... , ac....,* *atque....*

Si *tout autre* signifie *quelque autre que ce soit,* on l'exprime par *quivis alius, quævis alia , quodvis aliud; quilibet alius , quælibet alia , quodlibet aliud.* S'il signifie *tout autrement,* on l'exprime par *longè aliter,* et *que,* par *ac... , atque;* s'il signifie *tout différent,* par *longè alius.*

Exemples :

Il n'est pas autre qu'il était autrefois, *Non alius est quàm erat olim* (on n'exprime pas *ne* après *autre*).

Il parle autrement qu'il ne pense ; *Aliter lo-quitur ac* ou *atque sentit;* ou *aliter loquitur, aliter sentit.*

Tout autre peuple que le peuple romain , eût perdu courage ; *Quivis alius populus ac romanus despondisset animum.*

Vous êtes tout autre *ou* tout différent de ce que vous étiez; *Longè alius es atque eras.*

THÈMES.

Vous n'êtes pas autre aujourd'hui que vous étiez hier ; vous pensez toujours autrement que vous ne parlez. Mon ami est tout autre qu'il n'était ; je ne reçois plus de lui les mêmes preuves d'amitié que j'en recevais. Tout autre que moi l'abandonnerait. Il ne me paraît pas avoir une grande franchise ; il m'écrit tout autrement qu'il ne pense. Tout autre que moi lui en ferait des reproches; mais je veux lui laisser ignorer que je connais sa duplicité. Nos pères pensaient bien autrement que nous; leurs mœurs et leurs coutumes étaient bien différentes des nôtres. Nous sommes bien différens de notre origine.

~~~~~

Toute autre nation que la nation française, aurait succombé sous les efforts de ses ennemis. Toute autre armée que la nôtre, n'aurait pas remporté la victoire. Tout autre que le peuple français aurait désespéré de la chose publique. Nos armées sont autres qu'elles n'étaient avant la révolution. Les affaires ont tourné tout autrement qu'on ne pensait. L'Europe est tout autre qu'elle n'était il y a vingt ans. Les nations voisines ont trouvé les Français tout autres qu'elles ne croyaient. Tout autre que votre père n'aurait pas occupé l'emploi difficile qui lui a été confié; mais il a voulu prouver son zèle pour sa patrie.

~~~~~

Je crois que quelques-uns de mes écoliers, trop portés à la paresse, ne sortiront pas du collége, autres qu'ils n'étaient avant d'y entrer. J'en connais quelques-uns qui sont fort hypocrites; ils veulent toujours paraître autres qu'ils ne sont, mais il leur sera difficile de m'en imposer. Tout autre que moi pourrait facilement se laisser tromper, parce qu'ils sont habiles dans l'art de feindre. Leur extérieur modeste et retenu ne m'engagera point à penser d'eux autrement que je pense. Tout autre que moi aurait déjà perdu patience, et aurait fait connaître leur hypocrisie à tout le monde. J'ai voulu leur épargner cet affront; cependant s'ils continuent.....

LI.

Autre, après *lequel des deux (en latin,* uter), *s'exprime aussi par* uter.

Quære *uter utri* insidias fecerit, etc.

L'un..... *l'autre, les uns.... les autres*, quand on parle de plus de deux, s'expriment par *alius*, *alia, aliud*, que l'on répète ; mais lorsqu'on ne parle que de deux, on se sert de *alter*, répété, ou de *unus, alter*. Quand l'un est répété et l'autre aussi répété, on les tourne par l'adjectif différent, et on les traduit par *alius, alia, aliud*.

Exemples :

Examinez lequel des deux a dressé des embûches à l'autre ; *Quære uter utri insidias fecerit*.

Les uns jouent, les autres chantent ; *Alii ludunt, cantant alii*.

L'un dit oui, l'autre dit non ; *Alter*, ou *unus ait, negat alter*.

Les uns aiment une chose, les autres une autre (*tournez*, différentes personnes aiment différentes choses); *Alii aliis rebus delectantur*.

Les uns s'en allèrent d'un côté, les autres d'un autre ; *Alii aliò dilapsi sunt*.

THÈMES.

Scipion et Annibal, fameux généraux, se disputaient l'un à l'autre l'empire de l'Afrique. César et Pompée se provoquèrent l'un l'autre, parce que l'un ne pouvait souffrir l'autre : l'un voulait commander dans Rome, et l'autre aussi. Les Carthaginois et les Romains se firent long-temps la guerre les uns aux autres : les uns voulaient l'empire du

* 7

monde, et les autres aussi ; les uns cherchaient à détruire les autres. Je ne sais lequel de ces deux peuples était plus belliqueux que l'autre ; mais il est certain que l'un et l'autre étaient redoutables sur terre et sur mer. L'un avait de bons soldats et des généraux habiles , l'autre en avait encore de meilleurs.

Voilà deux chemins qui conduisent à la ville ; examinez lequel des deux vous voulez prendre. Les hommes sont doués d'un caractère différent ; les uns cherchent à amasser des richesses, les autres les prodiguent. Les uns aiment les honneurs, et les autres les méprisent. Les uns se livrent à l'étude et au travail, les autres s'abandonnent aux plaisirs. L'ignorant est tout autre que le savant : l'un parle et agit inconsidérément, l'autre pèse ses paroles et ses actions. Cependant l'un et l'autre tendent à la même fin ; l'un et l'autre cherchent leur bonheur et le désirent. Savez-vous lequel des deux le trouvera plus tôt ?

Parmi nos élèves, les uns aiment un jeu , les autres un autre ; mais ils aiment tous la dissipation. Lorsqu'on les trouve en faute, l'un cherche une excuse et l'autre une autre ; quelquefois l'un prend la fuite d'un côté et l'autre d'un autre. Pendant l'étude, les uns écrivent, les autres étudient leurs leçons, et plusieurs ne font rien. Lorsqu'une armée est défaite, on voit les soldats fuir, les uns d'un côté, les autres d'un autre ; les uns emportent leurs armes, les autres les jettent ; les uns vont se cacher dans les forêts, les autres dans les villes ou villages qui se trouvent aux environs. Saint Pierre et Saint Jean coururent au tombeau de Jésus-Christ. Dites-moi lequel des deux y arriva plus tôt que l'autre ?

LII.

Neuter alterum amat, *etc.*

Ni *l'un ni l'autre* (quand le nominatif est un nom), s'expriment par *neuter*, *neutra*, *neutrum* : *l'un l'autre*, par *uterque*, *utraque*, *utrumque*, et ils sont ordinairement suivis de *alter*, *altera*, *alterum* ; et alors on n'exprime pas *se*.

L'un des deux, *l'un ou l'autre*, s'expriment par *alteruter*, *alterutra*, *alterutrum* ; *l'un après l'autre*, par *singuli*, *singulæ*, *singula*.

Exemples :

Ils ne s'aiment ni l'un ni l'autre ; *Neuter alterum amat.*

Ils se haïssent l'un l'autre ; *Uterque alterum odit.*

Je vous enverrai l'un ou l'autre ; *Alterutrum ad te mittam.*

Il se mit à les manger l'une après l'autre ; *Cœpit vesci singulis.*

Ils partirent l'un après l'autre ; *Singuli profecti sunt.*

THÈMES.

Les Français et les Anglais ont été souvent en guerre ; ils ne pouvaient se souffrir les uns les autres ; ils ne s'aimaient ni les uns ni les autres. La France et l'Angleterre ne songeaient point à faire la paix ; elles se menaçaient l'une l'autre. Il faut aujourd'hui que toutes les nations s'estiment les unes les autres. Rien n'est plus beau que la concorde ; les peuples ont intérêt de se soutenir les uns les autres. Les rois doivent aussi s'estimer les uns les autres, pour défendre leurs droits. Mon frère et mon oncle se haïssaient l'un l'autre ; c'est pourquoi ils se sont éloignés l'un de l'autre.

<center>~~~~~</center>

Un des Horaces, voyant que ses deux frères avaient été tués par les Curiaces, prit lui-même la fuite pour diviser ses trois adversaires, qu'il attaqua séparément, et qu'il tua l'un après l'autre. Hier je vous prêtai deux livres ; envoyez-moi demain l'un ou l'autre. Votre frère a acheté deux belles maisons ; mais il faudra qu'il vende l'une ou l'autre pour payer ses dettes. L'on me propose deux places ; je ne sais laquelle je dois accepter, cependant il faut que j'accepte l'une ou l'autre. Pour voir tout ce qui s'est passé depuis la création, il faut lire les histoires les unes après les autres ; mais je crois que vous ne lisez ni les unes ni les autres : cependant, de deux partis, il faudra que vous preniez l'un ou l'autre ; il faudra vous appliquer, ou bien vous retirer.

<center>~~~~~</center>

Personne ne peut servir deux maîtres en même temps : il faut abandonner l'un ou l'autre, ou bien tous les deux ; parce que l'un ou l'autre serait mal servi. Si vous avez deux exemplaires de l'Histoire Romaine, envoyez - moi l'un ou l'autre. Marcellus et son collègue se soutenaient l'un l'autre ; cependant ils ne s'estimaient ni l'un ni l'autre. Les avares ne s'aiment pas entre eux ; ils se portent envie les uns aux autres. Mes chers élèves, pour tirer plus de fruit de vos lectures, ayez soin de lire une page après l'autre, et de bien examiner toutes les phrases les unes après les autres.

LIII.

Prior semper ridebat, *posterior* indesinenter flebat , etc.

L*E* *premier*, *le second*, quand on ne parle que
de deux, s'expriment : *le premier*, par *prior*, et *le
second*, par *posterior*; ou par *alter* répété. Mais
lorsqu'on parle de plus de deux, il faut se servir
de *primus*, *secundus*.
Celui-ci, celui-là, s'expriment : *celui-ci*, par
hic; *celui-là* par *ille*.
Celui des deux qui, s'exprime par *uter*, *utra*,
utrum.

Exemples :

Le premier riait toujours, le second pleurait
sans cesse ; *Prior semper ridebat, posterior indesinenter flebat*, ou *alter semper ridebat, alter...*
Celui-ci riait toujours, celui-là pleurait sans
cesse ; *Hic semper ridebat, ille indesinenter flebat.*
Celui des deux qui se dédira, paiera l'amende ;
Uter demutaverit, pecuniâ mulctabitur.

THÈMES.

Les deux magistrats qui ont été dégradés, étaient
insupportables : le premier était vindicatif et ambitieux, le second avare et orgueilleux : celui-ci
désirait les honneurs et les dignités ; celui-là aimait le faste et la licence ; l'un et l'autre conduisait
l'État à sa perte. Le premier a fait beaucoup plus
de mal que le second. Celui des deux qui rempor-
tera le prix, recevra une récompense proportionnée
à son mérite. Celui des deux qui manquera à son
devoir, sera sévèrement puni. Scipion et Annibal
étaient deux généraux fort habiles : celui-ci était

né à Carthage ; celui-là à Rome. Ces deux villes furent long-temps rivales : la seconde l'emporta sur la première ; celle-ci fut détruite, et celle-là subsiste encore.

~~~~~~

Rome a eu plusieurs rois : le premier fut Romulus, le second Numa ; celui-ci aimait la paix, celui-là aimait la guerre. Le premier fut tué dans une sédition, et l'on fit croire au peuple qu'il avait été mis au rang des Dieux ; le second mourut de mort naturelle. Celui-ci avait régné quarante-trois ans, celui-là trente-sept. Celui des deux qui avait jeté les fondemens de Rome, et qui avait le plus contribué à son agrandissement, régna le moins. Celui des deux qui avait adouci l'esprit de ce peuple féroce, par l'institution d'une religion et des sacrifices ; qui avait appris à ses citoyens à respecter les dieux, les lois et le serment, régna le plus.

~~~~~~

Les Romains et les Carthaginois furent long-temps opposés les uns aux autres ; chacun sait lequel de ces deux peuples l'emporta sur l'autre. Il fallait que l'un ou l'autre cédât. Le premier était formidable sur terre, le second avait l'empire des mers ; celui-ci possédait une puissante marine, celui-là en manquait. Celui des deux qui obtint les plus grands succès, dicta des lois à l'autre. Les Carthaginois avaient lieu de craindre les Romains ; ces deux nations étaient célèbres par leur valeur. Celle des deux qui se serait rendue maîtresse des mers aurait pu gouverner le monde entier. Les Romains avaient autant de courage que d'ambition ; et si la nature n'avait séparé par la mer la ville de Rome de la ville de Carthage, celle-ci aurait été vaincue beaucoup plus tôt qu'elle ne le fut, par la suite. Ces deux nations rivales auraient mieux agi, si elles

cussent pris tous les moyens d'entretenir la concorde.

RÉCAPITULATION,

Depuis le n.° 47, jusqu'au n.° 53.

Tel, telle, etc.

THÈMES.

Les Gaulois n'étaient pas tels que nous, ils
étaient plus endurcis aux fatigues de la guerre ; car
telle était leur occupation. La discipline militaire
n'était pas alors telle qu'aujourd'hui. On avait de
nombreuses armées, qu'on levait souvent à la hâte :
elles étaient armées de flèches, de traits, d'arcs,
de boucliers, d'épées et de piques : telle était la coutume de ce temps-là. On exigeait des soldats une
grande obéissance en toutes choses, et ceux qui re-
fusaient d'obéir étaient punis de mort : telle était
l'inhumanité des chefs. On a vu des Gaulois qui,
dans de grands festins, buvaient dans la carcasse
de leur ennemi, pour faire parade de leur valeur :
telle était la férocité de nos ancêtres ; telles étaient
leurs mœurs. Aussi ils firent souvent trembler
Rome ; tels étaient les généraux, tels étaient les
soldats.

On dit que telle est la vie, telle est la mort ; et
cela est très-certain. On compare l'homme à un
arbre qui penche vers l'orient ou vers l'occident ;
et on dit : telle est la pente, telle sera la chute.
Penchons donc du bon côté, si nous voulons y
tomber ; soyons toujours prêts, parce que rien n'est
plus certain que notre chute, et rien n'est plus incertain que l'heure à laquelle elle arrivera. Tel se

porte bien aujourd'hui, qui sera peut-être mort demain; tel chantait hier, qui n'est plus aujourd'hui : tel est notre sort. Il faut donc veiller et prier : telles sont les paroles de Jésus-Christ. Cependant l'indifférence qui règne parmi les hommes, par rapport à leur salut, est telle, qu'on ne peut la concevoir.

L'ambition des princes doit être telle, qu'elle ne nuise à personne; et leur bienfaisance telle, qu'elle imite la divinité, qui veut le bonheur de tous les hommes. Les Scythes, poursuivis par Alexandre jusqu'au milieu des bois et des rochers (car telle était leur demeure), dirent à ce conquérant, dont l'ambition était telle, qu'il voulait passer pour le fils de Jupiter-Ammon : « Tu n'es pas un dieu, puisque tu fais du mal aux hommes; si tu veux passer pour un dieu, ou si tu en es un, montre-toi tel, fais du bien aux mortels; car telle est la marque à laquelle on reconnaîtra ton origine. » Qui n'admirerait de telles paroles ? qui ne blâmerait l'ambition d'un tel prince ? qui ne se moquerait d'une telle folie, que celle de vouloir asservir une nation sauvage ?

Le même que. etc.

T H È M E S.

Les Français sont différens des Gaulois leurs ancêtres; ils n'ont ni les mêmes costumes, ni les mêmes lois; la discipline des armées n'est pas la même qu'elle était autrefois; les Français ne se servent pas des mêmes armes que les Gaulois. Les Romains ni les Grecs ne portent pas les mêmes habits que leurs ancêtres; ils n'ont pas les mêmes

lois, ni la même religion ; ils n'adorent pas le
même dieu ; cependant ils habitent les mêmes contrées, quoiqu'ils ne parlent pas le même langage,
et qu'ils n'aient pas les mêmes usages. C'est ainsi
que tout change : la face de l'Univers n'est plus la
même qu'elle était dans ces premiers temps ; elle a
changé plusieurs fois de maîtres, et elle en change
tous les jours.

Néron fut un prince très-cruel et très-corrompu.
Les historiens mêmes ont rougi de rapporter tous
les crimes et toutes les obscénités dont il s'est lui-
même souillé ; ils nous apprennent seulement que
ce prince était pire qu'un monstre ; qu'il n'avait aucune humanité. Il prononça lui-même l'oraison fu-
nèbre de Claude, son prédécesseur. Il fit lui-même
empoisonner Britannicus, légitime héritier de
Claude. Tous les historiens disent que ce fut lui-
même qui envoya tuer Agrippine sa mère, sans
que Burrhus ni Sénèque osassent même s'y opposer : ces deux vils flatteurs n'osèrent pas même le
dissuader de ce parricide.

Ce prince agissait comme si tout lui eût été permis ; il traitait les hommes de même que les bêtes ;
il n'avait pas même d'égards pour ses parens. Ce
fut lui-même qui mit le feu à Rome, et qui en ac-
cusa les Chrétiens. Il aurait détruit l'Univers, s'il
en avait eu le pouvoir. Je voudrais, disait-il, que
le genre humain n'eût qu'une tête ; je la lui coupe-
rais d'un seul coup. Un jour, ayant entendu quelqu'un qui disait : Je voudrais qu'après ma mort la
terre fût réduite en cendres : et moi, pendant ma
vie, ajouta-t-il. Enfin, il finit par se donner la
mort. Il n'en fut pas de même de Titus, fils de
Vespasien. Ce prince était si doux et si humain,

qu'il ne maltraitait personne, pas même le moindre de ses sujets, à moins qu'il ne l'eût bien mérité; il épargnait ses ennemis mêmes.

Autre que, etc.

THÈMES.

LES Apôtres n'étaient pas autres, après qu'on les avait battus de verges, qu'auparavant. On ne put jamais les faire parler ni agir autrement qu'ils ne pensaient. Tout autre que ces héros de la religion aurait abandonné un ministère qui leur attirait le mépris du monde; mais la pensée de ces zélés serviteurs de Jésus-Christ était tout autre que celle des hommes. Tout autre qu'eux aurait vomi des injures contre ses persécuteurs. Les Apôtres agissaient tout autrement : les uns remerciaient Dieu de les avoir jugés dignes de souffrir pour son nom ; les autres priaient pour ceux qui les persécutaient. C'est ainsi qu'ils vinrent à bout d'établir une religion ennemie des passions des hommes.

Lorsqu'on accuse des coupables, les uns s'excusent d'une façon, et les autres d'une autre. Les uns disent, cela est ; et les autres, cela n'est pas : parce qu'ils voudraient tous se sauver, les uns d'une façon, et les autres d'une autre. Quand même il n'y en aurait que deux, si on les interroge séparément l'un après l'autre, lequel des deux doit-on croire ? le premier ou le second ? Je dis qu'on ne doit croire ni l'un ni l'autre, à moins qu'ils ne donnent des preuves évidentes de ce qu'ils avancent. Il n'en était pas ainsi des Apôtres, lorsqu'on les accusait et qu'on les interrogeait sur la doctrine qu'ils enseignaient, ils répondaient tous de même : quand même les juges les auraient interrogés les uns après les autres, le premier n'aurait pas parlé autrement que le second, ni le second autrement que le premier.

* * *

Avez-vous vu les deux volumes que le libraire m'a apportés ? — Non. — Je vous les prêterai l'un ou l'autre. — Si vous voulez me les prêter, je les lirai l'un après l'autre, et je vous les rendrai. Il y a deux ans que (1) je lus le même ouvrage ; il était en trois volumes ; je les lus l'un après l'autre. Je trouve que cet ouvrage est bien fait. Le premier volume est le plus instructif ; on voit dans le second deux ou trois belles descriptions ; le troisième contient les mœurs et la religion des Chinois. Il me semble que ce même libraire vous a apporté d'autres ouvrages. — Il m'a apporté Virgile et Homère. Le premier était romain, et le second grec ; celui-ci a chanté la guerre de Troie, et celui-là les exploits d'Enée. Je vous prêterai celui des deux qui vous plaira davantage. — Ils me plaisent l'un et l'autre.

* * *

RÉCAPITULATION.

THÈMES.

La religion des Gaulois n'était pas telle que la nôtre ; leur aveuglement était plus déplorable que nous ne croyons. Les dieux qu'ils adoraient étaient Esus, Teutatès et Taranès. Tel croit qu'ils n'adoraient pas Jupiter, Apollon, Mercure, Mars et Minerve, qui se trompe ; car les Gaulois adoraient

---

(1) Après les adverbes et les noms des temps, *que* s'exprime par *quùm.*

toutes ces divinités, sous différens noms, et leur rendaient les mêmes hommages que les Romains et les Grecs. Tel était le culte des uns, tel était celui des autres. La religion des premiers était remplie de superstition, et celle des seconds l'était encore davantage. Les Gaulois avaient une vénération particulière pour Mercure, parce qu'ils croyaient que son industrie avait été telle, qu'il avait inventé tous les arts. Qui ne plaindrait de telles gens ? qui ne déplorerait un tel aveuglement ?

<div align="center">~~~~~~</div>

Ces peuples étaient plus exacts que nous à rendre à leurs Dieux le culte qu'ils croyaient leur être dû. Ils seraient heureux s'ils avaient eu la même religion que nous, et s'ils avaient adoré le même Dieu ; mais ils ne le connaissaient pas : il en était de même du reste des Païens. Rome, qui a produit de si (1) grands hommes en tout genre, était plongée dans les mêmes ténèbres ; et ces grands hommes, qui étaient si profonds et si judicieux, ne prenaient pas même la peine d'examiner si leur religion était fondée ; ils se plongeaient eux-mêmes dans tous les crimes et dans toutes les obscénités que leur religion permettait ou autorisait.

<div align="center">~~~~~~</div>

La plupart connaissaient la fausseté de cette religion ; mais ils n'osaient l'abandonner. Cicéron se moquait en particulier des cérémonies religieuses qu'on observait à Rome ; mais en public, il faisait comme les autres. Socrate pensait tout autrement que le reste des Athéniens, et cependant il ordonna, en mourant, qu'on immolât un coq à son dieu Esculape. Il serait difficile de dire lequel de

---

(1) *Si grand* s'exprime par *tantus, tanta, tantum.* — *Si*, devant un adjectif, s'exprime par *tàm, adeò.*

ces deux grands hommes était le plus éclairé ; cependant l'un et l'autre mourut aveugle sur son propre intérêt : l'un but la ciguë , et l'autre présenta sa tête à l'assassin. Les uns accusaient Socrate d'une chose , et les autres d'une autre ; mais tous s'accordaient à dire qu'il avait enseigné une mauvaise doctrine. Cicéron était aimé des uns , et haï des autres ; il fut mis à mort par l'ordre d'Antoine. Voilà quelle fut la fin de ces deux lumières éteintes du paganisme : ni l'un ni l'autre n'avait pas mérité un tel sort.

La haine, qui fait que les hommes se détruisent les uns les autres, fut la principale cause du triste sort qu'ils éprouvèrent l'un et l'autre. Les uns blâment leur politique, les autres louent leur fermeté. Quoi qu'il en soit, j'estime l'un et l'autre. Si vous lisez l'histoire romaine et l'histoire grecque, l'une après l'autre, vous verrez quel est le rôle que ces deux grands personnages ont joué. Vous ignorez encore ce qu'ils étaient : vous savez seulement que le premier était romain , et le second grec ; que celui-ci était grand philosophe , et celui-là grand orateur. Celui des deux qui nous a fait le plus de bien, est Cicéron, parce qu'il nous a laissé de bons ouvrages.

LIV.

Quel, quelle.... Quelque.... que, suivis d'un Nom.

Quamacumque sit tua memoria. — *Quodcumque* consilium capias, etc.

Lorsque *quel, quelle...., quelque..... que*, se rapportent à un nom, on les exprime par *quicum-*

que, *quæcumque*, *quodcumque* ou *qualiscumque*, *qualecumque*. Si c'est un nom de chose qui puisse se dire *grande*, on les exprime par *quantuscumque*, *quantacumque*, *quantumcumque*; si elle peut se dire *petite*, par *quantuluscumque*, *quantulacumque*, *quantulumcumque*; si c'est un nom de choses qui se comptent, par *quotcumque* (*indéclinable*), ou par *quantùmvis multi*, *multæ*, *multa*. Après toutes ces manières d'exprimer *quel*, *quelle*, *quelque*, le *que* suivant ne s'exprime pas, et le verbe se met ordinairement au subjonctif.

Qui que ce soit qui, s'exprime par *quicumque...*, *quilibet.....;* mais si l'on ne parle que de deux, c'est par *utercumque*, *utracumque*.

Exemples :

Quelle que soit votre mémoire, vous oubliez cependant bien des choses; *Quantacumque sit tua memoria , multa tamen oblivisceris.*

Quelque parti que vous preniez : *Quodcumque consilium capias.*

Quelques services que vous rendiez à un ingrat, vous ne lui en rendez jamais assez ; *Quotcumque apud ingratum officia posueris , nunquàm satis multa contuleris.*

Qui que ce soit des deux partis qui remporte la victoire, nous périrons ; *Utracumque pars vicerit, tamen perituri sumus.*

THÈMES.

Quelle que soit votre application pour l'étude, vous ne ferez jamais de grands progrès, parce que vous manquez de talens. Quelle que soit la négligence de cet homme, il s'acquitte néanmoins de ses devoirs. Quelles que soient vos richesses, vous n'échapperéz point à la mort. Quel que soit votre mérite, vous ne serez point exempt de cette loi. Quel qu'ait été mon goût pour la chasse, je l'ai entièrement abandonnée. Quelles que soient vos opinions, elles doivent être conformes à la raison. Qui que ce soit qui méprise mes ordres, je le punirai. Vous avez un bon domestique; quelque emploi qu'on lui confie, il s'en acquitte avec fidélité.

~~~~~

Quelque mesure que prenne le prince, il ne viendra jamais à bout d'établir l'union et la paix parmi les hommes qui n'ont point de religion. Quelques règlemens qu'il fasse, il n'empêchera jamais tous les abus. Riches, vous devez aux pauvres votre superflu, quelques moyens que vous ayez employés pour acquérir vos richesses. Quelque malheur qui vous menace, vous ne devez pas vous livrer au désespoir. Quelques services que le sage vous ait rendus, il ne veut d'autre récompense que votre amitié. Quelque attention qu'on fasse, il échappe toujours quelques fautes. Qui que ce soit des deux chemins que vous preniez, vous irez à la ville, puisque tous les deux y conduisent.

~~~~~

Par quelque porte que vous entriez, vous serez connu. Dans quelque pays que vous alliez, vous trouverez partout des sages, des savans et des ignorans. Quelque forêt que vous traversiez, vous ne trouverez jamais deux arbres parfaitement semblables. Quelque loi que vous violiez, vous serez puni. Quelque désir que vous ayez du bonheur éternel, vous irez rendre visite à Pluton, si vous n'observez les commandemens de Dieu. Quelque puissant que vous soyez, vous ne vaincrez pas seul un tel ennemi. Quels que soient ces ouvrages, je ne veux pas les donner à lire aux jeunes-gens. Quelle que soit votre science, vous devez faire paraître une grande modestie.

Un bon soldat ne doit jamais abandonner son poste, quel que soit le danger qui le menace; il ne doit point fuir, quel que soit l'ennemi qu'il ait à combattre. Quelle que soit votre mémoire, vous pouvez cependant apprendre les principes de la langue latine, si vous voulez travailler. Qui que ce soit qui vous connaisse, il ne vous méprise point. Qui que ce soit qui manque à son devoir, nous le punirons sévèrement. Qui que ce soit de vous deux qui aille à la ville, passez chez moi. Qui que ce soit de mes deux enfans qui s'adonne au commerce, je lui donnerai une bonne éducation. Quelque preuve que vous leur donniez de votre amitié, ils ne seront jamais assez reconnaissans.

Quelques domaines que vous possédiez, vous serez obligé de les quitter un jour. Quelques trésors que vous ayez amassés, vous les abandonnerez à des héritiers avides, qui ne se souviendront de vous que pendant qu'ils les ramasseront. Quels que soient les palais que vous ayez construits, et la gloire que vous ayez acquise, une misérable tombe renfermera le tout. Quelle que soit la frayeur que la mort vous inspire, vous devez la regarder comme un port assuré; elle viendra un jour mettre fin à toutes vos peines, ou les augmenter. De quelque plaisir que l'impie paraisse jouir, il est toujours malheureux, parce que tous les plaisirs qui l'environnent, n'égalent point les peines et les remords qu'il ressent au fond de son cœur.

LV.

Quelque..... que, suivi d'un adjectif.

Quantùmvis sit doctus. — *Quanticumque* æstimanda sit doctrina.

QUELQUE.... *que*, suivi d'un adjectif, d'un adverbe ou d'un participe, s'exprime par *quantùmvis* : si c'est le participe d'un verbe de prix ou d'estime, par *quanticumque*, avec le subjonctif.

Quelque grand que, s'exprime par *quantuscumque*, etc., comme nous l'avons déjà dit ; et *quelque petit*, par *quantuluscumque*, etc., avec le subjonctif.

Exemples :

Quelque savant qu'il soit, il ignore cependant bien des choses ; *Quantùmvis sit doctus, multa tamen ignorat.*

Quelque estimable que soit la science....; *Quanticumque æstimanda sit doctrina.*

Quelque petit que soit cet animal....; *Quantulumcumque sit istud animal.*

THÈMES.

Quelque ingrate que soit notre patrie envers nous, nous devons toujours la chérir. Quelque grands que soient les malheurs qui la menacent, nous ne devons point l'abandonner. Nous devons toujours la défendre, quelque multipliées que soient les injures que nous en avons reçues. Quelque grands que soient vos talens, vous ne devez pas vous en glorifier. Quelque petit que soit votre frère, vous ne devez pas le mépriser. S'il est vertueux, il mérite votre estime, quelque élevé que vous soyez. Quelque estimable que soit la science, nous devons préférer la vertu ; il faut faire tous ses efforts pour acquérir les connaissances utiles et nécessaires ; mais il faut être vertueux, à quelque prix que ce soit.

~~~~~

Evitez les fautes, quelque petites qu'elles soient, parce qu'elles sont contraires à la volonté de vos parens et de vos maîtres, et par conséquent à la volonté de Dieu. Secourez les malheureux, quelque indignes qu'ils en soient. Quelque grands que soient les princes, ils ne doivent pas mépriser les autres, parce qu'ils sont hommes comme eux, et qu'ils doivent leur élévation à la bonté de Dieu. Quelque correctement que vous écriviez, la beauté de l'écriture l'emporte sur la pureté du style. Quelque dangereuse que soit la société de ces jeunes-gens, néanmoins vous les fréquentez toujours.

~~~~~

Quelque aimable et quelque estimable que soit la vertu, les avares n'ont pas honte de lui préférer les richesses. Quelque ingénieusement et quelque adroitement que vous travailliez, il vous sera difficile de venir à bout d'une telle entreprise. Quelque injustement qu'on agisse envers nous, nous ne devons jamais rendre le mal pour le mal. Quelque prudemment que l'homme agisse, il fait toujours quelques petites fautes. Quelque sagement qu'il se comporte, sa conduite n'est pas approuvée de tout le monde. Quelque libéral que vous soyez, vous ne contenterez pas tous ceux qui auront part à vos libéralités.

RÉCAPITULATION,

Depuis le nᵒ. 53, jusqu'au nᵒ. 55.

THÈMES.

QUELQUE distance qu'il y ait entre nous et les planètes, les astronomes la mesurent exactement. Quelque nombre d'années que l'on compte depuis la mort de Jésus-Christ, on a cependant reconnu que l'éclipse de soleil, arrivée à cette époque, n'était pas naturelle. Quelques injures qu'on nous fasse, nous ne devons nous venger qu'en rendant le bien pour le mal. On ne voit aucun reste de la tour de Babel, quelque solidement qu'elle eût été bâtie. Quelque rang que vous teniez dans le monde, sachez qu'il ne vous est pas permis de vous enorgueillir. Je ne cesserai de vous faire du bien, quelque méchamment que vous agissiez à mon égard.

Quelque habiles que soient nos généraux, quelque courageux que soient nos soldats, nous ne viendrons pas à bout de vaincre toutes les nations de l'Univers ; parce que toutes ces nations réunies ensemble, quelque faibles qu'on les suppose, auront plus de force que nos armées, quelque nombreuses et quelque formidables qu'elles puissent être. Tous les généraux de ces nations, quelque ignorans qu'ils soient de nos positions militaires, quelque peu d'expérience qu'ils puissent avoir, réunis ensemble, auront plus de ruse et plus d'adresse que les nôtres, quelque versés qu'ils soient dans cette science, quelque profond et quelque vaste que soit leur génie.

LVI.

Pronoms français qui ne s'expriment pas en latin.

Credo *opor ere.*

Lorsque *il* ne se rapporte à aucun nom précédent (1), ou qu'il est devant un verbe impersonnel, il ne s'exprime pas en latin, excepté devant *pœnitet*, *pudet*, *tædet*, *piget*, *miseret*.

Exemples :

Je crois qu'il faut (*tournez*, je crois falloir) ; *Credo oportere.*

Vous savez qu'il y a des hommes qui.... (*tournez, vous savez des hommes être qui....*) ; *Scis homines esse qui.....*

Vous savez qu'il est honteux de mentir (*tournez, vous savez mentir être quelque chose de honteux*) ; *Scis mentiri turpe esse,* ou *esse quid turpe.*

T H È M E S.

Je crois qu'il aurait mieux valu faire la paix, lorsque nous en avions la liberté, et que nous pouvions en dicter les conditions à nos ennemis. On n'ignore pas qu'il y a des gens qui préfèrent la guerre à la tranquillité. On sait qu'il est honteux de recevoir des conditions de paix, surtout lorsqu'on a pu les dicter. Il importe d'examiner ce que nous avons à faire. Il ne faut qu'un moment pour que la fortune des armes change ; il ne faut qu'un mauvais succès pour décourager une armée. Vous savez qu'il est glorieux de commander à ses passions, et qu'il faut en triompher quand on peut.

---

(1) Nous en avons parlé dans la seconde partie.

Je crois qu'il faut pratiquer la vertu et fuir le vice; et il me semble qu'il nous importe à tous de commencer au plus tôt à agir de la sorte et à continuer. Car nous savons tous qu'il est non seulement utile d'être vertueux, mais même très-nécessaire. Vous pensez, sans doute, qu'il serait indécent de paraître dans une société avec des habits sales et déchirés, et qu'il le serait encore plus d'y paraître tout nu; je pense qu'il est aussi indécent d'y paraître avec des vertus mêlées de vices, ou avec un cœur plein de vices et vide de vertus. Il me semble que s'il est honteux d'être ignorant, il l'est encore plus d'être vicieux. J'ai toujours cru qu'il importait à tous les hommes d'être bons et honnêtes; or, on ne peut être bon ni honnête, si on n'est vertueux, et il est impossible de devenir vertueux, si l'on ne pratique pas la vertu.

LVII.

Celui, celle, etc., suivis d'un nom.

Animi dotes corporis *dotibus* longè præstant.

Quand *celui*, *celle*, ou *ceux*, etc., suivis d'un génitif, sont employés pour un nom précédent, on ne se sert pas de *ille*, *illa*, *illud*, mais on répète le nom qui précède.

Exemples :

Les qualités de l'âme sont bien préférables à celles du corps; *Animi dotes corporis dotibus longè præstant.*

La vie des hommes est plus courte que celle des corneilles; *Brevior est vita hominum quàm cornicum vita* (on peut ne pas répéter le nom quand il doit être mis au même cas, et dire: *Brevior est hominum quàm cornicum vita*).

THÈMES.

L'histoire de Turenne est plus curieuse que celle d'Alexandre-le-Grand , roi de Macédoine. Les victoires qu'il a remportées sont plus multipliées que celles du fameux fils de Philippe. Les exploits de Jules-César ont été moins grands que ceux de Turenne. Les troupes de ce fameux vainqueur des Gaules , n'étaient pas aussi bien disciplinées que celles de Louis quatorze. La gloire de celui-ci parviendra à un plus haut degré que celle de César. Jamais les troupes romaines ne furent aussi aguerries que le sont aujourd'hui les troupes françaises. Les succès des armées romaines n'ont jamais été aussi rapides que ceux des armées françaises.

Les biens du ciel sont préférables à ceux de la terre ; cependant il y a plusieurs personnes qui préfèrent les derniers. L'avare qui augmente son trésor tous les jours, et le voluptueux qui travaille sans cesse à se satisfaire, préfèrent les biens de cette vie à ceux de la vie future. Ils se croient sages l'un et l'autre ; mais ils se trompent. Leur aveuglement est plus grand et plus déplorable que celui des aveugles proprement dits. Leur sort est aussi déplorable que celui des Païens. Ils abandonnent la route qui conduit au bonheur , pour prendre celle qui conduit à la perdition. Ils n'ignorent pas cependant que cette vie est plus courte que celle qui doit venir.

LVIII.

C'est ainsi que.....; est-ce ainsi que....?

Sic locutus est , etc.

Dans les phrases suivantes : *c'est ainsi que... est-ce ainsi que......?* on n'exprime ni *c'est* ni *que.*

Exemples :

C'est ainsi qu'il parla (*tournez, il parla ainsi*);
Sic locutus est.

Est-ce ainsi que vous défendez vos amis (*tournez, défendez-vous ainsi vos....*); *Siccine tuos
amicos defendis?*

C'est vous-même que je cherche ; *Te ipsum
quæro.*

THÈMES.

C'est ainsi qu'Orphée, avec une lyre, appri-
voisait les bêtes féroces. C'est ainsi que les chênes
descendaient du haut des montagnes au son de cet
instrument. C'est ainsi qu'il enchanta Cerbère, et
qu'il suspendit tous les tourmens d'Ixion et des
Danaïdes. C'est ainsi qu'il toucha l'inexorable
Pluton, pour tirer des enfers la belle Eurydice.
Est-ce ainsi qu'on raconte la descente d'Orphée
aux enfers? — Est-ce à moi que vous le demandez?
— oui, c'est à vous. Est-ce ainsi qu'il vint à bout
de tirer son épouse du royaume des ombres? Est-ce
ainsi que Pluton et ses gardes se laissèrent surprendre? Est-ce par le moyen de la lyre qu'il gagna
les bonnes grâces du vieux Caron? Est-ce lui ou
Hercule qui voulait enlever Proserpine ?

O Dieu! est-ce ainsi que vous traitez les hommes? Est-ce ainsi que vous punirez les méchans et
que vous récompenserez les bons? Ha! malheureux père, s'écriait le fils, c'est vous-même qui
m'avez perdu? C'est votre exemple qui m'a inspiré
le faste, l'orgueil, la volupté et la dureté pour les
hommes! La plupart des hommes ne respirent que
la vengeance : est-ce ainsi qu'ils imitent Jésus-
Christ, qui a prié pour ses bourreaux ? Ce n'est cependant qu'en l'imitant qu'ils se rendront agréa-

bles aux yeux de Dieu. La plupart ne soupirent qu'après les plaisirs : est-ce ainsi qu'ils accomplissent les obligations de leur baptême ?

LIX.

Ce n'est pas que, mais c'est que.

Non *quòd* approbem, sed *quòd*, etc.

Ce *n'est pas que*, se rend par *non quòd* ; s'il est suivi d'un comparatif, par *non quò* ; s'il est accompagné d'une négation, par *non quin. Mais c'est que*, se rend par *sed quòd*, et s'il est suivi d'un comparatif, par *sed quò*, avec le subjonctif.

Exemples :

Ce n'est pas que j'approuve, mais c'est que.....; *Non quòd approbem, sed quòd.*

Ce n'est pas que l'un me soit plus cher que l'autre ; mais c'est que....; *Non quòd mihi sit alter altero carior, sed quò.....*

Ce n'est pas que je ne pense, mais c'est que....; *Non quin existimem, sed quòd.....*

THÈMES.

Quoique vous traitiez ainsi les hommes, Seigneur, ce n'est pas que vous vouliez les perdre ; mais c'est que vous voudriez les faire rentrer en eux-mêmes, et leur faire prendre le bon chemin, dont ils se sont écartés. Ce n'est pas qu'ils aient entièrement abandonné votre loi ; mais c'est qu'ils l'observent mal. Ce n'est pas que l'ouvrage de vos mains vous soit moins agréable, ni que vous l'aimiez moins que lorsque vous l'avez tiré du néant; mais c'est que vous voulez le réformer. Ce n'est pas que vous ne connaissiez notre faiblesse ; mais c'est que vous voulez nous éprouver ; c'est que vous voulez voir si nous vous aimons, en souffrant avec patience ce que nous avons justement mérité.

~~~~~

Ce n'est pas, Seigneur, que nous ne voyions en tout votre bonté et votre tendresse ; mais c'est que nous ne voulons pas nous résigner à votre volonté. Ce n'est pas que nous ne nous reconnaissions coupables ; mais c'est que nous craignons les rigueurs de la pénitence. Ce n'est pas que nous ne nous repentions ; mais c'est que les motifs de notre pénitence ne sont pas purs. Ce n'est pas que nous ne soyons résolus de changer de conduite ; mais c'est qu'il est toujours trop tôt pour nous. Ce n'est pas que votre joug ne soit plus doux que celui de nos passions ; mais c'est que nous sommes des lâches. Ce n'est pas enfin que les récompenses que vous promettez à ceux qui vous seront fidèles , ne nous fassent plaisir ; mais je crains que nous ne les laissions à d'autres.

~~~~~

Votre frère a remporté le premier prix de sa classe : ce n'est pas qu'il soit plus fort que les autres ; mais c'est qu'il s'est appliqué davantage. Je n'ai pas acheté les ouvrages dont vous m'avez parlé : ce n'est pas que je ne veuille les acheter ; mais c'est que j'attends une édition plus belle , qui paraîtra sous peu de jours. Mon père a vendu sa maison de campagne , et en a acheté une autre : ce n'est pas que la dernière soit plus proche de la ville ; mais c'est qu'elle est plus agréable et plus commode que la première. Cependant j'aimais mieux la première : ce n'est pas que le bâtiment me plût davantage , ni que sa situation fût plus à ma portée ; mais c'est que ses environs étaient plus beaux et plus agréables que ceux de la dernière.

* 8

LX.

Quamvis improbos salutaverim, *non idcircò* **sum improbus.**

CE *n'est pas à dire pour cela que*....., *il ne s'en-suit pas pour cela que*...., se rendent par *non continuò*, *non ideò*, *non idcircò*..... *Est-ce à dire pour cela que*.....? par *an continuò*, *an ideò*, *an idcircò*, *ideò-ne*, *idcircò-ne?* avec l'indicatif.

Exemple :

Quoique j'aie salué des méchans, ce n'est pas à dire pour cela que je sois méchant, *ou* il ne s'en-suit pas de là que je sois méchant; *Quamvis improbos salutaverim*, *non idcircò sum improbus.*

THÈMES.

Jusqu'ici, mon cher ami, votre père vous a traité bien durement; mais quoiqu'il vous ait traité de la sorte, ce n'est pas à dire qu'il refuse de rentrer en grâce avec vous, si vous vous comportez mieux que vous n'avez fait par le passé; ce n'est pas à dire qu'il vous ait entièrement abandonné, quoiqu'il ne vous ait pas écrit de quatre mois. Quoique vous ayez fait de grandes fautes, est-ce à dire pour cela que vous ne serez jamais homme de bien? quoique votre père ne vous témoigne pas autant d'attachement qu'il vous en témoignait autrefois, il ne s'ensuit pas de là qu'il vous haïsse et qu'il vous méprise.

C'est avec raison qu'on estime Helvétius; mais c'est pécher contre le bon goût que d'estimer ses œuvres. Quoique l'auteur soit estimable, il ne s'ensuit pas de là que ses ouvrages le soient. Quoique j'aime mieux lire Virgile qu'Homére, ce n'est pas à dire pour cela que je méprise le dernier ; au contraire, j'aime à le lire : ce n'est pas que j'approuve tout ce qu'il a écrit ; mais c'est que j'aime sa gaîté et son enjouement. Quoique je lise plus souvent les historiens que les poëtes, ce n'est pas à dire pour cela que ceux-ci me déplaisent ; mais c'est que les historiens me paraissent plus utiles que les poëtes.

LXI.

Ce qui, ce que.

Valetudo patris mei me potissimùm sollicitat, etc.

Ce *qui*, *ce que*, suivis de *c'est* ou d'un nom, ne s'expriment pas en latin. S'ils sont suivis de *c'est que*, on les exprime par *illud ;* et le second *que*, selon que le demande le verbe après lequel il est. *C'est*, devant un infinitif suivi de *que de*, se tourne par *celui qui*, et s'exprime par *qui*.

Exemples :

Ce qui me chagrine le plus, c'est la mauvaise santé de mon père (*tournez*, la mauvaise santé de mon père me chagrine le plus); *Valetudo patris mei me potissimùm sollicitat.*

Ce que j'espère, c'est que je vivrai éternellement; *Illud spero me futurum immortalem* (après *espérer*, on retranche le *que*).

Ce que je crains, c'est que.....; *Illud vereor ne* (après *craindre*, le *que* s'exprime par *ne*).

Ce dont je doute, c'est que....; *Illud dubito an* (après *douter*, le *que* s'exprime par *an*).

Ce qui me console, c'est que..... ; *Illud me solatur quòd.*

C'est se tromper que de croire (*tournez* , celui qui croit se trompe); *Errat, qui putat.*

T H È M E S.

Dieu est irrité contre nous , et ce qui l'irrite davantage , c'est que nous l'offensons toujours ; c'est que nous méprisons les bons avis qu'il nous donne par la bouche de ses ministres. Ce que je crains, c'est que nous ne mourions dans sa disgrâce, parce que nous persévérons toujours dans le crime. Ce que nous espérons , c'est qu'il nous accordera un moment pour nous reconnaître coupables , et lui demander pardon ; c'est qu'il aura pitié de nous; c'est qu'il ne permettra pas que l'ouvrage de ses mains périsse : ce dont je doute, c'est qu'il ne nous accorde pas ce moment que nous espérons. Ce qui serait le meilleur et le plus sûr pour nous, ce serait de faire maintenant ce que nous voudrions avoir fait alors.

Ce serait blasphémer, que de dire que Dieu nous a créés pour nous perdre: ce serait attaquer sa bonté et sa justice, que de le regarder comme l'auteur de notre perte ; mais aussi c'est être téméraire, insensé et ingrat, que d'attendre qu'il nous frappe, pour lui demander pardon. Concluons donc que si nous nous perdons , c'est notre propre faute , et non la sienne. Si votre père aime la campagne , ce n'est pas que ce séjour lui paraisse plus agréable que la ville; mais c'est qu'il est plus tranquille à la campagne qu'à la ville. Ce qui chasse mon ennui, c'est la lecture des anciens philosophes.

Ce dont je suis persuadé , c'est que les anciens auteurs vivront éternellement ; ce dont je doute, c'est que les modernes puissent être toujours lus avec le même intérêt. Ce serait donner une preuve d'un goût peu délicat, que de préférer les auteurs modernes aux anciens. C'est se tromper, que de croire que la félicité consiste dans les richesses et les plaisirs. C'est être imprudent, que d'entreprendre seul un tel ouvrage. Ce que je vous recommande surtout, c'est de ne pas perdre courage. Ce qui consterna davantage Télémaque lorsqu'il descendit aux enfers, fut de voir dans cette sombre demeure un grand nombre de rois qui avaient passé pour des princes sages, et qui néanmoins étaient condamnés à de cruels tourmens.

RÉCAPITULATION,

Depuis le n.º 55 , jusqu'au n.º 61.

Ce, c'est, etc.

THÈMES.

C'est à vous, monsieur, que j'en veux : je vous ai prêté ce dont vous aviez besoin pour rétablir vos affaires, et maintenant que vous n'avez plus besoin de moi, vous mettez tout en usage pour ne pas me payer. Est-ce ainsi que vous vous comportez envers vos bienfaiteurs ? est-ce ainsi que vous vous montrez reconnaissant des bienfaits que vous avez reçus ? Est-ce ainsi que vous prétendez trouver du secours lorsque vous en aurez besoin ? Est-ce ainsi que vous prétendez adoucir vos créanciers ? Je vous parle durement ; mais c'est ainsi qu'on doit parler aux ingrats, c'est ainsi qu'on doit les traiter. Ce n'est pas que je vous regarde comme un méchant ; mais c'est que je n'approuve pas la conduite que vous tenez à mon égard. Ce n'est pas non plus que je vous estime moins ; mais c'est qu'une autre fois je ne serai pas si porté à vous rendre service.

Si je vous parlais ainsi en public, je serais un imprudent; mais je vous parle en particulier; et quoique j'eusse fait une imprudence, il ne s'ensuivrait pas de là que je fusse un imprudent. Si je vous demande ce qui m'est dû, vous ne devez pas vous fâcher; c'est que j'en ai besoin. Je ne veux pas plaider avec vous : non qu'il me manque des raisons; mais c'est que j'aime mieux perdre quelque chose que de plaider. C'est être insensé que de plaider, lorsqu'on peut être d'accord d'une autre manière. En plaidant, on est assuré d'une chose, c'est qu'on dépensera son argent : gagnera-t-on son procès, le perdra-t-on ? c'est ce qu'on ignore ordinairement.

***

Quoiqu'on ait mal commencé, il ne s'ensuit pas qu'on finira mal. Quoiqu'un homme soit condamné, ce n'est pas à dire pour cela qu'il soit coupable; ni, quoiqu'il ait été absous, qu'il soit innocent. Quoique cet homme ne vous ait pas remercié, ce n'est pas à dire pour cela qu'il soit un ingrat. Les flatteurs disent des choses agréables; non qu'ils aiment les personnes qu'ils flattent, mais c'est qu'ils s'aiment eux-mêmes. Si je les écoute, ce n'est pas que leurs discours me soient plus agréables que les paroles sincères; mais c'est qu'ils me font connaître mes défauts, en voulant me les cacher.

***

Ce qui consolait les martyrs au milieu des tourmens, c'est qu'ils souffraient pour Dieu. Ce qui doit nous porter à craindre la mort, c'est qu'elle vient comme un voleur. Ce qui augmentera les supplices des chrétiens dans l'enfer, c'est qu'ils se souviendront d'avoir négligé une infinité de moyens de les éviter. Ce qui fait qu'un enfant mène sans peine un bœuf, c'est qu'il paraît à cet animal plus gros qu'il n'est. Ce que je crains, c'est que vous ne vous perdiez, si vous fréquentez toujours les mêmes compagnies. Ce dont je doute, c'est que vous ne suiviez pas mes conseils ; c'est cependant me mépriser que de ne pas les suivre.

CHAPITRE TROISIÈME.
LXII.

DES PARTICIPES.

Participes français , qui manquent en latin.

Quùm Cicero *esset consul,* ou *Cicerone consule,* etc.

Il y a plusieurs participes en français, qui manquent en latin.

1.° Le verbe latin *sum* n'a ni participe présent (*étant*), ni participe passé (*ayant été*). Pour rendre ces deux participes en latin, on se sert, selon le sens de la phrase, de l'une des conjonctions *lorsque, après que, puisque, quoique,* etc. ; *quùm, postquàm,* etc. ; *ou* de l'ablatif absolu.

2.° Le participe passé actif, comme *ayant aimé,* manque aussi en latin (excepté dans quelques verbes déponens); il faut donc se servir des mêmes conjonctions pour le rendre en latin ; *ou bien,* tourner par le passif, et mettre l'ablatif absolu.

3.° Les participes présent et passé passifs, manquent encore en latin , quand le verbe est neutre, et souvent quand il est déponent; il faut tourner par l'actif, et se servir des mêmes conjonctions qu'auparavant.

Exemples :

1.° Cicéron étant consul, la conjuration fut découverte (*tournez,* lorsque Cicéron était consul, la conjuration fut découverte); *Quùm Cicero esset consul, detecta fuit conjuratio* ; mais mieux, *Cicerone consule, detecta fuit conjuratio* (on sous-entend *sub*).

Cicéron ayant été consul, fut néanmoins envoyé en exil (*tournez*, après que Cicéron eut été consul......); *Cicero, postquàm fuisset consul, tamen in exilium actus est.*

2.° Un rat ayant rencontré un éléphant ; *Mus elephanto quùm fuisset obvius.*

Ayant salué mes parens, je partirai (*tournez*, mes parens étant *ou* ayant été salués, je....) (ablatif absolu) ; *Salutatis parentibus, proficiscar.*

3.° Étant favorisé de Dieu, il vint à bout de son entreprise ; *Quùm Deus ei favisset, consilium perfecit suum*, ou *favente Deo, consilium....*

Ayant été poursuivi des voleurs, il s'échappa ; *Quùm latrones eum persecuti essent, evasit.*

THÈMES.

Mon père étant de retour de la Champagne, je partirai pour la Bourgogne. Louis douze étant monté sur le trône, les lois reprirent leur ancienne vigueur ; ayant examiné l'insuffisance des anciennes, il en établit de nouvelles. Ayant écrit à divers princes, la paix fut rétablie en Europe. Ces traités ayant été violés, la guerre fut déclarée aux peuples voisins, et ils furent vaincus. Ayant été insulté par des polissons, je les fis comparaître devant le juge. Ces polissons ayant été condamnés par le juge, je leur pardonnai, et je les renvoyai à leurs parens.

~~~~~

Louis quatorze étant admiré de l'Europe entière, obtenait tout ce qu'il voulait des autres nations. Étant favorisé de Dieu, il venait facilement à bout de toutes ses entreprises. Ayant été attaqué par plusieurs peuples à la fois, il les soumit par la force des armes. Tous les hommes étant esclaves de leurs
~~~~~

passions, nous voyons rarement régner parmi eux la paix et la concorde. L'union entre les princes étant très-nécessaire, nous devons la désirer, et faire tous nos efforts pour qu'elle soit maintenue lorsqu'elle y sera ; parce que l'union est la mère de la félicité. Cicéron étant encore fort jeune et allant au collége, se distingua par son application et par ses talens ; son génie le rendit recommandable, et ses talens le firent aimer de ses maîtres et de ses condisciples.

~~~~~

Votre père devant venir, je ne partirai point aujourd'hui : ayant résolu de l'attendre, je coucherai ici. Maximien et Dioclétien étant empereurs, Saint Maurice fut mis en pièces avec une légion de six mille six cents hommes qu'il commandait. Auguste étant empereur, Jésus-Christ vint au monde, comme les prophètes l'avaient prédit. Quintus-Cincinnatus ayant été dictateur seize jours, abdiqua la dictature, et retourna à sa charrue. Les Romains étant devenus maîtres de l'Univers, furent vaincus par le luxe et l'abondance. Saint Louis ayant été roi de France pendant quarante-quatre ans, mourut de la peste près de Tunis, en Afrique.

~~~~~

Fabricius étant consul, mérita l'estime de Pyrrhus. Ayant été député vers ce prince, il refusa les présens et les honneurs dont il voulait le combler. Le médecin de Pyrrhus étant venu lui demander quelle récompense il lui donnerait s'il empoisonnait son maître, qui était alors ennemi des Romains, Fabricius rejeta cette proposition, et renvoya ce traître au roi pour être châtié comme il le méritait. Les Samnites lui ayant offert une somme considérable, il la refusa ; étant pressé de l'accepter, il répondit à ceux qui la lui offraient, en portant la main à ses oreilles, à ses yeux et à sa bouche, que tant (1) qu'il pourrait commander à ces parties-là, leurs offres lui seraient inutiles. Pyrrhus, étonné de son désintéressement, voulut éprouver son intrépidité.

***

Tarquin-le-Superbe ayant été roi pendant vingt-quatre ans, fut détrôné, et la royauté fut abolie à Rome, du consentement du sénat et du peuple. Marius ayant été six fois consul, fut chassé de Rome par Sylla. S'étant caché quelque temps dans un marais, il fut pris et mis en prison. S'en étant échappé, il passa en Afrique. S'étant assis sur les ruines de Carthage, le licteur de Sextilius, qui gouvernait cette province, vint l'y trouver ; lui ayant ordonné de sortir de la province, s'il ne voulait être puni, Marius ne lui donna aucune réponse. Le licteur lui ayant demandé ce qu'il voulait qu'il annonçât au préteur, Marius ayant jeté sur lui un regard farouche, lui dit : Va dire à ton maître que tu as vu Caïus Marius assis sur les ruines de la fameuse Carthage.

***

L'homme de bien ne doit rien craindre ; étant aimé et favorisé de Dieu, il sera toujours au-dessus de ses ennemis. César étant favorisé de la fortune, vint à bout de vaincre tous ses ennemis. Etant dans les Gaules avec une armée, il ne voulait en partir qu'après avoir terminé la guerre ; mais ayant appris que le sénat lui avait refusé le consulat, il vint en Italie. S'étant rendu maître de plusieurs villes, il marcha droit à Brindes, où Pompée et le sénat s'é-taient réfugiés. Etant parti de là pour Dyrrachium, il traversa les flottes ennemies. Ayant attendu son armée pendant long-temps, et voyant qu'elle ne

---

(1) *Tant que*, signifiant *tant de temps que*, s'exprime par *dùm*, *donec*, *tandiù*.

venait pas , il monta seul sur une barque. Le vent étant contraire , il courut un grand danger. Voyant que son pilote commençait à perdre courage : Que crains-tu ? lui dit-il ; ta barque porte César.

LXIII.

Participes français, qui se rendent en latin par une Préposition ou un Nom.

Pro tuâ prudentiâ *ou quæ* tua sit prudentia.

AYANT *autant de.... que* , se tourne par *eu égard à....*, avec un nom ; *étant aussi.... que....* , avec un adjectif, se tourne par *à raison de*, et s'exprime par *pro* , avec l'ablatif du nom ; on supprime le *que* , s'il y en a un.

On peut encore tourner par *connaissant quel* ou *quelle est.....* etc. , et se servir de *qui* , *quæ* , *quod*, que l'on fait accorder avec le nom qui suit ; *étant aussi* ou *autant* , devant un participe, se tourne par *puisque* , et s'exprime par *cùm* avec le subjonctif.

Exemples :

Ayant autant de prudence que vous en avez , *ou* étant aussi prudent que vous l'êtes (*tournez* , eu égard à votre prudence , *ou* à raison de votre prudence); *Pro tuâ prudentiâ.* Ou bien encore : connaissant quelle est votre prudence; *Quæ tua sit prudentia non ignorans.*

Etant autant, aussi aimé que vous l'êtes (*tournez,* puisque vous êtes tant, si *ou* ainsi aimé); *Cùm tantùm* ou *sic ameris.......*

THÈMES.

Ayant autant de puissance que vous en avez, Seigneur , vous délivrerez ces malheureux , qui sont dans les souffrances. Etant aussi misérables qu'ils le sont , ils méritent que vous ayez pitié d'eux. Étant aussi bon et aussi compatissant que vous l'êtes, vous ne souffrirez pas qu'ils restent plus long-temps dans cet état. Ils en auraient bien mérité davantage, étant aussi coupables qu'ils le sont ; mais, Seigneur, vous aurez pitié de leur faiblesse. Étant aussi miséricordieux que vous l'êtes , vous n'exigerez pas une satisfaction proportionnée à l'injure. Ayant autant de clémence que vous en avez, et étant aussi jaloux de votre gloire que vous l'êtes , vous la ferez éclater envers ces malheureux , qui vous en rendront d'éternelles actions de grâces.

Il faut, mon cher frère, exhorter vos enfans à la lecture ; je choisirai les livres qui peuvent leur être utiles : mais ayant autant de discernement que vous en avez, vous les choisirez vous-même. Il faut cultiver l'esprit de vos enfans : étant aussi studieux qu'ils le sont, ils deviendront savans. Ayant autant de politesse et de douceur qu'ils en ont , ils s'attireront l'amour et l'estime de tous les gens de bien. Vous devez être heureux, étant aussi aimé de vos enfans que vous l'êtes. Ayant autant de consolation que vous en avez, vous passerez une heureuse vieillesse. Étant environné d'enfans qui sont aussi dociles et aussi prévenans que les vôtres, vous devez être plus heureux et plus tranquille, au milieu de votre famille, qu'un roi sur son trône.

Votre père ne perdra point sa cause ; les juges étant aussi équitables qu'ils le sont, ne permettront pas que l'injustice triomphe , et que l'innocence soit opprimée. Le tort que vous a fait cet homme, en vous enlevant vos biens, étant aussi évident qu'il l'est, personne ne peut s'y méprendre. Les juges de cette ville, étant aussi éclairés qu'ils le sont, ont

déjà vu la mauvaise foi de votre adversaire. Quoiqu'il soit puissant et qu'il ait du crédit, tout cela
ne lui servira de rien auprès des juges, étant aussi
intègres et aussi désintéressés qu'ils le sont. Votre
père n'a pas autant de crédit (1) que lui ; mais il
gagnera néanmoins sa cause, étant aussi bonne et
aussi évidente qu'elle l'est.

RÉCAPITULATION,

Depuis le n.° 61, jusqu'au n.° 63,

Étant, ayant été, etc.

THÈMES.

Un jésuite, étant aussi farceur qu'on peut l'être,
raillait un religieux, en lui disant : qu'il avait le
poil rouge comme Judas, et qu'il devait être aussi
méchant que cet apôtre, étant aussi semblable à lui
qu'il l'était. Le religieux étant aussi propre à railler
les autres qu'à en être raillé, et ayant autant de sail-
lie qu'on peut en avoir, accueillit ainsi le jésuite : Il
n'est pas sûr, mon père, que Judas eût le poil rouge ;
mais ce qu'il y a de certain, et dont on ne peut douter, c'est qu'il était de la compagnie de Jésus. Voilà
quelle fut la réponse du religieux. Le jésuite méritait bien d'être accueilli de la sorte, étant aussi in-
discret qu'il l'était.

Un docteur étant choqué de ce que, dans un
examen, on ne l'interrogeait que sur des babioles,
répondit que l'aigle n'avait que faire de mouches.
L'évêque étant choqué de cette réponse, lui dit :

______

(1) Avoir du crédit ; *valere gratiá,* ou *multùm, plurimùm, tantùm valere.*

que l'Eglise n'avait pas besoin d'un orgueilleux. L'aumône étant si fort recommandée dans les livres saints, nous devons la faire selon nos facultés. Des maximes pernicieuses ayant été reçues depuis long-temps, il n'est pas surprenant que la corruption soit si grande (1) parmi les hommes. Mon ami ayant été favorisé du roi, je me suis réjoui, parce que je crois recevoir moi-même ce qu'on donne à mes amis. Jacob ayant exhorté ses enfans à suivre la loi de Dieu, mourut. Ceux-ci étant devenus vieux, suivirent les conseils de leur père.

Des voleurs ayant tué un voyageur, le dépouillèrent et lui enlevèrent tout ce qu'il avait; s'étant retirés dans une forêt, ils y déposèrent leur butin. Une partie ayant été dérobée par un d'eux, les autres le tuèrent. Etant sortis de la forêt la nuit, ils allèrent dans les villages voisins. Ayant été découverts, ils prirent la fuite. Les paysans les ayant poursuivis, ils se sauvèrent sur les montagnes. Ayant été attaqués par des soldats, ils se défendirent vigoureusement. S'étant ensuite dispersés, on vint facilement à bout de les détruire. Quelques-uns ayant été pris, on les mit en prison, et ensuite on les fit mourir.

Un Français et un Espagnol étant entrés dans une salle du Vatican, considéraient les armoiries du cardinal Barberin, qui avait été élu souverain-pontife; et comme il portait des abeilles sur son écusson : Elles donneront du miel aux Français ; mais étant aussi méchantes qu'elles le sont, elles piqueront les Espagnols, dit le Français. Si

----

(1) *Tantus, a, um.*

elles nous piquent, dit l'Espagnol, elles s'en repentiront. Pendant ce temps-là, le Pape entra dans la salle ; ayant été instruit de ce qu'avaient dit ces deux étrangers, et étant aussi doux qu'il l'était, il passa auprès d'eux, et leur dit tout bas : Le Pape donnera du miel à tout le monde ; il ne piquera personne, parce que le roi des abeilles n'a point d'aiguillon.

***

Dieu ayant fait toutes les créatures pour l'homme, n'est-il pas juste que l'homme fasse tout pour Dieu ? Est-il surprenant qu'ayant le nom de Dieu gravé dans le cœur, nous l'ayons toujours à la bouche ? La voix des passions étant la plus forte, il est impossible que celle de la vertu soit entendue. Ayant le cœur contrit et humilié, nous obtiendrons de Dieu le pardon de nos fautes. César ayant vaincu les Liguriens, disait qu'ils étaient plus difficiles à trouver qu'à vaincre. Cicéron ayant sauvé sa patrie, fut exilé. Un philosophe n'ayant goûté que peu de plaisirs en ce monde, disait en mourant : J'ai vécu peu de momens, et beaucoup d'années.

CHAPITRE QUATRIÈME.

LXIV.

DES ADVERBES.

QUE *interrogatif, adverbe.*

Quid ou *cur* moraris, etc.

LE *que* interrogatif, adverbe, se tourne par *pourquoi*, et s'exprime par *quid* ou *cur ;* mais s'il est suivi d'une négation, on le tourne par *pourquoi ne*, et on l'exprime par *quin*, *cur non* ou *quidni*, avec l'indicatif. S'il peut se tourner par *combien*, on l'exprime par *quanti*, avec un verbe de prix ou d'estime ; par *quid*, devant un verbe ordinaire, lorsqu'il peut se tourner par *quelle chose ?*

Exemples :

Que tardez-vous (*tournez*, pourquoi tardez-vous) ; *Quid* ou *cur moraris?*

Que n'accourez-vous ici (*tournez*, pourquoi n'accourez.... ?*) ; *Quid* ou *cur non hùc advolas ?*

Que vous a coûté cette maison) ; *Quanti tibi constitit hæc domus ?*

Qu'avez-vous acheté? une maison (*tournez*, quelle chose avez-vous...?*) ; *Quid emisti? domum.*

THÈMES.

Que ne cédez--vous toutes vos richesses à vos héritiers, qui les emploieraient à se réjouir ? Que ne prenez-vous la résolution de travailler avec application ? Que n'abandonnez-vous le jeu et les amusemens qui vous ont été funestes ? Que ne faites-vous des efforts pour devenir savant et sage ? Qu'attendez-vous ? Que ne mettez-vous la main à l'œuvre ! Que n'étudiez-vous les leçons que je vous donne ? Que voulez-vous faire ? Que voulez-vous acheter ? Qu'avez-vous vendu ? — un cheval. Que l'avez-vous vendu *?* — quatre cents francs. — Que l'avez-vous acheté ? — deux cents francs. Qu'avez-vous gagné d'attendre cette foire ? — cinquante francs. Que n'attendiez-vous davantage ? vous auriez gagné peut-être cent livres ? — et peut-être perdu.

~~~~~

Hommes riches et avares, que ne soulagez-vous les pauvres ? Que n'avez-vous pitié de vos frères, qui souffrent le froid, la faim et la soif? Que ferez-vous de vos richesses, à l'heure de la mort ? Que
~~~~~

cherchez-vous le bonheur ici-bas, puisqu'on ne peut l'y trouver ? Que prétendez-vous faire de cet or et de cet argent ? Qu'emporterez-vous à la mort ? Que ne demandez-vous pardon à Dieu, lorsqu'il est disposé à vous l'accorder ? que n'imitez-vous les saints, si vous voulez jouir du même bonheur ? Qu'aurez-vous gagné quand vous aurez rempli vos coffres de ce vil métal. Que ne vous coûtera-t-il pas de quitter cette vie, où vous trouviez tout ce qui flattait vos sens ?

Que ne suivez-vous les conseils que je vous donne ? Que ne renoncez-vous à la compagnie des jeunes-gens débauchés, qui vous entraînent chaque jour dans quelque nouveau désordre ? Que voulez-vous faire ? vous perdre entièrement ? Que vous coûterait-il d'abandonner ces mauvais sujets ? Que n'y travaillez-vous ? Que voulez-vous devenir ? Vous ne savez pas qu'il en coûte de déraciner les vices qu'on a contractés dans la jeunesse. Si vous voulez qu'on vous regarde comme un honnête homme, que ne changez-vous de conduite ? que ne faites-vous le bien ? Si vous voulez être aimé de vos parens, que ne tâchez-vous de les contenter ? que ne vous appliquez-vous à remplir vos devoirs ?

LXV.

QUE *de désir.*

Abeat proditor ! — *nè* dicat, etc.

Le *que* de désir exprime un commandement ou un souhait. Au commencement d'une phrase, il ne s'exprime pas ; on met seulement le verbe au subjonctif, et la négation française, s'il y en a une, se rend par *nè.* On connaît le *que* de désir, quand

on peut le tourner par *plaise à Dieu que...., que
ne puis-je....* ; il se rend alors par *utinam*, qui
renferme *que* et *ne*. Quand il peut se tourner par
combien, on l'exprime de même que *combien*,
comme on le verra ci-après.

Exemples :

(1) Qu'il s'en aille le traître ! *Abeat proditor*
(sous-entendu *precor*)!

Qu'il ne dise pas ! *Nè dicat.*

Que je meure si.... ; *Peream si.....*

Que je ne sois pas homme si... ; *Nè sim homo si...*

Que ne puis-je vous entretenir (*tournez*, Dieu
veuille que, *ou* plaise à Dieu que je puisse vous
entretenir)! *Utinam tecum loqui possim..... !*

THÈMES.

O aimable fils du plus sage des pères, puissiez-
vous être aussi sage et plus heureux que lui ! Que
ne suis-je mort plus tôt! mes yeux n'auraient pas vu
tous ces malheurs. Que le corps du traître qui m'a
causé tous ces maux, devienne le jouet des flots !
qu'il reste sans sépulture sur le rivage ! que mes
yeux le voient manger par les vautours et les cor-
beaux ! Que mes oreilles entendent dire que l'oiseau de Jupiter a enlevé ses entrailles jusqu'aux
nues ! Que ne puis-je tirer moi-même vengeance
des injures que j'ai reçues ! Qu'il me tarde d'être
délivré de tous ces maux ! Que Jupiter se mêle de
ses affaires, et je me mêlerai des miennes !

~~~~~~~

Puisque tu es encore plus dur et plus cruel que
ton père, puisses-tu souffrir des maux plus longs et
plus cruels que les siens ! O ombre du plus grand
des rois! que le Styx ne t'arrête point ! que le vieux

---

(1) Nous avons parlé de ce *que* dans la seconde partie,
~~~~~~~

Caron te reçoive dans sa barque! que Cerbère reste immobile à ton aspect! que les Champs-Elysées te soient ouverts! Puisses-tu trouver place parmi les bons rois! Puisse la Renommée conserver ton nom dans tous les siècles! Que tes cendres reposent en paix! Que la mort m'enlève, si je ne suis tes exemples et tes conseils! Que les Dieux m'anéantissent, plutôt que de souffrir que la mollesse et la volupté s'emparent de mon cœur!

~~~~

Que ne puis-je revoir ma patrie et mes parens! Que ne puis-je voir encore une fois ces amis dont la société m'était si agréable! Que ne puis-je vivre avec eux! O jeunes-gens, que n'êtes-vous persuadés que la vertu est le meilleur trésor de l'homme sur la terre! Que je voudrais pouvoir donner aux riches des entrailles de miséricorde envers les pauvres! Que je voudrais être riche, pour faire part de ma fortune à tous ces misérables que je vois dans les souffrances! Que ne puis-je secourir tous les malheureux! Que le Seigneur me punisse, si je ne fais du bien à mes frères! Que ne puis-je instruire tous les hommes, et leur apprendre les principes de la vraie religion!

LXVI.

Ne..... que ; que..... ne.

Laus virtuti *solummodò* debetur, etc.

Ne.... *que*, signifiant *seulement*, se rend en latin par *solummodò* ou par *solus, sola, solum*, que l'on fait accorder avec le nom qui suit; mais s'il signifie *rien autre chose que*, on l'exprime par *nihil aliud*, et le *que*, par *nisi* ou *quàm*. Si cependant ce *que* est entre deux négations, et qu'il
~~~~

soit relatif, c'est-à-dire, précédé d'un nom auquel il se rapporte, on l'exprime par *qui*, *quæ*, *quod*, que l'on met au cas du verbe suivant; mais s'il est adverbe, il faut l'exprimer par *quin*, *priusquàm*, *antequàm*, *potiusquàm*, etc., selon le sens de la phrase.

Exemples :

La louange n'est due qu'à la vertu, *c'est-à-dire*, est due seulement à.....; *Laus virtuti solummodò debetur;* ou bien : est due à la seule vertu; *Laus soli virtuti debetur.*

Il n'a pris que sa robe, *c'est-à-dire*, rien autre chose que sa robe; *Nihil aliud nisi togam sumpsit.*

Le sage n'assure rien qu'il ne prouve; *Sapiens nihil affirmat quod non probet.*

Je ne partirai pas d'ici que je ne vous aie vu; *Non hinc proficiscar, quin* ou *nisi*, ou *priusquàm*, ou *antequàm te viderim.*

THÈMES.

Vous ne songez qu'à satisfaire votre cupidité et à contenter vos passions. Vous ne paraissez pas même avoir honte de vous mettre tous les jours au rang des bêtes. Cependant vous savez que les récompenses ne sont dues qu'au mérite, que vos fautes méritent des châtimens, qu'elles ne peuvent être effacées que par la pénitence, et qu'il ne vous reste que ce moyen pour rentrer en grâce avec Dieu et vos parens. Souvenez-vous que Dieu ne promet rien qu'il ne tienne, et qu'il ne donne rien qu'on ne mérite. Il vous a mis dans la voie qui conduit au bonheur; c'est à vous à y marcher. La gloire et le bonheur ne sont dus qu'à celui qui les a mérités.

~~~~~~~

Les triomphes ne sont dus qu'aux vainqueurs. Je
~~~~~~~

n'aime que la campagne ; je ne me plais que dans la solitude. Les avares ne travaillent que pour les autres, parce que tous les trésors qu'ils amassent, passeront nécessairement à d'autres. Ils ne pensent qu'à jouir du présent ; ils ne songent qu'à remplir leur coffre et à jouir des plaisirs et des honneurs. La victoire dont vous parlez ne fut attribuée qu'à la valeur des soldats. Les ennemis ne doivent leur salut qu'à la bonté de notre général. Les Indiens disent que les démons ne sont autre chose que les âmes des méchans, qui sont sorties des enfers pour persécuter les vivans.

Les Circassiens ne donnent à leurs filles pour dot, qu'un sabre, un bouclier, une cuirasse et un arc. Les sauvages de l'Amérique ne portent pour habit, qu'une couronne de plumes autour de la tête, et quelques boyaux de bêtes autour des reins et des jambes ; ils n'ont pour habitation, que des tanières comme les bêtes fauves : ils croient qu'il y a des malins esprits ; mais ils disent que ces malins esprits ne sont autre chose que des renards. Il n'y a personne sur la terre qui n'aime son bonheur, et qui ne fasse tous ses efforts pour y parvenir ; mais on ne peut trouver de bonheur qu'en pratiquant la vertu, et en faisant du bien à tous les hommes. Les Sauvages, qui ne sont sensibles à autre chose, ont une espèce de reconnaissance pour ceux qui leur rendent quelque bienfait.

Il y a dans les Indes une secte qui ne vit que dans les bois, qui n'adore que le soleil, et ne mangerait jamais sans lui avoir rendu hommage. Aucun de la compagnie n'oserait mettre un morceau à la bouche sans avoir vu cet astre : ils ne pensent néanmoins que pour cette vie. Ils ne mangent que des fruits et des légumes , et ne portent pour habit qu'une ceinture autour de leurs reins. Ils souffrent beaucoup en menant un tel genre de vie ; cependant ils n'espèrent d'autre récompense que la mort. Vous ne croirez pas ce que je vous dis, que vous ne l'ayez vu ; mais lisez les voyages , et vous verrez que je ne vous dis que la vérité , et que je n'y ajoute rien.

LXVII.

QUE *d'admiration.*

Quot ou *quantas* calamitates hausit !

Le *que* d'admiration se connaît lorsqu'on peut le tourner par *combien* , et il s'exprime de même que *combien*. La négation française, s'il y en a une, ne se rend pas en latin.

Lorsque le *que* d'admiration, ou l'adverbe *combien* signifie, ou peut se tourner par *combien grand*, ou enfin qu'il est joint au mot *grand*, on l'exprime par *quantus* , *quanta*, *quantum* ; mais s'il est joint au mot *petit*, ou qu'il signifie *combien petit*, on l'exprime par *quantulus, quantula, quantulum.*

Exemples :

Que de malheurs n'a-t-il pas essuyés (*c'est-à-dire, combien de malheurs, ou* combien grands sont les malheurs....)*! Quot* ou *quantas calamitates hausit !*

Que je vous aime (*c'est-à-dire, combien je.....*)! *Quàm* ou *quantùm te amo !*

Que je vous estime ! *Quanti te facio!*

Que vous êtes sage ! *Quàm* ou *ut sapiens es !*

Que de sagesse ! *Quanta sapientia !*

Que cette classe est petite ! *Quantula est hæc schola !* etc.

THÈMES.

Quelle douceur, quelle pureté dans les mœurs de Jésus ! quelle grâce dans ses instructions ! quelle élévation dans ses maximes ! quelle profonde sagesse dans ses discours ! quelle présence d'esprit, quelle finesse et quelle justesse dans ses réponses ! quel empire sur ses passions ! quel homme ! quel modèle de vertu ! que d'œuvres de miséricorde n'a-t-il pas excercées pendant l'espace de trente ans qu'il a resté sur la terre ! quelle morale dans son Evangile ! quelles consolations pour les hommes misérables et affligés ! que le récit des miracles qu'il a opérés cause de plaisir ! qu'il me paraît intéressant ! qu'ils sont étonnans, ces miracles ! quelle humilité ne faisait-il pas paraître, en opérant de tels prodiges !

～～～～

Que nous sommes heureux d'être dans ce pays ! Que j'aime la campagne ! Que ce pays m'est agréable ! qu'il est beau à voir ! Que le séjour des champs l'emporte (1) sur celui de la ville ! Que j'aime à parcourir ces feuillages, ces côteaux et ces vallons ! Quel plaisir de s'asseoir sur ce gazon émaillé de fleurs ! Que le murmure des eaux est agréable ! Qu'il est doux d'entendre les oiseaux chanter de toutes parts ! Que de personnes voudraient posséder une simple métairie ! Que de philosophes préféreraient ce séjour au bruit des villes ! Que la société des oiseaux est agréable ! quel plaisir leur ramage ne cause-t-il pas !

～～～～

Que j'estime un homme qui méprise les richesses, qui sont recherchées par la plupart des mor-

---

(1) *Que* ou *combien*, devant un verbe d'excellence, s'exprime par *quantò*.

tels ! Que j'aime la modération ! Que le nombre de
ceux qui sont modérés est petit ! Qu'il y a peu
d'hommes qui sachent en quoi consiste le vrai bonheur et la vraie félicité de ce monde ! Quelle folie
de passer la vie à courir après les honneurs et les
dignités ! que le nombre de ceux qui les fuient est
petit ! Que vos progrès sont petits ! Que vous êtes
dissipé ! Que cette maison est petite ! Que vous êtes
nombreux ! Que votre maître est sage ! Que le ciel
est grand ! Que les étoiles sont nombreuses ! quelles
paraissent petites !

LXVIII.

Adverbes de Quantité.

Quantùm aquæ !

Les adverbes de quantité s'expriment de différentes manières en latin, selon les différens mots
auxquels ils sont joints.

1.° Les adverbes de quantité, joints à un nom
de choses qui ne se comptent pas, veulent le génitif, et s'expriment ainsi :

Exemples :

Que *ou* combien ,	*Quantùm* (1) ,	
Peu ,	*Parùm* ,	
Un peu	*Tantillùm*	
ou quelque peu ,	ou *aliquantulùm,*	
Beaucoup ,	*Multùm* ,	
Moins , trop peu ,	*Minus* ,	
Plus ,	*Plus* ,	
Tant *ou* autant ,	*Tantùm* ,	
Assez) , assez peu , si peu ,	*Satis*) , *tàm parùm,*	
Trop ,	*Nimis* ou *nimiùm,*	

(la grande accolade centrale porte *d'eau;* à gauche des mots latins, et *aquæ.* à droite)

---

(1) *Quantùm, parùm,* etc. étant de vrais adjectifs qui
s'accordent avec *negotium* sous-entendu, ne peuvent s'em-

THÈMES.

L'homme, quelque instruit qu'il soit, n'a jamais trop de science. Les parens ont souvent trop d'indulgence pour leurs enfans, et les enfans n'ont pas assez d'amour ni assez d'obéissance pour leurs parens. Cette nation a moins de barbarie que de jactance; lorsqu'elle triomphe, elle fait paraître beaucoup d'orgueil, et moins de modération; ses ancêtres avaient moins de vanité et plus de science. — Un peu de modération et un peu de retenue siéent bien à tous les hommes. Que de vanité dans les choses humaines! Que de vin nous aurons cette année! mais aussi nous aurons peu d'huile et peu de froment. Un peu d'abondance ne nous ferait pas de mal. Un peu de pluie ranimerait les oliviers. Nous avons eu beaucoup de chaleur; nous n'en avons pas eu autant l'année dernière.

Je conseille aux jeunes-gens de boire plus d'eau que de vin, s'ils veulent conserver la raison; parce que ceux qui boivent beaucoup de vin, et qui le boivent sans y verser un peu d'eau, perdent ordinairement la raison. Les philosophes d'aujourd'hui ont beaucoup de présomption et peu de science. Ils ont trop de confiance en eux-mêmes, et beaucoup d'orgueil. S'ils avaient tant soit peu de modestie, ils seraient aimés et estimés de tout le monde, tandis qu'ils sont détestés de plusieurs. S'ils avaient tant soit peu d'humilité et de bonne foi, ils parleraient autrement qu'ils ne parlent, et agiraient autrement qu'ils n'agissent. Que d'insolence ne font-ils pas paraître, lorsqu'ils sont avec quelqu'un qui ne peut leur répondre!

---

ployer que pour le nominatif et l'accusatif. Pour exprimer les autres cas, il faut prendre un autre tour. *Ex.* : De combien d'eau il fut couvert; *c'est-à-dire*, de quelle quantité d'eau....; *Quantá aquæ copiá opertus est!*

2.° *Adverbes de Quantité.*

Quanta modestia !

Si la chose, qui ne se compte pas, peut se dire *grande*, les adverbes de quantité se rendent en latin par des adjectifs qui s'accordent avec le nom, de la manière suivante :

Exemples :

Que *ou* combien,	*Quantus, a, um,*	
Peu,	*Parvus, a, um,*	
Beaucoup,	*Magnus, a, um,*	
Moins,	*Minor, us,*	
Plus,	*Major, us,*	
Tant, autant,	*Tantus, a, um,*	
Assez,	*Satis magnus, a, um,*	
Trop,	*Nimius, a, um, ou*	
	nimis magnus, a, um,	

de modestie ;   *modestia.*

THÈMES.

Que Socrate avait de patience ! Quelle violence ne se faisait-il pas pour supporter les reproches et les injures que sa femme lui faisait ! Quel esclavage pour un philosophe ! Quelle honte pour nous d'être surpassés en patience et en douceur par un païen ! Quel chagrin n'avons-nous pas ressenti de la mort de ce jeune homme, qui nous donnait de si grandes espérances ! Il avait beaucoup de jugement, assez d'industrie. Les Athlètes montraient beaucoup d'ardeur et de courage pour mériter une couronne corruptible : nous n'en montrons pas autant pour en gagner une incorruptible. Alexandre avait assez de courage et de valeur ; mais il avait peu de retenue et trop d'ambition.

~~~~~

Il y a beaucoup d'éloquence dans les discours de Démosthène, orateur grec ; mais il n'y en a pas
~~~~~

moins dans ceux de Cicéron, orateur romain. Votre frère a peu de mémoire et peu de jugement ; mais il a assez de dissipation, et même trop. Il a aussi beaucoup d'orgueil et peu d'esprit. Votre sœur est assez vertueuse : vous ne l'êtes pas autant qu'elle, et vous êtes plus ignorant. Elle a autant d'esprit que vous, et plus d'humilité. Elle a moins de mémoire ; mais elle a plus d'intelligence et plus de modestie que vous. Elle a peu de facilité, aujourd'hui, pour apprendre les mathématiques ; mais dans peu de jours elle en aura plus que vous.

3.º *Adverbes de Quantité.*

Quot ou *quàm multi* libri !

Les adverbes de quantité, joints à un nom pluriel de choses qui se comptent, se rendent par des adjectifs, comme il suit :

Exemples :

Que *ou* combien,	(1) *Quot* ou *quàm multi, æ, a,*	
Combien peu (2),	*Quàm pauci, æ, a,*	
Peu,	*Pauci, æ, a,*	
Beaucoup,	*Multi, æ, a,*	
Moins, trop peu,	*Pauciores, ra,*	
Plus,	*Plures, ra,*	
Tant *ou* autant,	*Tot* ou *tàm multi, æ, a,*	
Assez,	*Satis multi, æ, a,*	
Trop,	*Nimis, multi, æ, a,*	

(de livres; ... libri.)

---

(1) *Quot* et *tot* sont indéclinables ; ils ne s'emploient que quand le nom est exprimé. *Ex. :* Que de livres ! *Quot libri !* Vous voyez combien nous sommes ici ; *Vides quàm multi hìc adsimus*, et non pas *quot adsimus :* parce qu'alors l'adverbe *quàm* signifie *combien*, et le mot *personne* n'est pas exprimé.

(2) *Combien peu* s'exprime aussi par *quotusquisque, quotaquæque. Ex. :* Combien y en a-t-il qui soient élo-

THÈMES.

Que de princes qui s'appliquent uniquement au bonheur des peuples qui leur sont confiés ! Que de peuples traités avec douceur et humanité, et qui cependant sont très-soumis à ceux qui les gouvernent ! Peu aiment à être conduits avec rigueur. Mais aussi que de princes ne voit-on pas qui, abandonnant la conduite de leurs sujets à des hommes avides d'honneurs et de richesses, ne pensent qu'à leurs plaisirs ! Tant de devoirs, tant de périls, tant de piéges, tant de difficultés environnent les princes ! Combien qui cherchent à les tromper ! peu leur disent la vérité. Ils sont environnés de trop de personnes qui les flattent et qui les empêchent de voir la justice par eux-mêmes. Quoique les flatteurs voient beaucoup de vices dans les princes, cela ne les empêche pas de leur dire qu'ils ont assez de vertus.

<center>~~~~~</center>

Combien y a-t-il d'hommes qui languissent dans l'obscurité et l'oisiveté, et qui deviendraient de grands hommes, s'ils étaient cultivés ! Combien y en a-t-il aujourd'hui qui soient célèbres par leurs écrits ? Combien y en a-t-il de sages et de bienfaisans ? Les hommes n'avaient jamais eu tant de vices ; jamais tant de désordres n'avaient régné sur la terre ; jamais le genre humain n'avait eu plus de passions. L'année dernière les arbres avaient produit beaucoup de fleurs et peu de fruits ; cette année-ci il n'y avait pas beaucoup de fleurs, et cependant il y a assez de fruits : il y en a même plus que l'année dernière. La bibliothèque de mon frère contient peu de livres ; mais la mienne en contient encore moins.

____

quens ! *c'est-à-dire,* combien peu......! *Quotusquisque est disertus !*

Gédéon n'avait pas tant de soldats que le général des Madianites ; cependant étant favorisé de Dieu, il remporta une victoire éclatante. On dit que la France a perdu moins de soldats dans cette dernière guerre, que la Russie. Parmi les philosophes que la France a produits dans ces derniers temps, combien y en a-t-il qui aient raisonné juste ? Parmi nos élèves, combien y en a-t-il qui se distinguent par leur assiduité et leur obéissance ? Parmi tant de pécheurs, combien y en a-t-il qui se convertissent à Dieu ? Et parmi tant de justes, combien y en a-t-il qui persévèrent jusqu'à la fin ? Vous voyez combien nous sommes. Combien y en aura-t-il qui soient justes aux yeux de Dieu ? Je crains bien qu'il n'y en ait plus à la gauche qu'à la droite, et qu'il n'y ait moins d'élus pour le ciel, que de victimes pour l'enfer.

4.º *Adverbes de Quantité.*

Quàm ou *ut* modestus est !

Les adverbes de quantité, joints à un adjectif, à un participe, ou à un adverbe, s'expriment de la manière suivante :

Exemples :

Que *ou* combien,	*Quàm* ou *ut*,	
Peu,	*Parùm*,	
Un peu, quelque peu,	*Paululùm* ou *leviter*,	
Beaucoup, bien, fort,	*Multùm*, *valdè*,	
Moins,	*Minus*,	
Plus,	*Magis*, ou un comp.,	
Tant, aussi, si), si peu,	*Tàm*), *tàm parùm*,	
Assez,	*Satis*,	
Assez peu,	*Tàm parùm*,	
Trop,	*Nimis*,	
Trop peu,	*Minùs*,	

(accolade centrale : modestus ; — accolade droite : *modestus.*)

THÈMES.

Les pauvres sont bien malheureux dans le siècle où nous sommes; les riches ont le cœur plus dur que le marbre à l'égard de ces infortunés. Nous sommes assez riches, mes enfans, pourvu que nous pratiquions la vertu. Nous sommes trop heureux de trouver l'occasion de rendre service à des hommes qui sont moins riches, mais qui sont aussi sages et plus vertueux que nous. Si nous sommes peu estimés des hommes, nous le serons beaucoup de Dieu, pourvu que nous observions bien fidèlement ses commandemens. Notre vie est un peu dure sur la terre, mais nous en aurons une meilleure dans le ciel. Les méchans sont les plus heureux en ce monde, mais j'espère que dans l'autre ils seront les plus malheureux.

Que vous êtes joli! que vous me semblez beau! disait le renard au corbeau. Celui-ci aurait bien pu lui répondre : que vous êtes rusé! que vous êtes fourbe! Que les jeunes-gens sont contens! qu'ils sont joyeux, lorsqu'ils ont obtenu quelque succès! ils ne savent pas se modérer; cependant un peu de modération est utile dans certaines circonstances. Ils sont très-modérés dans le travail! ils travaillent assez lâchement; néanmoins ce n'est qu'en travaillant qu'ils deviendront savans. Votre frère est arrivé hier; il était un peu fatigué de son voyage, et je crois même très-fatigué. — Non, car comme il est un peu blessé aux jambes, il lui était assez difficile d'aller vite; de sorte qu'étant obligé de marcher très-lentement, il a éprouvé moins de fatigue.

Nos écoliers sont assez obéissans; mais ils ne sont pas assez pieux. Ils sont un peu paresseux, et trop dissipés. Que vous avez agi sagement en vous séparant de la société de ces impies ! je voyais bien que vous ne resteriez pas avec eux. Vous êtes trop prudent et trop sage pour (1) écouter leurs conseils, et pour les suivre. Il vaut mieux que vous soyez moins riche, que vous viviez moins commodément, et que vous soyez plus honnête et plus vertueux. Vous serez toujours assez opulent, pourvu que vous soyez sage et vertueux. On voit des hommes qui sont fort riches, et qui cependant sont plus mal à leur aise que les pauvres, et mènent une vie plus pénible et plus laborieuse.

Si grand, aussi grand, etc.

Non *tanta* est terra *quantus* sol, etc.

Si *grand, aussi grand*, s'expriment par *tantus, tanta, tantum*, et *que*, par *quantus, a, um*, quand il y a comparaison, autrement par *ut*; *si petit, aussi petit*, par *tantulus, a, um*, et *que*, par *quantulus, a, um*, pourvu qu'il y ait comparaison. Mais si on ne peut pas tourner *si grand* par *aussi grand*, on exprime *que* par *ut*, avec le subjonctif.

Exemples :

La terre n'est pas si grande que le soleil; *Non tanta est terra quantus sol* (tournez, aussi grande que.....).

La terre n'est pas si *ou* aussi petite que la lune; *Non tantula est terra, quantula est luna.*

La bonté de Dieu est si grande qu'il nous aime; *Tanta est Dei bonitas ut nos amet.*

(1) Après *assez* et *trop, pour* s'exprime par *quàm ut* avec le subjonctif, quand il est suivi d'un verbe.

THÈMES.

Les astres ne sont pas si petits qu'ils nous paraissent. La plupart de ces corps célestes sont si grands, qu'un seul couvrirait plusieurs terres, comme celle que nous habitons. La distance qu'il y a d'ici à l'étoile la plus voisine de nous, n'est pas si petite qu'on se l'imagine. L'empire Autrichien n'est pas si grand que le royaume de France. La ville capitale de l'Autriche, n'est pas si grande que la ville capitale de la France. Les déserts de l'Afrique ne sont pas aussi grands que l'Océan, puisque l'Océan seul est aussi grand, et même plus grand que l'Afrique entière. La tour de Babel n'était pas si haute qu'on le croit ; mais l'enceinte de la ville de Babylone était aussi grande qu'une petite province, puisqu'elle avait vingt lieues de circuit.

Les progrès que vous avez faits cette année ne sont pas si grands que ceux que vous avez faits l'année dernière. Votre application n'a pas été aussi grande à la fin de l'année qu'au commencement. Il y a sur la terre une infinité d'insectes qui sont si petits, qu'on ne peut les voir. La puissance de Dieu est si grande, qu'il a créé tous ces différens insectes, et qu'il veille à leur conservation. La plupart ont les membres si petits, qu'ils sont imperceptibles, même avec des lunettes. Les exploits d'Hercule ne sont pas si grands que nous croyons ; les Grecs se plaisaient à embellir toutes leurs actions, et à les envelopper sous les voiles de la fable, pour les faire paraître tout autres qu'elles n'étaient.

5.° *Adverbes de Quantité.*

Tantò præstas aliis, etc.

Les adverbes de quantité, devant *antè* et *post*, et devant un comparatif ou un verbe d'excellence, comme *excellere* (exceller), *præstare* (l'emporter sur), *superare* (surpasser), *malle* (aimer mieux), s'expriment ainsi :

Exemples :

Que *ou* combien,   *Quantò*,
Peu, un peu,   *Paulò*,
Bien, beaucoup,   *Multò*,
Autant, tant (1)   *Tantò*,

auparavant; après, plus savans, } *doctior, post, antè.*

Vous l'emportez autant sur les autres ; *Tantò præstas aliis.*

THÈMES.

Les dangers qu'on court sur mer sont beaucoup plus grands et plus multipliés qu'on ne croit. Alors on comprend, mais trop tard, ce que l'aveugle avarice nous a empêché de considérer quelque temps auparavant ; c'est alors que nous voyons qu'il vaut beaucoup mieux se contenter de ce qu'on a, que d'exposer sa vie à tant de dangers, pour aller chercher ce qu'on n'a pas ; alors la crainte de la mort l'emporte autant sur l'avarice, que celle-ci l'a emporté peu auparavant sur celle-là. On aimerait beaucoup mieux être dans sa maison sans rien, que de devenir la pâture des poissons avec tout l'or et tout l'argent de l'univers.

—————

(1) Après *autant, tant, que* s'exprime par *quantò*, avec ces mêmes verbes et adverbes.

L'ardeur d'une jeunesse imprudente, ou l'avidité, disait un marchand, m'engagea à partir pour les Indes, quelque temps après la mort de mes parens. Peu après que nous eûmes levé l'ancre, le vent commença à souffler un peu plus fort qu'auparavant; le ciel devint beaucoup plus obscur, les vagues battaient notre vaisseau avec beaucoup plus de force, ce qui le faisait aller beaucoup plus vite : alors, mais trop tard, je commençai à me repentir d'avoir méprisé les conseils d'un de mes amis, qui voulait me détourner de ce voyage. Qu'il m'aurait été plus utile, disais-je, de rester chez moi ! que je serais plus content, si j'avais suivi les avis qu'on me donnait ! Mais j'ai mieux aimé suivre l'impulsion d'une bouillante et aveugle jeunesse : c'en est fait de moi, jamais je ne reverrai ma patrie.

～～～～～

Nous aimerions beaucoup mieux compter les vertus des hommes, que leurs défauts; mais le nombre des hommes vertueux est bien moindre aujourd'hui, que le nombre des vicieux. Les conseils de votre sage père étaient autant au-dessus des vôtres, que le ciel est au-dessus de la terre. Vous vous repentirez de les avoir méprisés. Qu'il y a peu à compter sur vous! qu'il est plus sage de ne pas écouter ce que vous dites! Paul est fort paresseux, il arrive toujours un peu plus tard que les autres, il aime peu le travail : aussi ses condisciples l'emportent de beaucoup sur lui. Vous ne croiriez pas qu'il aime mieux s'occuper d'autre chose que d'écouter ce qu'on lui dit. Avant l'arrivée de ce paresseux, nous étions bien plus tranquilles qu'après; il porte partout la dissipation et le désordre.

6.° *Adverbes de Quantité.*

Quàm, quantùm ridebat!

Les adverbes de quantité, devant un verbe ordinaire, s'expriment ainsi :

Exemples :

Que *ou* combien,	*Quàm, quantùm, ut,*
Peu), si peu, assez peu,	*Parùm), tàm parùm,*
Un peu, quelque peu,	*Paululùm, leviter,*
Beaucoup,	*Multùm, valdè, plurimùm,*
Moins,	*Minùs,*
Plus,	*Magis, plus, ampliùs,*
Autant, aussi, si,	*Tantùm, tàm,*
Assez), assez peu, si peu,	*Satis) tàm parùm,*
Trop,	*Nimis, nimiò plus, plus æquo,*
Trop peu,	*Minùs,*

(il riait ; ... ridebat.)

§. *Plus, moins, trop,* s'expriment de même, avec les verbes *refert, interest,* qu'avec les verbes ordinaires.

Exemple :

Il vous importe plus, moins, trop ; *Tuá magis, minùs, nimis refert.*

THÈMES.

Il vous importe plus, mes chers amis, de lire l'histoire que les fables : les fables peuvent vous être utiles, mais elles ne vous sont pas absolument nécessaires. Il vous importe donc moins de les lire, que l'histoire, qui fait partie de votre éducation. Je ne crains pas de dire que vous avez trop négligé

cette partie jusqu'à présent , et que vous vous êtes
trop appliqués à des choses indifférentes et même
inutiles. Vous avez plus lu qu'aucun de vos condisciples , et cependant vous avez moins profité.
Que vous plaindrez un jour les momens que vous
avez perdus ou mal employés ! que vous serez fâchés d'avoir préféré les fables et les contes aux lectures utiles ; d'avoir tant lu , et si peu profité !

Que les enfans sont joyeux , lorsqu'ils rempor-
tent le prix ! qu'ils sont honteux , lorsqu'ils sont
vaincus par leurs condisciples ! qu'ils craignent de
paraître ! qu'ils ont de la peine à supporter les re-
gards des spectateurs ! qu'ils appréhendent d'être
accusés de paresse par leurs parens ! qu'ils désire-
raient d'être loués et récompensés comme les autres ! Mais il est trop tard , à la fin de l'année ,
pour (1) se repentir : il aurait fallu y penser dès le
commencement , et avoir plus travaillé et plus
profité qu'on n'a fait. Il vous importe donc , mes
amis , de moins jouer , et de vous appliquer davantage , si vous voulez être du nombre de ceux qui
recevront les récompenses et les éloges : autrement
vous serez obligés de dire comme le renard qui ne
pouvait atteindre les raisins : Ils sont trop verts ,
c'est bon pour des goujats.

7.° *Adverbes de Quantité.*

Quanti æstimatur !

Les adverbes de quantité , avec un verbe de prix
ou d'estime , tels que *vendere* (vendre) ; *emere*
(acheter) ; *æstimare* , *facere* (estimer) *etc.* , s'expriment comme il suit :

(1) Voyez la note de la page 207.

Exemples :

Que *ou* combien,	*Quanti* (1),	
Peu,	*Parvi,*	
Très-peu,	*Minimi,*	
Beaucoup,	*Magni, multi,*	
Grandement,	*Permagni, permulti,*	
Moins,	*Minoris,*	
Bien moins,	*Minimi,*	
Plus, davantage,	*Pluris,*	
Bien plus,	*Maximi,*	
Tant, autant, aussi, si,	*Tanti,*	
Tout autant,	*Tantidem,*	
Point du tout *ou* rien,	*Nihili,*	
Assez,	*Satis magni,*	
Trop,	*Nimiò pluris,*	
Trop peu,	*Minoris,*	

il est estimé... / æstimatur.

THÈMES.

Personne n'ignore combien les anciens estimaient la justice et toutes les autres vertus. Nous voyons des Grecs et des Romains qui ont fait plus de cas de l'équité que de leurs intérêts particuliers. Aujourd'hui nous faisons peu de cas de la vertu ; mais nous avons la plus grande estime pour les honneurs et les richesses. Quoiqu'on soit vicieux et corrompu ; pourvu qu'on ait de l'argent, on est très-estimé ; mais le plus vertueux des hommes sera méprisé, s'il est pauvre. Ce métal est un dieu parmi les hommes ; ils n'estiment que lui : pourvu qu'ils aient de l'argent, ils font peu de cas du reste. La vertu n'est pour eux qu'un nom vide de sens.

~~~~~~

Nous estimons beaucoup les hommes qui sont charitables, qui aiment à secourir l'indigent, et

---

(1) Les génitifs *quanti, parvi,* etc., s'accordent avec *pretii,* régime de *pro negotio,* tous deux sous-entendus.
~~~~~~

qui préfèrent la vertu aux richesses et aux honneurs. Ils sont en effet plus estimables que ceux qui, faisant un dieu de leur ventre, et mettant toute leur gloire et toute leur félicité dans les plaisirs, méprisent les gens pauvres et vertueux. La plupart de ces voluptueux ne savent pas combien il en a coûté pour amasser ce qu'ils dépensent ; s'ils savaient combien il en coûte d'amasser des richesses, ils les dépenseraient avec moins de profusion. Ils voudraient qu'on eût la plus grande estime pour eux, et ils ont un souverain mépris pour les autres. Ils n'estiment qu'eux mêmes, et ils s'éstiment au-dessus du reste du genre humain.

<center>~~~~~</center>

Votre frère est assez estimé de ses condisciples et même trop ; mais ses maîtres en font peu de cas. Il est un peu paresseux : s'il était diligent, il serait beaucoup plus estimé ; s'il ne se corrige pas, on n'en fera aucun cas. Il a acheté une belle bibliothèque ; j'ignore combien elle lui coûte : je crois cependant qu'elle a dû lui coûter cher, car il y a beaucoup d'ouvrages qui sont très-estimés, et qui se vendent fort cher. Il y en a aussi qui coûteraient peu ; mais ils coûteraient toujours assez, s'il fallait les acheter en détail. Qu'a-t-il eu de la sienne ? Il l'a assez vendue ; les livres qu'elle contenait n'étaient pas d'un grand prix. Il y en avait cependant qui lui avaient coûté beaucoup.—Il y en avait de tout prix : les uns avaient coûté plus, et les autres moins. Il ne l'a pas tant vendue qu'il (1) l'avait achetée.

____

(1) *Que s'exprime par* quanti.

8.º *Adverbes de Quantité.*

Tuâ *magni* refert.

COMBIEN, *peu*, *beaucoup*, *autant*, *assez*, avec les verbes *refert*, *interest*, s'expriment de même qu'avec les verbes de prix et d'estime.

Plus, avec *odisse* (haïr), et *fugere* (fuir), se rend par *pejus*.

Exemples :

Que *ou* combien,		*Quanti*,
Peu,		*Parvi*,
Beaucoup,	il vous importe;	*Magni*,
Autant, tant, aussi,		*Tanti*,
Assez,		*Satis magni*,

Tuâ refert.

Je le haïssais plus; *Eum pejus oderam.*

THÈMES.

Il nous importe beaucoup de lire et d'étudier l'histoire : elle est remplie de traits qui sont propres à nous instruire et à nous rendre meilleurs. Nous devons sentir combien il importe à nous, Chrétiens, d'égaler au moins les Païens par notre conduite et nos mœurs ; mais pourvu que nous vivions au milieu des plaisirs, nous croyons qu'il nous importe peu d'être vertueux. Cependant il nous importerait autant d'éviter le mensonge et la fourberie qu'à eux. Néanmoins on voit beaucoup de menteurs parmi nous : il y en avait moins parmi eux. On rapporte qu'Epaminondas haïssait plus le mensonge que son ennemi le plus cruel, puisqu'il ne s'en servait pas même pour badiner.

Lorsque vous achèterez des livres, ayez soin d'acheter de bons ouvrages ; car il importe peu d'avoir beaucoup de livres; mais il importe beaucoup d'en avoir de bons. Il vous importe autant de fuir les mauvaises compagnies, qu'il vous importe de fuir un pestiféré; car les mauvaises compagnies sont la peste de la jeunesse; vous devez donc les haïr plus que votre ennemi mortel. Nous haïssons plus un homme fourbe et perfide, que celui qui manifeste des principes contraires à la saine raison. Il nous importe peu de déclarer la guerre à nos ennemis; mais il nous importe beaucoup de la déclarer à nos passions. Il nous importe autant de veiller sur nous-mêmes, qu'il importe à un soldat de veiller à sa sûreté et à celle de l'armée dont il fait partie.

LXIX.

Que, après *Plus* ou *Moins*.....; *Quàm*.

Plùs, minùs fortitudinis *quàm* prudentiæ, etc.

De quelque manière qu'on exprime *plus* ou *moins*, le *que* suivant s'exprime toujours par *quàm*.

Exemples :

Plus Moins	}	de courage que de prudence;
Plùs *Minùs*	}	*fortitudinis quàm prudentiæ.*
Plus Moins	}	de villes que de bourgs;
Plures *Pauciores,*	}	*urbes quàm vici.*
Il est { plus moins	}	estimé que son frère;
Pluris *Minoris*	}	*æstimatur quàm frater.*

THÈMES.

Nos soldats ont plus de sagesse et de prudence, que de présomption et de témérité. L'avare a toujours eu moins d'amis que d'ennemis ; il estime plus son or et son argent que son âme ; il a plus d'ambition que de modération : cependant il a souvent plus de chagrins au milieu de ses trésors, que le pauvre dans sa chaumière ; sa conscience est moins tranquille que celle de l'homme qui n'a rien. Celui-ci est souvent plus estimé que celui-là. On dit que les Romains estimaient plus la pauvreté, jointe à la vertu, que les richesses. Les Païens de ce temps-là avaient donc une idée plus juste de la vertu et du vrai mérite, que les Chrétiens d'aujourd'hui ; car nous voyons que les Chrétiens font plus de cas du riche vicieux, que du pauvre vertueux.

Charles-Quint montrait un jour à son fils une couronne d'or magnifique, et un casque d'acier. La couronne, qui était enrichie de pierreries, était plus brillante et plus estimable que le casque ; cependant le jeune prince fit plus de cas du casque que de la couronne. Lorsque son père lui eut demandé lequel des deux il voulait prendre, il ne fit pas difficulté de dire : J'aime mieux le casque que la couronne. En effet, le casque, qui est l'emblème du défenseur de la patrie, convient mieux à un prince qu'une couronne, et lui fait plus d'honneur qu'un diadème enrichi d'or et de pierreries. C'est dans ce sens que Pyrrhus, interrogé auquel de ses deux fils il laisserait son royaume, répondit : « A celui qui en sera plus digne que l'autre ; à celui qui aura la meilleure épée et le meilleur bouclier. » Ce qui veut dire, au plus vertueux et au plus brave.

LXX.

Que, après *Autant*, *Aussi*.

Tantùm aquæ *quantùm* vini , etc.

Que, après les comparatifs *autant*, *aussi*, s'exprime de différentes manières, selon les différentes manières d'exprimer *autant*, *aussi* :

1.º Devant un nom et un verbe ordinaire, par *quantùm* ; si la chose peut se dire grande, par *quantus*, *a*, *um* ; si elle peut se compter, par *quot* ;

2.º Devant un adjectif et un verbe, par *quàm* ;

3.º Devant un verbe de prix ou d'estime, par *quanti* ;

4.º S'il est suivi de *peu*, par *quàm* ; mais alors *autant* s'exprime par *tàm magni* : ce qui n'a lieu qu'avec les verbes *refert*, *interest*, et avec les verbes de prix ou d'estime.

Exemples :

1.º Autant d'eau que de vin ; *Tantùm aquæ quantùm vini.*

Autant de modestie que de science ; *Tanta modestia quanta doctrina.*

Je vous aime autant que vous m'aimez ; *Tantùm te amo quantùm me amas.*

Autant de fruits que de fleurs ; *Tot fructus quot flores.*

2.º Aussi prudent que brave ; *Tàm prudens quàm fortis.*

3.º Je vous estime autant que vous m'estimez ; *Tanti te facio quanti me facis.*

4.º Il vous importe autant qu'il m'importe peu ; *Tuâ tàm magni refert quàm parvi meâ.*

THÈMES.

Turenne eut autant de valeur que de prudence ; il eut autant de sagesse que d'intrépidité ; il vainquit autant d'ennemis qu'il en rencontra ; il remporta autant de victoires qu'il livra de combats ; il fut aussi habile qu'expérimenté dans l'art militaire ; il fut aussi doux qu'affable ; il aima autant ses soldats que s'ils eussent été ses enfans : ses soldats l'aimaient autant que leur père. Les nations étrangères l'estimaient autant que les Français. Il défendit les limites du royaume, avec autant de courage que de valeur. Les nations alliées aimaient et estimaient ce héros, autant que nous. Il n'était pas moins estimé de ses ennemis que de ses soldats. Il lui importait autant de se faire respecter et aimer, qu'il lui importait peu de se rendre odieux et méprisable. Il importait autant aux nations voisines de rendre hommage à ses talens militaires, qu'il lui importait peu d'avoir à combattre des ennemis redoutables.

——————

Nous devons avoir autant de soin de notre âme que de notre corps ; nous devrions même en avoir plus pour l'âme que pour le corps, si nous étions de vrais Chrétiens ; mais nous le sommes de nom, et non de fait. Nous devrions prendre autant de précaution pour la partie la plus noble de nous, que nous en prenons pour la plus vile. Nous nous aimons et nous nous estimons beaucoup nous-mêmes ; mais nous ne nous aimons pas autant que nous devrions le faire, parce que l'amour que nous avons pour nous, est mal entendu ; nous devrions nous aimer pour Dieu et non pour le monde, pour l'avenir et non pour le présent. Nous devrions avoir autant d'empressement pour nous procurer un bonheur solide, et une gloire éternelle, que nous en avons pour nous procurer des plaisirs frivoles et passagers, dont nous jouissons aujourd'hui, et dont nous ne jouirons peut-être pas demain.

Dieu avait promis à Abraham autant de descendans qu'il y a d'étoiles au ciel ; ce patriarche fut plus chéri et plus estimé de Dieu, qu'aucun des descendans de Sem. Dieu lui accorda autant de grâces qu'il lui en avait promis ; il lui donna autant de terres que ses descendans purent en cultiver. Abraham était aussi habile dans l'astronomie qu'aucun des Chaldéens. Il alla en Egypte, où il se conduisit avec autant de prudence que de sagesse, et où il amassa autant de richesses qu'il lui en était nécessaire pour vivre. Loth, son neveu, qui était presque aussi riche que lui, se retira à Sodome, ville qui était aussi grande et aussi peuplée qu'agréable, mais qui était très-corrompue. Il se commettait plus de crimes dans cette ville, que dans aucune ville de l'Univers ; aussi Dieu la détruisit bientôt.

LXXI.

Quantùm prospicere possum, etc.

AUTANT *que*, au commencement d'une phrase, s'exprime par *quantùm*. *Autant*, *aussi*, à la fin d'une phrase, s'expriment selon les mots auxquels ils se rapportent. S'ils se rapportent à un nom de choses qui ne se comptent point, ils s'expriment par *tantùmdem* ; à un nom de choses qui se comptent, *totidem* ; à un adjectif, *item* ; à un verbe ordinaire, *tantùmdem* ; à un verbe de prix, *tantidem*.

Exemples :

Autant que je puis prévoir ; *Quantùm prospicere possum.*

Vous avez beaucoup de loisir, je n'en ai pas autant ; *Habes multùm otii, non habeo tantùmdem.*

J'ai beaucoup de livres, vous n'en avez pas autant ; *Sunt mihi libri benè multi, non sunt tibi totidem.*

Votre père était très-sage, vous ne l'êtes pas autant; *Pater tuus erat sapientissimus, tu non es item.*

Je vous aime beaucoup, vous ne m'aimez pas autant; *Multùm te amo, tu non me amas tantùmdem.*

Le vin se vend beaucoup, le pain ne se vend pas autant; *Vinum magni venit, non tantidem panis.*

THÈMES.

Autant que je puis vous connaître, il me semble que vous êtes un peu porté à la paresse et à la dissipation. Autant que je puis en juger par votre conduite, je crois que vous aimez assez le jeu et les plaisirs. Autant que je puis prévoir, vous ne ferez pas de grands progrès; vous dépensez cependant beaucoup d'argent : aucun de vos frères n'en dépensait autant. Vous avez beaucoup de mémoire : vos condisciples n'en ont pas autant. Vos frères ont aimé et estimé la science et la vertu : vous ne les estimez pas autant. Ils ont été sages et studieux : vous ne l'êtes pas autant; ils étaient très-obéissans à leurs maîtres : vous ne l'êtes pas autant; ils aimaient l'ordre : vous ne l'aimez pas autant; aussi ils remportaient plusieurs prix : vous n'en remportez pas autant.

~~~~~

Les riches ont beaucoup d'amis et beaucoup de crédit; les pauvres n'en ont pas autant. Cependant, autant que je puis croire, ce n'est pas la personne du riche qu'on aime et qu'on estime, c'est son argent; il est certain que s'il était privé de ses richesses, on ne l'estimerait pas autant. Les Grecs n'étaient pas très-habiles dans l'art militaire, mais ils étaient très-instruits; les Romains ne l'étaient pas autant. Le peuple romain était très-aguerri; aucun autre peuple ne l'était autant. Imitez votre père : ayez autant de douceur et autant de modestie
~~~~~

que lui, et vous serez autant estimé qu'il l'a été.
Vous remplissez vos devoirs de fautes : vos condisciples n'en font pas autant, quoiqu'ils aient moins
étudié que vous.

~~~~~

Les Anciens faisaient beaucoup de cas de l'agriculture : nous n'en faisons pas autant, quelque
utile et quelque nécessaire qu'elle soit au genre humain. Ils aimaient beaucoup la vie pastorale ; ils
avaient de nombreux troupeaux : nous n'en avons
pas autant. Ils avaient une grande vénération pour
leurs ancêtres : nous n'en avons pas autant. Ils
chérissaient beaucoup leur famille et leurs parens :
nous ne chérissons pas autant les nôtres. La Grèce
a produit beaucoup de grands hommes : je doute
que l'Italie en ait produit autant. J'aime beaucoup
l'Histoire Romaine ; la Grecque ne me plaît pas autant, quelque intéressante qu'elle soit. Quelque célèbre qu'ait été Athènes, Rome l'a bien été autant.

================================

LXXII.

Tàm prudens est *quàm qui maximè*, etc.

Après *aussi*, *autant*, on exprime de cette
manière :

Qu'homme du monde, Que qui que ce soit,	*Quàm qui maximè.*
Que chose du monde, Que quoi que ce soit ;	*Quàm quod maximè.*
Que jamais, Que lorsqu'il l'est le plus ;	*Quàm quàm maximè.*
Qu'en aucun lieu du monde, Qu'en quelque endroit que ce soit ;	*Quàm ubi maximè.*
~~~~~

Avec un verbe de prix ou d'estime, on met *quanti*, au lieu de *quàm*, et *plurimi*, au lieu de *maximè*.

Exemples :

Il est aussi prudent qu'homme du monde (*tournez*, que celui qui l'est le plus) ; *Tam prudens est quàm qui maximè*.

Il est autant estimé que qui que ce soit ; *Tanti fit quanti qui plurimi*.

Cela m'est aussi agréable que quoi que ce soit (*tournez*, que ce qui me l'est le plus) ; *Id mihi tàm gratum est quàm quod maximè*.

Il est aussi paresseux que jamais (*tournez*, que lorsqu'il l'est le plus) ; *Tàm piger est quàm quàm maximè*.

La vieillesse était aussi honorée à Lacédémone, qu'en aucun lieu du monde ; *Senectus tantùm honorabatur Lacedæmone quantùm ubi maximè* (après tous ces exemples, il y a un verbe sous-entendu.)

THÈMES.

Celui qui possède la vertu, est plus riche qu'homme du monde ; la vertu est un trésor qui est aussi précieux que quoi que ce soit : cependant aujourd'hui on la pratique moins que jamais. L'homme vertueux est moins estimé ici qu'en aucun lieu du monde. Les hommes vertueux étaient autant estimés à Rome et à Athènes, qu'en aucun lieu du monde. Les anciens Romains étaient aussi vertueux qu'aucun peuple du monde. Ils aimaient autant la justice et l'équité que qui que ce soit. Du temps d'Auguste, Rome était aussi florissante que jamais. L'empire était alors aussi étendu et aussi tranquille que jamais. L'Univers fut plus tranquille sous le règne de ce prince, qu'il n'ait jamais été.

La discipline militaire était aussi observée à Rome qu'en aucun lieu du monde. Sous le consulat de Paul-Emile, les Romains étaient aussi intrépides que jamais ; ils étaient alors aussi riches et aussi orgueilleux que jamais. L'or était aussi estimé à Rome, dans ce temps-là, que quoi que ce soit. Les sénateurs étaient alors plus corrompus que jamais. Les gouverneurs des provinces étaient aussi cruels et aussi injustes envers le peuple que jamais. La musique me plaît autant que quoi que ce soit. J'aime autant la joie et les amusemens que qui que ce soit ; mais je ne néglige pas pour cela mon devoir. Le peuple français est aujourd'hui plus éclairé et plus avide d'instruction que jamais.

LXXIII.

AUTANT *répété.*

Quantùm doctrinæ in eo adolescente, *tantùm* modestiæ inerat, etc.

Quand *autant* est répété, le premier tient lieu de *que*, et s'exprime de même par *quàm*, *quantùm*, *quot*, *quanti*, etc. ; le second, par *tàm*, *tantùm*, *tot*, *tanti*, selon les mots auxquels ils sont joints.

Exemples :

Autant ce jeune homme avait de science, autant il avait de modestie ; *Quantùm doctrinæ in eo adolescente, tantùm modestiæ inerat :* c'est comme s'il y avait, *ce jeune homme avait autant de modestie que de science* ; mais la phrase et renversée.

Autant d'hommes, autant de sentimens ; *Quot homines, tot sententiæ,* ou *quot capita, tot sensus.*

Autant la politesse plaît, autant la grossièreté déplaît ; *Quàm delectat urbanitas, tàm offendit rusticitas.*

Autant on avait acheté ce livre, autant on l'a vendu ; *Quanti liber ille emptus fuerat, tanti venditus est.*

THÈMES.

Autant Bossuet l'emporte en éloquence sur les autres orateurs de son siècle, autant Homère surpasse, par la fécondité de son génie, tous les autres poëtes grecs. Autant j'ai rendu de services, autant j'ai fait d'ingrats. Autant les hommes à qui j'ai fait du bien m'avaient aimé, autant ils me méprisent. Les arbres de ce jardin sont très-fertiles ; autant vous voyez de fleurs, autant vous verrez de fruits. Autant la vertu plaît, autant le vice déplaît. Autant nous estimons les gens vertueux, autant nous méprisons les vicieux ; autant nous devons fuir ceux-ci, autant nous devons fréquenter ceux-là. Autant les premiers sont utiles à la société, autant les seconds lui sont nuisibles.

———

Romulus et Numa étaient d'un caractère bien différent ; autant le premier aimait la guerre, autant le second aimait la paix. Autant la justice était estimée des Anciens, autant elle est méconnue des Modernes. Autant les lois de Solon étaient faciles à observer, autant celles de Dracon étaient dures et cruelles. Autant j'ai souhaité de ne pas être l'auteur de votre mort, autant je crains qu'un autre ne le devienne. Autant je vous aime et vous estime, autant je voudrais pouvoir vous conserver. Autant vous avez eu de bonté pour moi, autant je voudrais pouvoir vous témoigner ma reconnaissance. Autant nous avons livré de combats, autant nous avons remporté de victoires. Autant nous avons attaqué de nations, autant nous en avons vaincu. Autant nous avons assiégé de villes, autant nous en avons pris.

RÉCAPITULATION,

Depuis le n.° 63, jusqu'au n.° 73.

QUE *Adverbe.*

THÈME.

QUE n'êtes-vous doux, affable et libéral envers tout le monde? Que ne faites-vous du bien aux autres, lorsque vous le pouvez? Que ne vous attirez-vous leur estime et leur amitié? Vous avez de grandes richesses; vous devez donc en faire part aux autres; c'est pour cela que Dieu vous les a données. Que tardez-vous à les distribuer à ceux qui en ont besoin? Que ne soulagez-vous vos frères qui gémissent dans la misère? Que ne leur donnez-vous au moins votre superflu? Que vous en coûterait-il de faire le sacrifice du superflu que Dieu vous donne? vous en recevriez cent fois plus que vous n'en dépenseriez. Quel cas faites-vous de la récompense que Dieu promet à l'homme bienfaisant et libéral? Qu'estimez-vous de la gloire?

———

QUE *de désir.*

THÈMES.

QUE je voudrais, mes amis, pouvoir vous faire comprendre combien l'avarice des princes nuit aux sujets! Un Calife nouvellement élevé à cette dignité, faisait entasser dans les coffres de son palais, l'or qu'il avait enlevé à ses peuples par des impôts excessifs, et ne pensait à autre chose qu'à les bien remplir. Fasse le Ciel, s'écriait-il de temps en temps, que je vive assez pour les remplir! Un sage vieillard de la cour frémit d'indignation la première fois qu'il entendit ces mots, et voulut s'éloigner ; le Calife l'arrête : Où vas-tu ? lui dit-il. — Pardonnez-moi, Seigneur, répondit le vieillard ; je ne vous dirai que la vérité, je ne vous dirai que ce que j'ai vu de mes yeux, et ce que j'ai entendu de mes oreilles ; et je ne vous dirai rien, que vous n'éprouviez vous-même, si vous venez à bout de vos desseins ; je ne vous dirai rien enfin qui soit contraire à votre bonheur et à votre prospérité.

~~~~~

Seigneur, lorsque je vous ai entendu dire : Fasse le Ciel que je vive assez pour remplir mes coffres d'or ! je me suis ressouvenu que votre aïeul n'avait pensé qu'à amasser de l'argent, et qu'il n'avait cessé d'accabler son peuple d'impôts, qu'après avoir rempli ses coffres ; qu'après sa mort, votre père soupira en les voyant, et, en songeant aux vexations qu'il avait faites à son peuple, il s'écria, en versant un torrent de larmes : Oh ! Dieu de Mahomet, faites-moi vivre assez pour employer ces richesses à rendre mes sujets heureux ! — A ce récit, le Calife ouvrant les yeux, fit publier la diminution des impôts, et ne fit percevoir que les sommes nécessaires aux dépenses publiques.

Q u e. *d'admiration.*

Adverbes de quantité, etc.

T H È M E S.

Que votre aveuglement est grand, de croire que le monde est l'ouvrage du hasard ! Qu'il faut être insensé pour admettre une pareille absurdité ! Que votre sort est déplorable ! Levez les yeux au ciel : que de merveilles n'y voyez-vous pas ! quel ordre,
~~~~~

quelle harmonie dans toute la nature ! quelle grandeur, quelle majesté règne dans tout le firmament !
quelle beauté, quelle clarté dans tous ces grands
corps ! Quel bras a pu vous suspendre, innombra-
bles étoiles? Jetez maintenant les yeux sur la terre,
et voyez que de plantes différentes ! que d'arbres !
que de fruits ! que d'oiseaux dans les forêts ! que
de poissons dans les eaux ! que d'animaux, que de
reptiles, où brillent la majesté et la puissance de
celui qui en est l'auteur, et où l'on ne peut s'empêcher de le reconnaître !

Que de libertins, cependant, qui ne veulent
point reconnaître que ce soit l'ouvrage d'une puissance infinie ! Ce sont des aveugles volontaires,
qui, en niant l'existence de Dieu, voudraient, s'il
était possible, se persuader qu'il n'y en a point ;
mais ils n'en viendront jamais à bout, parce que la
nature a gravé dans leur cœur, en caractères ineffa-
çables, une voix qui crie sans cesse qu'il existe un
Dieu vengeur du crime, et rémunérateur de la
vertu. Un peu d'attention, un peu de réflexion, un
peu de bon sens leur ouvriraient les yeux sur leur
erreur, ou plutôt sur leur opiniâtreté à résister à la
voix de la nature ; mais combien y en a-t-il qui
pensent et qui réfléchissent ! c'est trop fatigant
et trop importun pour eux. Peu importe, disent-
ils, qu'il y ait un Dieu ou non ! ce dernier parti est
le plus conforme à nos passions et à nos désirs ; il
nous importerait même beaucoup de pouvoir nous
persuader cette vérité.

Qu'il y a de princes qui, invincibles à l'ennemi,
sont vaincus par la colère ou par l'ambition ! qu'il
y en a peu qui résistent à ces deux passions ! que ces
derniers sont dignes de louange ! Les Athéniens

étant convaincus que Philippe était un ennemi assez dangereux, lui envoyèrent des ambassadeurs pour capter sa bienveillance. Ce prince les écouta avec la plus grande bonté, et leur demanda ce qu'il pourrait faire de plus agréable pour le peuple d'Athènes. — Vous lui feriez un grand plaisir, répondit aussitôt Démocrate, l'un des ambassadeurs, si vous vouliez vous pendre. — Tous ceux qui étaient présens furent indignés de cette réponse. Puisque dans votre compagnie il y a des gens si insolens, répondit le roi, dites aux Athéniens que leurs ambassadeurs sont plus orgueilleux que Philippe, qui écoute leurs insolences, et qui n'en tire point vengeance. Qu'une telle modération est admirable !

Qu'un ami sincère est estimable ! qu'il est rare d'en trouver un ! Que de gens qui abondent en toutes sortes de richesses, et qui n'ont pas un vrai ami dans le monde ! Si vous êtes assez heureux pour en trouver un, conservez-le avec grand soin ; il n'y a aucun trésor qui soit plus précieux. Si l'on vous demandait lequel des deux aimeriez-vous mieux perdre, de votre ami ou de vos richesses, répondez, que vous préférez un vrai ami à tous les trésors du monde. Vous êtes un peu surpris de ce que je vous dis, lorsque vous considérez le grand nombre de ceux qui se disent nos amis. Cessez de l'être, et comprenez combien peu d'entr'eux méritent ce titre, et combien il importe de bien choisir.

Qu'il y a peu de sagesse parmi les hommes ! Qu'on découvre de vide dans la vie ! Que nous devrions estimer la vertu, puisqu'elle ne nous peut être enlevée, ni par force ni par surprise ! Cependant, combien peu de gens qui s'abstiendraient du vice, si on leur promettait l'impunité ! On ne peut rien trouver de plus misérable, qu'un homme qui est engagé dans les liens de l'ambition : combien de craintes en lui ! combien d'irrésolution ! que de peines, que de soucis, que d'inquiétudes qui déchirent ses entrailles, et rongent sans cesse son cœur ! Que le sort de l'homme sage et vertueux est préférable ! que sa vie est heureuse ! que sa mort sera tranquille ! que les récompenses qui lui sont réservées seront grandes !

***

Il nous importe assez de connaître les grands hommes de l'antiquité ; cette connaissance est utile, et même nécessaire. Il y en a dans le nombre qu'on aimait et qu'on estimait beaucoup ; mais il y en a aussi qu'on haïssait plus que s'ils eussent été des monstres. On les fuyait plus qu'on ne fuit un ennemi mortel : cependant la plupart de ces grands hommes avaient beaucoup de talens ; mais ç'a toujours été la coutume d'estimer les uns plus que les autres, d'aimer les uns plus que les autres : cela ne veut pas dire que ceux qu'on haïssait n'eussent autant de bonnes qualités que ceux qu'on aimait ; ils en avaient quelquefois plus, mais l'opinion publique était telle. J'estime bien autant les anciens orateurs et les anciens historiens, que les modernes.

***

Il vous importerait autant d'avoir de bonnes qualités, qu'il vous importerait peu d'avoir des vices. Si vous étiez vertueux, vous seriez le plus aimable jeune homme que la nature eût formé ; mais vous l'êtes trop peu. Nous aimons les jeunes-gens vertueux, autant que nous les estimons. Nous les estimons autant pour leurs vertus, que nous les haïssons pour leurs vices. Autant que je puis croire, les Grecs l'emportaient autant sur les Romains en science, que ceux-ci l'emportaient en bravoure sur ceux-là. Les Grecs avaient beaucoup d'urbanité ; les Romains n'en avaient pas autant. Les mœurs des premiers étaient douces ; celles des seconds ne l'étaient pas autant. Les Grecs avaient beaucoup de goût pour la poésie et les sciences ; les Romains n'en avaient pas autant.

Démosthène était aussi éloquent que qui que ce soit ; aussi les Grecs l'estimaient autant que qui que ce soit. Autant qu'on puisse en juger d'après l'histoire, l'éloquence était aussi estimée à Athènes qu'en aucun lieu du monde. Périclès était aussi éloquent et aussi bon politique qu'homme du monde ; il aimait autant la magnificence et la grandeur que qui que ce soit, et il avait plus d'adresse pour gouverner les peuples qu'homme du monde. Dans cette république, il y eut autant de courage et de grandeur d'âme qu'en aucun lieu du monde, excepté à Rome ; les belles-lettres et l'art militaire y étaient plus estimés que quoi que ce soit.

Le courage était aussi estimé à Lacédémone, qu'en aucun lieu du monde. Les soldats de Sparte observaient mieux la discipline militaire, du temps de Léonidas, que jamais. Ces braves Spartiates avaient autant d'ardeur dans les combats, que de discipline dans les garnisons. Lorsqu'ils étaient attaqués par les armées formidables du roi des Perses, ils étaient plus courageux et plus intrépides que jamais. Les lois étaient aussi observées dans cette république, du temps de Solon, que lorsqu'elles l'ont été le plus, et les enfans y étaient aussi bien élevés qu'en aucun lieu du monde. Ce grand homme, qui fut mis au nombre des Sages de la Grèce, avait autant de désintéressement et de grandeur d'âme que qui que ce soit ; il aimait autant la justice que qui que ce soit.

~~~~~~

Tous les Grecs en général étaient des hommes très-belliqueux ; autant ils avaient de courage et de valeur, autant ils avaient de prudence et d'intrépidité. Autant ils étaient méprisés des Perses, autant ils leur étaient redoutables. Autant de soldats dans une armée de Spartiates, autant, pour ainsi dire, de héros. On en voit un exemple dans la poignée de gens que Léonidas, roi de Sparte, opposa à l'armée innombrable du roi de Perse, au passage des Thermopyles. Cette armée n'était composée que de trois cents hommes : mais on y comptait autant de héros que de soldats, puisque tous étaient disposés à vaincre, ou à mourir le fer à la main. Aussi ils arrêtèrent, pendant trois jours, une armée de Perses, composée de douze cent mille hommes, et périrent tous en combattant courageusement. Autant cet exemple de valeur est unique, autant il est frappant.

~~~~~~

Le sage, qui dit plus en peu de mots que l'insensé en plusieurs, dit que la bonne chère fait périr plus d'hommes que l'épée. Souvénez-vous bien tous, tant que vous êtes, de ces paroles : vous verrez combien le luxe nuit au bonheur et à la vie de l'homme ; combien le sage a raison de parler de la sorte ! Souvent il y a plus de sagesse dans un seul homme, que dans une multitude ; moins de personnes s'occupent des vrais biens que des faux, tant est grand l'aveuglement des hommes ! Cependant il y a souvent moins de peine (1) à cher-

____

(1) *Avoir de la peine*, devant un infinitif, s'exprime par difficile, et *n'avoir pas de peine* par facile.

cher et à faire le bien que le mal. Voulez-vous savoir comment se conduit un homme sage dans la prospérité? il donne son superflu à ceux qui sont dans le besoin ; il est doux et libéral envers tout le monde ; il donne à ses amis plus d'autorité sur soi, qu'il ne leur en donnait auparavant : il n'oublie pas de remercier Dieu qui lui a donné tous ces biens, et les emploie à faire des heureux.

LXXIV.

D'autant plus, d'autant moins que....;
hòc, eò ; quò ou quòd.

Eò modestior est *quò* doctior, etc.

1.º D'AUTANT, devant *plus*, *moins*, s'exprime par *hòc*, *eò* ou *tantò*; 2.º *plus*, *moins*, s'expriment ensuite selon les mots auxquels ils se rapportent ; 3.º *que* s'exprime par *quò* ou *quantò*, s'il est suivi d'un comparatif auquel il se rapporte ; sinon, il s'exprime par *quòd*. Cette règle a lieu, même quand *d'autant plus* est suivi de deux *que*.

A proportion que, se tourne par *d'autant plus*, et s'exprime de même.

Exemples :

Il est d'autant plus modeste, qu'il est plus savant (*tournez*, il est plus modeste par cela qu'il est plus savant) ; *Eò modestior est, quò doctior* (c'est comme s'il y avait : *in eo negotio modestior est, in quo doctior est*).

Il est d'autant moins estimé, qu'il est plus orgueilleux ; *Eò minoris fit, quò superbior est.*

Vos condisciples l'emporteront d'autant plus sur vous, que vous l'emporterez sur eux ; *Tantò tibi tui præstabunt condiscipuli, quantò illis tu præstas.*

Cela a paru d'autant plus surprenant, qu'on ne s'y attendait pas, *ou en ce que cela n'était pas attendu*; *Id eò mirabilius visum est, quòd à nemine expectabatur.*

Vous êtes d'autant plus blâmable, que vous êtes plus paresseux que vos compagnons; *Eò vituperabilior es, quò pigrior es quàm tui condiscipuli* (c'est-à-dire, *in eo negotio vituperabilior es, quòd....*; parce que, *ou* en ce que). .

Il est plus modeste à proportion qu'il est plus savant (*tournez*, il est d'autant plus......); *Eò modestior est, quò doctior.*

THÈMES.

Les enfans sont d'autant plus estimables, qu'ils sont plus sages. Le travail est d'autant moins pénible, qu'il est plus court. Les sciences sont d'autant plus estimables, qu'elles sont plus utiles. Les couleurs sont d'autant plus belles, qu'elles sont plus variées. L'homme est d'autant plus heureux, qu'il a moins de passions ; il est d'autant plus estimé, qu'il a moins de vices. Les enfans sont d'autant plus chéris de leurs maîtres et de leurs parens, qu'ils sont moins vicieux. La vieillesse est un bien d'autant plus désirable, qu'elle n'est pas accordée à tous les hommes. Je vous suis d'autant plus redevable, que vous avez été plus libéral envers moi, que moi envers vous.

On rencontre aujourd'hui d'autant plus de plagiaires, que l'impunité accompagne presque toujours les larcins qu'ils font aux autres. Il est d'autant plus honteux de voler un écrivain, qu'on pourrait l'égaler en l'imitant. Il est de notre intérêt de travailler et d'acquérir des connaissances, qui sont aujourd'hui d'autant plus nécessaires, que le gouvernement n'appelle aux emplois de l'état que les gens instruits et vertueux. Les professeurs estiment et favorisent les élèves, à proportion qu'ils travaillent. Vous serez estimé des hommes sages, à proportion que vous serez vertueux. L'éducation me paraît d'autant plus nécessaire, que l'homme ne peut presque rien faire sans elle, et qu'il est généralement méprisé.

***

Vous deviendrez savant, à proportion que vous travaillerez. Vos parens vous aimeront et vous favoriseront, à proportion que vous remporterez plus de prix que vos condisciples, et que vous ferez plus de progrès qu'eux. Vous serez d'autant plus estimé, que vous serez plus obéissant à vos parens que vos frères. Les hommes sont et seront malheureux, à proportion qu'ils s'éloigneront de la vertu. Quelque instruction que vous ayez reçue, vous ne serez estimé et favorisé, qu'à proportion que vous la mettrez en pratique. Vous êtes d'autant plus redevable à vos parens, qu'ils ont été plus bienfaisans envers vous, que vous ne l'êtes envers eux. Les pauvres sont aujourd'hui d'autant plus à plaindre que personne ne pense à eux.

***

Les ignorans ont d'autant plus de paroles, qu'ils ont moins de connaissances que les savans ; les savans ont d'autant plus de modestie et de simplicité, qu'ils sont plus instruits que les autres. Dieu nous demandera un compte d'autant plus rigoureux, que les grâces qu'il nous aura accordées auront été plus grandes que celles qu'il a accordées aux autres. Nous devons tenir ce compte d'autant plus en règle, que l'heure à laquelle il nous le demandera est plus incertaine. Nous serons punis ou récompensés, à proportion de nos bonnes ou mauvaises actions. Ce jugement sera d'autant plus rigoureux.

pour les pêcheurs, que Dieu aura été plus libéral
à leur accorder les moyens dont ils avaient besoin
pour faire le bien, qu'il ne l'a été envers tant d'autres qui sont encore assis dans les ténèbres de l'idolâtrie.

LXXV.

Plus, *moins*, répétés, *quò*, *eò*, *hòc*, etc.

Quò doctior, *eò* modestior est, etc.

1.º PLUS, *moins*, répétés, sont la même chose
que *d'autant plus*, *d'autant moins* : mais la phrase
est renversée : ainsi l'on met *quò* devant le premier *plus*, *moins* ; *eò* devant le second, en exprimant toujours *plus*, *moins*, selon les mots auxquels ils se rapportent. Lorsqu'il y a un *que retranché* devant le premier *plus*, *moins*, ce *que* re-
tombe sur le second *plus*, *moins*, ou, ce qui est
la même chose, ce *que* a pour régime le verbe qui
suit le second *plus*, *moins*.

2.º *Plus on*, *plus une personne*, se tournent par
plus quelqu'un, et s'expriment par *quò quis* avec
un comparatif. *Plus une chose*, se tourne par *plus
quelque chose*, et s'exprime par *quò quid* (pour
quò aliquis, *aliquid* : après *quò*, on retranche
ali). *Moins on*, *moins une personne*, *moins une
chose*, se tournent par *moins quelqu'un*, *moins
quelque chose*, et s'expriment par *quò quis*, *quò
quid*, avec un comparatif encore. *Moins* s'exprime
toujours selon les mots auxquels il se rapporte. On
pourrait encore exprimer le premier *plus on*, par
ut quisque avec un superlatif, et le second
par *ità*, avec un superlatif encore. S'il n'y avait
point d'adjectif ou d'adverbe dont on pût faire le
superlatif, il faudrait ajouter *maximè*, *potissimùm*, etc.

Exemples :

Plus il est savant, plus il est modeste ; *Quò doctior, eò modestior est.*

Tout le monde convient que plus une chose est difficile, plus il faut y apporter de soin ; *Fatentur omnes , quò quid difficiliùs est , eò majorem adhibendam esse curam.*

Plus on est vicieux , plus on est malheureux (*tournez , plus quelqu'un....*) ; *Quò quis vitiosior, eò miserior est ;* ou bien, *ut quisque vitiosissimus, ità miserrimus est.*

THÈMES.

Plus vous serez sage et studieux, plus vous serez aimé de vos parens et de vos maîtres ; plus vous travaillerez, plus vous ferez de progrès dans les sciences et dans la vertu : plus vous serez paresseux , plus vous serez méprisé des autres. Moins vous aurez de courage, moins vous triompherez aisément des difficultés que vous rencontrerez; plus vous ferez d'efforts, plus vous deviendrez habile dans l'art de traduire le latin en français , et le français en latin. Plus les voyageurs voient de pays, plus ils racontent de fables; plus ils mentent, plus ils deviennent enclins au mensonge. Plus les hommes sont vicieux , plus ils veulent paraître vertueux ; plus ils vivent , plus ils veulent vivre.

~~~~~~

Plus vous serez vertueux , plus vous serez estimé de Dieu et des hommes. Moins vous aurez de richesses, moins vous aurez de soins et de désirs. Plus on est riche, plus on veut le devenir. Plus on a de passions à combattre, plus on doit s'aguerrir. Plus on éprouve de privations, plus on trouve agréables les plaisirs dont on jouit dans la suite. Moins on est homme de bien , plus on est blâma-
~~~~~~

ble. Tout le monde sait que plus Alexandre remportait de victoires, plus il désirait d'en remporter. Nous n'ignorons pas que plus l'ambitieux a, plus il désire. Ce jeune homme est si opiniâtre, que plus vous lui résisterez, moins il vous cédera (1). Plus vous aurez commis de fautes, moins je vous estimerai.

<center>~~~~~~</center>

Plus on a de peuples à gouverner, plus il faut de ministres, pour faire par eux ce qu'on ne peut faire par soi-même. Plus on a besoin d'hommes à qui l'on confie l'autorité, plus on est exposé à se tromper dans le choix. Plus on étudie, plus on veut étudier ; plus on a acquis de connaissances, plus on veut en acquérir. Il est certain que plus on est savant, plus on est persuadé de son ignorance. Nous savons que plus on apprend, plus on devient curieux ; que plus une chose est difficile, plus on veut la connaître à fond. Nous disons que plus on est homme de bien, plus on croit que les autres le sont. Moins on méprise les autres, moins on en est méprisé.

<center>~~~~~~</center>

Plus une personne est dans le besoin, plus nous devons la secourir. Plus l'avare amasse de trésors, plus il devient misérable. Plus nous avons de lois, moins il est facile de les observer. Plus vous perdrez de temps, moins vous profiterez. Moins on est avide de richesses, plus on est heureux. Plus vous aurez de désirs, moins vous serez heureux et tranquille. Vous savez que plus on fait de progrès, plus on obtient de récompenses à la fin de l'année.

---

(1) Il peut se faire qu'il y ait *plus* au premier membre de la phrase, et *moins* au second, ou *moins* au premier, et *plus* au second, mais cela ne change rien dans le latin. *Ex.* : Moins on est savant, plus on est orgueilleux ; *Quò quis minùs est doctus, eò magìs superbit.*

L'Évangile nous dit que moins nous aurons de plaisirs dans ce monde, plus nous serons heureux dans l'autre. Tout le monde convient que plus une chose est pénible, plus elle procure de gloire à celui qui en vient à bout.

LXXVI.

Le plus, le moins.

Doctissimus ou *maximè doctus*, etc.

LE *plus*, *le moins*, s'expriment de différentes manières en latin, selon les différens mots auxquels ils sont joints.

1.º Lorsqu'ils sont joints à un adjectif ou à un verbe ordinaire, ils s'expriment ainsi :

Exemples :

$$\text{Le} \begin{cases} \text{plus} \\ \text{moins} \end{cases} \text{savant} ; \begin{cases} doctissimus ; \\ (\text{ou } maximè\ doctus) \\ minimè\ doctus. \end{cases}$$

$$\text{Il travaille le} \begin{cases} \text{plus} \\ \text{moins} ; \end{cases} \begin{cases} maximè \\ minimè \end{cases} laborat.$$

2°. Lorsqu'ils sont joints à un verbe de prix ou d'estime, ils s'expriment ainsi :

Exemple :

$$\text{L'enfant que j'estime le} \begin{cases} \text{plus} \\ \text{moins} ; \end{cases} puer\ quem \begin{cases} plurimi \\ minimi \end{cases} facio.$$

THÈMES.

Les Égyptiens et les Athéniens ont été les plus superstitieux de tous les peuples : cependant ces deux peuples étaient les plus voisins des Juifs, parmi lesquels le vrai Dieu était connu. C'est de la

Grèce et de l'Egypte que sont sortis les meilleurs législateurs (excepté Moïse) ; ils se faisaient un devoir de commander aux parens d'avoir le plus grand soin , et la plus grande attention , pour l'éducation de leurs enfans. Le peuple romain a été le plus belliqueux de tous les peuples de l'antiquité. Rome a été la plus illustre et la plus puissante de toutes les villes du monde. L'enfant le plus vertueux est celui que j'estime le plus, comme le moins vertueux , est celui que j'estime le moins. Aujourd'hui l'état militaire est celui qu'on estime le plus en France, tandis qu'autrefois c'était celui dont on faisait le moins de cas ; c'était même celui qu'on méprisait le plus.

Henri quatre était le meilleur roi qui eût jamais existé. Sully était le ministre le plus vertueux qu'on eût jamais vu. De toutes les histoires (1), l'histoire romaine est celle que j'aime et que j'estime le plus. L'empereur que le peuple romain estima le plus , fut Titus. Le sénat romain était l'assemblée la plus sage et la plus judicieuse qu'il y ait jamais eu. De tous les poëtes , Virgile est celui que j'estime le plus , Martial est celui dont je fais le moins de cas. Ceux que nous devons fréquenter le plus , ce sont les gens de bien. Les méchans sont ceux que nous devons fuir le plus , et que nous devons estimer le moins. Les élèves qui travaillent le plus , et qui sont les plus obéissans, sont ceux que nous aimons et que nous estimons le plus ; les paresseux sont ceux que nous aimons et que nous estimons le moins.

____

(1) *De*, au commencement d'une phrase , s'exprime par *è* ou *ex.*

Esto *quàm facillimus,* etc.

3.° *Le plus*, *le moins*, joints à un adjectif *ou* à un adverbe suivi d'un *que* adverbe, s'expriment ainsi :

Exemples :

Soyez le plus indulgent que vous pourrez ; *Esto quàm facillimus.*

Soyez le moins indulgent que vous pourrez ; *Esto quàm minimè facilis.*

4.° Joints à un nom singulier suivi d'un *que* adverbe, ils s'expriment de cette manière :

Exemples :

Il a employé le plus de diligence qu'il a pu, *Adhibuit quàm plurimùm potuit diligentiæ*, ou *quàm plurimam potuit diligentiam.*

Il a employé le moins de diligence qu'il a pu ; *Quàm minimùm potuit diligentiæ adhibuit*, ou *quàm minimam potuit diligentiam adhibuit.*

THÈMES.

Soyez, mon enfant, le plus obéissant qu'il vous sera possible. Acquittez-vous de vos devoirs le plus exactement que vous pourrez. Apportez-y le plus d'attention et le plus d'application qu'il vous sera possible. Travaillez le plus que vous pourrez pour devenir savant, et pour contenter vos maîtres et vos parens. Je vous engage à lire le plus souvent que vous pourrez, et à graver ce que vous lirez dans votre mémoire le plus profondément qu'il vous sera possible. Les jeunes-gens studieux s'appliquent le plus qu'ils peuvent, et perdent le moins de temps qu'il est possible. Un bon écolier travaille le plus qu'il peut ; il manque à ses devoirs le moins qu'il peut. Ayons le moins de tristesse et de chagrin que nous pourrons ; nous avons le plus grand besoin de la gaîté pour dissiper les ennuis de cette vie. Ayons le moins de commerce que nous pourrons avec les méchans, si nous voulons être bons.

———

Votre père réunissait chez lui le plus de gens qu'il pouvait. Il était seul le moins qu'il pouvait. Il avait la plus grande aversion qu'on puisse avoir pour la solitude. Vous n'êtes pas comme lui : vous êtes en compagnie le moins que vous pouvez. Vous avez pour la solitude le plus grand amour qu'on puisse avoir. Vous employez le plus de soin que vous pouvez, à éviter le commerce de toute espèce de personnes. Les élèves doivent écouter, le plus attentivement qu'ils peuvent, les instructions qu'on leur fait. Ils doivent montrer le plus de docilité qu'il leur sera possible. Mes amis, soyez le moins dissipés que vous pourrez, et assistez à la messe le plus dévotement qu'il vous sera possible. Ayez le moins d'orgueil que vous pourrez : ce vice est insupportable dans les jeunes-gens.

———

Quàm plurimos potuit libros legit, etc.

5.º *Le plus*, *le moins*, joints à un nom pluriel de choses qui se comptent, suivi d'un *que* adverbe, s'expriment de la manière suivante :

Exemples :

Il a lu le plus de livres qu'il a pu ; *Quàm plurimos potuit libros legit.*

Il a lu le moins de livres qu'il a pu ; *Quàm paucissimos potuit libros legit.*

6.º Joints à un adjectif suivi d'un *qui* ou *que* relatifs, ils s'expriment ainsi :

Exemples :

Il est le plus savant que je connaisse ; *c'est-à-dire,* de tous ceux que je.......; *Est omnium quos noverim doctissimus , maximè doctus.*

Il est le moins savant que je connaisse ; *c'est-à-dire ,* de tous ceux que je.......; *Est omnium quos noverim minimè doctus.*

THÈMES.

Jupiter passait pour le père des Dieux que les Anciens honoraient. Ce Dieu était le plus puissant qu'on connût; c'était le plus grand et le plus redoutable qu'il y eût dans l'Olympe. Turenne était un des plus habiles généraux qu'on eût jamais vus. Il était le plus brave et le plus modeste des princes qui aient jamais existé. Il vainquit le plus d'ennemis qu'il put, il versa le moins de sang qu'il lui fut possible; il prit le plus de villes qu'il put. Votre frère pratique la vertu le moins qu'il peut. Télémaque est le meilleur roman que je connaisse. Votre père, que j'estime beaucoup, est le plus prudent que j'aie vu. Le maître qui vous fait la classe, est le meilleur et le plus doux que je connaisse; c'est le seul que j'estime.

***

Ce pauvre vieillard, à qui vous avez donné quelques pièces de monnaie, était le plus misérable de tous ceux que vous avez secourus. Il était le moins vêtu de tous ceux qui vous ont demandé l'aumône. Cicéron et Démosthène étaient les plus éloquens et les moins intrépides, dont l'histoire fasse mention. Le siége de Jérusalem, par l'empereur Titus, est un des événemens les plus remarquables dont il soit parlé dans l'histoire. La seconde guerre punique est la plus intéressante dont il soit parlé dans Tite-Live. Cet historien a donné à Annibal le moins de bonnes qualités qu'il a pu, tandis qu'il lui a attribué les plus grands crimes et les plus mauvaises qualités qu'il a pu imaginer.

LXXVII.

Tant que......

Tantùm doctrinæ *quantùm* arrogantiæ, etc.

TANT *que*, s'exprime de différentes manières, selon les différens mots auxquels il est joint.

1.º Si *tant que* peut se tourner par *autant que*, on l'exprime de même. Si, au contraire, il ne peut pas se tourner par *autant que*, c'est-à-dire, s'il n'y a pas de comparaison, le *que* suivant s'exprime par *ut*, avec le subjonctif, et *tant*, selon les mots auxquels il est joint; 2.º s'il est joint à un adjectif, à un adverbe, à un nom *ou* à un verbe ordinaire (1), et qu'il puisse se tourner par *tant il est, tant est, tant on a, tant le*, etc., il s'exprime par *adeò*; 3.º s'il est joint à un verbe de prix, par *tanti* (2); 4.º à un comparatif *ou* à un verbe d'excellence, par *tantò*.

Exemples :

1.º Tant de science que de présomption ; *Tantùm doctrinæ, quantùm arrogantiæ*, ou *tanta doctrina.....*

Tant de fruits que de fleurs; *Tot fructus quot flores.*

Il a reçu tant de coups, qu'il en est mort; *Tot plagas accepit, ut mortuus sit.*

(1) Devant un verbe ordinaire, on l'exprime assez souvent par *sic, ità, tantùm* ou *tantoperè*.

(2) On l'exprime de même avec *refert* et *interest*.

J'estime tant la vertu, que je la préfère à tous les trésors; *Tanti facio virtutem, ut eam thesauris omnibus anteponam.*

2°. Tant est rare une amitié fidèle; *Adeò rara est fidelis amicitia.*

Tant le genre humain était abandonné; *Adeò destitutum erat genus humanum.*

3.ᵉ Je l'estime tant que.....; *Eum tanti facio ut..*

4.° Tant pis; *Tantò pejùs.* Tant mieux; *Tantò meliùs.*

Tant la sagesse l'emporte sur les richesses; *Tantò præstat divitiis sapientia.*

THÈMES.

Les soldats de cette armée n'ont pas tant de courage que de présomption. Les enfans doivent montrer tant d'obéissance que leurs parens soient contraints de les aimer. Vous avez tant commis de fautes, que vous n'avez plus de pardon à espérer. Alcibiade avait tant de vices, qu'il était détesté de tous les Athéniens. Périclès avait tant d'éloquence, que l'on disait que Minerve parlait par sa bouche. Alcibiade l'aimait tant, qu'il ne pouvait le quitter. Vous savez que les Athéniens aimaient tant les sciences et les arts, qu'ils récompensaient ceux qui se distinguaient par leurs talens. Vous n'ignorez pas que les Romains avaient subjugué tout l'Univers, tant ils étaient plus vaillans que les autres peuples; tant ils étaient habiles dans l'art de la guerre.

L'histoire ancienne nous apprend que les philosophes grecs aimaient tant la science, qu'ils ne faisaient pas difficulté de traverser les mers pour aller dans des pays où ils pussent perfectionner leurs connaissances. Ils estimaient tant la science, qu'ils la préféraient à leur repos et à leur fortune.

La plupart des Romains avaient tant d'amour pour leur patrie, qu'ils sacrifiaient volontiers leur vie pour elle. Les bons princes font tant de cas des savans, qu'ils leur prodiguent les richesses et les faveurs. Nous avons tant de moyens de servir notre patrie, et il nous importe tant de bien mériter d'elle, qu'il est honteux pour nous de ne pas sacrifier nos biens et même notre vie pour son salut. Celui qui pardonne à son ennemi, est aussi grand que qui que ce soit, tant le pardon des injures est rare. Il n'y a pas tant de riches sur la terre, que de pauvres.

Il y a cette année tant de blé et de pommes, que le prix du pain et du cidre commence à diminuer. Les ignorans ne trouvent pas tant de ressources que les savans, tant la science l'emporte sur l'ignorance ! tant l'érudition est précieuse ! tant un homme instruit est aimé et estimé ! Tant pis pour ceux qui n'osent pas réclamer de leurs amis les services dont ils ont besoin. Tant mieux pour ceux qui possèdent tant de connaissances et tant de talens, qu'il en faut pour distinguer la vérité d'avec le mensonge. Les disciples de Jésus-Christ ont fait tant de cas de sa doctrine, qu'ils ont versé leur sang pour la défendre : tant leur foi était vive et animée ! tant était grand le désir qu'ils avaient de jouir de la gloire ! Quoiqu'ils fussent des ignorans, ils vinrent à bout de convertir les nations les plus éclairées de l'Univers, tant l'esprit de Dieu a de puissance sur les peuples !

Donec eris felix, multos numerabis amicos, etc.

§. *Tant que*, s'exprime de tant de différentes manières, qu'il a de différentes significations :

1.° S'il signifie *tous tant que* , il s'exprime par *quotquot*.

2.° S'il signifie *tandis que* , *tant de temps que* , il s'exprime par *dùm* , *donec* , *quoad* ; *quandiù* , au premier membre de la phrase, et *tandiù* , au second ;

3.° S'il signifie *non-seulement* , *mais encore* , il s'exprime par *tùm* , répété, ou par *cùm* , *tùm* , ou bien par *partìm* , répété.

4.° S'il y a *non pas tant pour* , *que pour...* , on l'exprime par *non tàm ut...* , *quàm ut......*

5.° Enfin , si *tant* peut se tourner par *plus* , on l'exprime de même, et le *que* suivant s'exprime par *quàm ut* , avec le subjonctif , s'il suit un verbe ; si , au contraire , il suit un nom , on supprime le *que* , et on met le nom à l'ablatif.

Exemples :

1.° Nous mourrons tous tant que nous sommes ici ; *Moriemur quotquot hìc adsumus.*

2.° Tant que vous serez heureux , vous compterez beaucoup d'amis ; *Donec eris felix, multos numerabis amicos.*

Tant qu'il a vécu ; *Quandiù vixit.*

Tant que nous sommes sur la terre , nous paraissons vivre ; *Quandiù hâc luce fruimur, tandiù vivere videmur,* ou *vivere quidem videmur.*

3.° Les philosophes tant anciens que modernes ; *Philosophi tùm veteres tum recentiores,* ou *cùm veteres tum recentiores ;* ou bien , *partìm veteres, partìm recentiores.*

4.° Je vous écris , non pas tant pour vous louer que pour vous féliciter ; *Ad te scribo non tàm ut e laudem , quàm ut tibi gratuler.*

5.° Je n'ai rien tant à cœur que de vous voir (*tournez* , je n'ai rien plus à cœur que.....) ; *nihil mihi tàm antiquius est , quàm ut te videam* ou *quàm te videre.*

Je n'ai rien tant à cœur que votre utilité ; *Nihil mihi utilitate tuâ potius est.*

T H È M E S.

Nous savons tous tant que nous sommes que les lois de Moïse sont plus sages et plus exactes que celles des Grecs : tant la sagesse de Dieu l'emporte sur les faibles lumières des hommes ! Tant que ce sage législateur resta dans le désert, le peuple ne cessa de murmurer contre lui. Tant qu'il vécut, il fut à la tête de ce peuple ingrat. Nous exigeons de nos élèves la plus grande application, non pas tant pour s'attirer l'estime et l'amour de leurs parens, que pour devenir des citoyens utiles à la république. Louis quatorze a tant fait de belles actions, qu'il mérite d'être célébré tant par les orateurs que par les poëtes. Tant que nous respecterons nos maîtres, tant que nous nous acquitterons soigneusement de nos devoirs, nous serons estimés, tant de nos parens que de nos condisciples.

~~~~~~

Je n'ai rien tant à cœur que de bien savoir la langue grecque ; mais tant que je serai occupé comme je le suis, il m'est impossible de m'y appliquer sérieusement. Tant que Périclès commanda, les Athéniens furent toujours vainqueurs, tant des Perses que de ceux du Péloponèse. Tant qu'il fut maître des finances, la ville d'Athènes fut florissante. Les historiens, tant anciens que modernes, en parlent avec enthousiasme. Ce n'est pas tant pour le louer, que pour nous faire voir avec quelle sagesse il conduisait et gouvernait les Athéniens. On dit que quand il parlait, il faisait mouvoir toute l'Attique : tant la science l'emporte sur l'ignorance, tant les grands hommes ont d'empire sur l'esprit des peuples !
~~~~~~

Tant que je serai riche, je ne cesserai de voyager dans les pays étrangers, tant pour faire mes affaires que pour satisfaire ma curiosité, et pour m'instruire : tant j'ai d'envie de devenir savant ! Lorsque j'ai commencé à voyager avec mon père, ce n'était pas tant pour voir les pays que pour m'instruire ; ce n'était pas tant pour faire nos affaires, que pour accoutumer mon corps à l'exercice et à la fatigue. Solon établit des lois, non pas tant pour se faire un nom, que pour mettre fin aux dissensions qui régnaient parmi ses concitoyens. Il n'avait rien tant à cœur que le bien et le salut de sa patrie ; aussi il sacrifia ses biens et sa personne, pour lui procurer l'un et l'autre. Il n'aimait rien tant que la vérité, et n'estimait rien tant que ceux qui étaient sincères.

LXXVIII.

Si..... que.

Deus est *tàm* bonus *ut* amet homines, etc.

1.° QUAND *si.... que* peut se tourner par *aussi... que* (c'est-à-dire, quand il y a comparaison), on l'exprime de même ; quand il ne peut pas se tourner par *aussi.... que*, on l'exprime par *tàm, adeò, ità*, devant un adjectif, un adverbe et un verbe ordinaire ; par *tanti*, devant un verbe de prix ou d'estime, et *que* par *ut*, avec le subjonctif.

2.° *Si grand*, s'exprime par *tantus, tanta, tantum*, et *si petit*, par *tantulus, a, um*. Lorsqu'ils peuvent se tourner par *aussi grand, aussi petit*, le *que* suivant se rend par *quantus*, après *tantus*, et par *quantulus*, après *tantulus* ; sinon, le *que* se rend par *ut*, avec le subjonctif.

Exemples :

Dieu est si bon, qu'il aime les hommes ; *Deus est tàm bonus, ut amet homines.*

*11

Il fut si frappé de cette nouvelle, qu'il mourut ; *Eo nuncio ità perculsus est, ut mortuus sit.*

Il est si estimé, que....; *Tanti fit, ut.......*

La terre n'est pas si grande que le soleil (*tournez, n'est pas aussi grande.....*); *Non tanta est terra, quantus sol.*

Cette classe n'est pas si petite que la nôtre (*tournez, aussi petite.....*); *Hæc schola non tantula est, quantula est nostra.*

La bonté de Dieu est si grande, qu'il nous aime; *Tanta est Dei bonitas, ut nos amet.*

Cette étoile est si petite, qu'on ne peut la voir; *Stella hæc tantula est, ut perspici non queat.*

THÈMES.

L'homme savant est si estimé, que les ignorans le regardent comme un prodige. La vertu est si aimable, que les méchans ne peuvent s'empêcher de l'admirer. La science est si estimée, que tout le monde désire de devenir savant. Le travail est si nécessaire, que sans lui l'homme ne pourrait vivre. La paresse marche si lentement, que la pauvreté l'a bientôt atteinte. On fait tant de cas des sciences et des arts, qu'on récompense ceux qui s'y distinguent. Les ouvrages de cet auteur sont si élégans, que tout le monde les admire. Socrate était si patient, qu'il supportait les injures de son épouse, et ne lui répondait pas un seul mot. Cette femme était si redoutée, que tout le monde la craignait, excepté Socrate.

~~~~~

Le soleil nous paraît si petit, que nous avons de la peine à croire ce que les astronomes nous en disent. La distance de la terre au soleil est si grande, qu'il faudrait plusieurs années pour qu'un boulet de canon arrivât jusqu'à nous. L'anneau de Saturne
~~~~~

est si beau qu'on ne peut s'empêcher de l'admirer. La puissance de Dieu est si grande, qu'il a pu suspendre en l'air tous ces grands corps célestes que nous voyons et dont nous admirons le cours. Vos talens ne sont pas si grands que ceux de votre frère. Milon l'athlète était si fort et si robuste, qu'il assommait un bœuf d'un coup de poing ; il était si vorace, qu'il le mangeait tout entier dans un seul repas.

Dieu a donné une si grande force à la vertu, qu'il est impossible que ceux qui la pratiquent ne soient estimés des autres. Les haines et les dissensions sont si pernicieuses aux républiques et aux empires, qu'elles les renversent de fond en comble. Il n'est aucun vieillard, si décrépit qu'il soit, qui n'espère vivre encore un an. Le nombre des élus ne sera pas si grand que celui des réprouvés. La plupart des grands hommes de l'antiquité sont morts dans une si grande pauvreté, qu'à peine ont-ils laissé de quoi se faire enterrer. Les ouvrages de Cicéron sont si estimés, que tous les savans les ont entre les mains. Le soleil n'est pas si petit que la terre. L'Océan n'est pas si petit que la Méditerranée. Il n'est aucune nation, si (1) barbare qu'elle soit, qui n'ait des dieux et des temples.

LXXIX.

Assez....., assez peu.... pour....

Est-ne tibi *tantùm* otii, *ut* etiam fabulas legas ? etc.

1.º QUAND *assez* est suivi de *pour*, on tourne *assez* par *tant* ou *si*, que l'on exprime selon les mots

____

(1) Lorsque *si* signifie *quelque.... que*, on l'exprime par *quantumvis*, avec le subjonctif.

auxquels il se rapporte; *pour* se tourne par *que*, et s'exprime par *ut* ou par *qui*, *quæ*, *quod*, avec le subjonctif.

2.° *Assez peu*, se tourne par *si peu que*....., et s'exprime, *assez* par *tam*, *peu* selon les mots auxquels il se rapporte, et *pour* par *ut* avec le subjonctif encore.

Exemples :

1.° Avez-vous assez de loisir pour lire, même des fables (*tournez*, avez-vous tant de loisir, que vous lisiez.....)? *Est-ne tibi tantùm otii, ut etiam fabulas legas ?*

Je ne suis pas assez insolent, pour me croire roi (*tournez*, je ne suis pas si insolent, que je me croie roi) ; *Non sum tam insolens ut*, ou *qui regem esse me putem.*

Il n'est pas assez estimé, pour que je me fie à lui (*tournez*, si estimé que je me fie.....); *Non tanti fit ut ei confidam.*

2.° J'ai assez peu d'ambition pour mépriser les honneurs (*tournez*, j'ai si peu d'ambition, que je méprise.....) ; *Inest in me tam parùm ambitionis, ut honores despiciam* (1).

THÈMES.

Avez-vous eu assez de hardiesse pour parler de la sorte à votre maître? a-t-il eu assez de bonté et de douceur, pour ne pas vous châtier comme vous l'aviez mérité? Comment a-t-il pu avoir assez de patience pour supporter vos mauvaises paroles? Les jeunes-gens ont assez d'orgueil pour se croire assez savans lorsqu'ils sortent du collége; ils se croient même assez instruits pour parler de tout. Ils ont du moins assez de présomption pour s'en

---

(1) Si *pour* était suivi d'un nom, on l'exprimerait par *pro*, quoiqu'il fût précédé d'*assez*. *Ex.* : Il est assez instruit pour son âge; *Pro ætate satis est eruditus.*

vanter : mais on ne fait pas assez de cas d'eux pour les croire, ni même pour les écouter. J'ai assez bonne opinion de vous, pour penser que vous n'agirez pas de la sorte, et que vous aurez assez d'humilité pour reconnaître que vous n'êtes capable de rien ; que vous n'avez pas assez d'esprit pour pouvoir raisonner sur tout, ni assez de discernement pour juger de tout, ni assez d'expérience pour conclure de tout.

***

Vous n'avez pas encore assez lu, ni assez étudié pour avoir acquis toutes les connaissances qui sont nécessaires à un jeune homme de votre condition ; mais vous avez assez de goût pour vous instruire, et assez de talens pour devenir un excellent sujet. Cependant il ne faut pas vous négliger, ni avoir assez d'amour-propre pour croire que vous savez beaucoup de choses ; vous n'ignorez pas que vous n'avez pas encore assez travaillé, et que vous avez été assez peu appliqué à vos devoirs. Vous êtes assez studieux, et vous aimez assez les sciences, mais vous avez trop peu de loisir pour faire des progrès rapides. Il y a assez de jeunes-gens qui n'iraient pas aussi vite que vous, et qui n'auraient pas assez de constance pour surmonter les difficultés et les obstacles que vous avez rencontrés jusqu'ici.

***

Où est l'homme qui est assez peu raisonnable pour envier à un héros les lauriers et les honneurs dont il jouit ? il n'y a pas de récompenses assez belles pour lui être décernées, tant il l'emporte sur le reste des citoyens par les services qu'il a rendus à sa patrie. Il a pacifié assez de pays, pour jouir des fruits de ses travaux ; il a assez vaincu d'ennemis, pour se reposer à l'ombre de ses lauriers ; il a eu assez peu d'orgueil, pour mépriser les honneurs qu'on a voulu lui rendre, et refuser le triomphe qu'on lui avait offert. Que ne devons-nous pas à ces grands hommes qui, en défendant la patrie, ont fait assez peu de cas de leur vie, pour l'exposer aux plus grands dangers ? ils ont assez travaillé, pour prétendre aux récompenses qui sont dues à la valeur.

La plupart des jeunes-gens font assez peu de cas des sciences et des arts, pour leur préférer les jeux et les amusemens. Cependant ils prétendent tous à des places distinguées ; mais ils ont assez peu de vertus et de talens pour bien les remplir. Vous avez assez de livres pour vous instruire ; il ne s'agit que d'avoir assez de loisir pour les lire et les méditer : mais vous avez assez peu d'amour pour la lecture, pour la mépriser. La connaissance de l'histoire est assez utile et assez nécessaire, pour que vous passiez une partie de votre temps à la lire et à l'étudier. Aujourd'hui la plupart des Chrétiens font assez peu de cas de la vertu, pour lui préférer les honneurs et les richesses.

LXXX.

Trop, trop peu, ne pas assez..... pour.

Plus veneni hausit *quàm ut* sanitati restituatur, etc.

1.º QUAND *trop* est suivi de *pour*, on tourne *trop* par *plus*, qu'on exprime selon les mots auxquels il se rapporte ; et *pour* s'exprime par *quàm ut*, avec le subjonctif, ou par *qui, quæ, quod*, que l'on met au cas du verbe suivant.

2.º *Trop peu, ne pas assez*, suivis de *pour*, se tournent par *moins*, et s'expriment de même ; *pour*, se rend par *quàm ut*, avec le subjonctif.

Exemples :

1.º Il a avalé trop de poison pour recouvrer la santé ; *Plus veneni hausit, quàm ut sanitati res-tituatur,* ou *quàm qui sanitati restituatur.*

Il a commis trop de crimes, pour que les juges aient pitié de lui ; *Plura admisit scelera quàm ut illius judices misereat,* ou *quàm cujus judices misereat.*

Je suis trop élevé pour que la fortune puisse me nuire ; *Major sum, quàm ut mihi,* ou *quàm cui fortuna nocere possit.*

Je vous estime trop pour vous blâmer ; *Pluris te facio, quàm ut te vituperem.*

2.º Il a trop peu d'esprit pour conduire cette affaire (*tournez,* il a moins d'esprit qu'il n'en faut pour.....); *Minùs habet ingenii, quàm ut rem gerat.*

Il avait trop peu de soldats pour vaincre ; *Pau-ciores habebat milites, quàm ut vinceret.*

Il était trop peu estimé pour..... ; *Minoris œsti-mabatur, quàm ut.*

THÈMES.

L'ennemi que nous avons à combattre, est trop fort pour que nous puissions le vaincre si tôt. Aujourd'hui les jeunes-gens voient de trop mauvais exemples, pour être sages si jeunes. Auguste était trop grand, pour se venger de ses ennemis. J'ai trop d'écus, pour mourir jamais de faim. Vous avez trop peu de livres, pour ne pas acheter ma bibliothèque. Mais vous lisez trop peu, direz-vous, pour acheter des livres. Les hommes s'estiment trop peu, pour se rendre mutuellement heureux ; ils sont trop peu complaisans les uns envers les autres, pour se rendre service. La plupart sont trop peu vertueux pour qu'on puisse les estimer et s'attacher à eux ;

ils ont trop de vices, pour que leur commerce ne nous devienne nuisible.

~~~~~

Nous faisons trop peu de cas des récompenses que Dieu promet aux hommes charitables, pour partager nos richesses avec ceux qui sont dans le besoin. Les pauvres rencontrent trop peu de mortels généreux pour avoir de quoi vivre commodément. Les plus longs et les meilleurs règnes sont trop courts, pour réparer les fautes des précédens. Vous avez trop peu étudié, pour bien traduire Cicéron, dont les harangues sont admirées de tout le monde. Il aimait trop sa patrie, pour ne pas la défendre au péril de sa vie. Cet officier a trop peu d'expérience, pour bien remplir le poste qu'il occupe. Le général a trop de prudence, pour laisser dans une telle place un homme incapable de l'occuper.

~~~~~

Pourquoi voyons-nous tant d'hommes injustes? la vertu a-t-elle assez peu de charmes, pour ne pas forcer tous les hommes à suivre ses lois? Sommes-nous assez peu vertueux, pour ne pas faire ce que la justice demande? Solon était trop modeste, et il aimait trop sa patrie, pour aspirer à la royauté; il aimait trop la vérité, pour la cacher aux princes même les plus puissans; il eut trop peu de crainte de déplaire à Crésus, pour ne pas lui dire qu'il préférait la condition d'un simple particulier d'Argos à celle du plus riche monarque de l'univers. Ce grand homme estimait trop peu l'argent, pour le préférer à la vertu; il avait trop peu d'amour pour le faste et le luxe, pour préférer la magnificence de la cour de Crésus à la simplicité de Sparte.

RÉCAPITULATION,

Depuis le n.º 73, jusqu'au n.º 80.

D'autant plus, etc.

THÈMES.

Les Français sont devenus redoutables à cause de leur bravoure. L'art militaire est d'autant plus estimé en France, que les honneurs qui y sont attachés sont plus grands. La science militaire a été plus perfectionnée que dans aucune autre contrée de l'Europe. Les soldats français sont d'autant plus exacts et d'autant plus habiles, qu'ils sont plus disciplinés; ils sont d'autant plus courageux, qu'ils sont plus aguerris. Tout le monde convient que les victoires qu'ils ont remportées sont d'autant plus étonnantes, qu'elles sont plus rapides. Les autres nations craignent d'autant plus les Français, que le bruit de leurs conquêtes est plus grand.

Quoi de plus extravagant dans un voyageur, que d'amasser d'autant plus de provisions, qu'il lui reste moins de chemin à faire! il est cependant d'autant plus embarrassé, qu'il porte plus de vivres; mais nous savons que les hommes sont d'autant plus avares, qu'ils sont plus riches. Un pauvre orgueilleux est d'autant moins secouru, qu'il oublie davantage l'état où il est; il est d'autant moins digne de compassion, qu'il est plus orgueilleux: tandis qu'il devrait être d'autant plus humble, que sa condition est plus humiliante. Ordinairement les hommes sont d'autant moins estimés, que leur condition est moins noble; et il est certain que les

pauvres seront plus estimés à proportion qu'ils seront plus humbles et plus soumis.

***

PLUS *répété*, etc.

THÈMES.

PLUS un homme est fin, plus il est soupçonné,
si on doute de sa probité; plus il a d'adresse et de
ruse, plus les autres ont de crainte et de mé-
fiance : mais laissons la ruse pour le renard, et
pensons que plus nous approchons de notre fin,
plus nous devons détacher nos cœurs des objets
frivoles et passagers. Moins on a d'attachement
pour une chose, moins on a de peine à la quitter.
On a besoin, dit un auteur, d'une sage-femme
pour entrer dans le monde, et d'un homme sage
pour en sortir : plus j'examine ces paroles, plus
je les trouve dignes d'être gravées sur le marbre
et le bronze.

***

Princes, soyez persuadés que moins on hono-
rera les savans dans vos états, moins les sciences
y fleuriront : plus vous attacherez des honneurs
à la culture des arts, plus vous les verrez fleurir
dans vos empires. D'où vient que plusieurs princes
sont si doux et si affables ? c'est que plus ils sont
distingués par leur naissance, plus ils ont de
douceur et d'affabilité. Nous savons que la véritable grandeur d'un prince consiste à faire du bien à
ceux qui lui seront soumis; que plus le prince aimera les sujets, plus les sujets chériront et res-
pecteront le prince. Nous lisons dans l'histoire, que
plus les anciens princes étaient impérieux envers
les peuples, plus ils étaient haïs et détestés; plus
leur règne était dur, moins leur vie était longue;

plus ils avaient de douceur et d'humanité envers le peuple, plus ils régnaient.

Le plus, le moins, etc.

THÈMES.

LES plus braves et les plus intrépides des soldats, sont ceux que le général estime le plus, comme aussi les moins obéissans et les moins courageux, sont ceux qu'il estime le moins. Si ces derniers veulent acquérir son estime, ils doivent être les plus dociles et les plus exacts qu'ils pourront ; ils doivent avoir le plus grand soin et la plus grande attention à se bien acquitter de la fonction qui leur sera confiée ; ils doivent observer avec le plus grand scrupule les ordres qui leur ont été donnés, et faire les plus grands efforts qu'ils pourront, pour bien contenter celui qui les commande.

L'empire romain, qui fut d'abord le moindre de tous les empires, devint dans la suite le plus grand de tous. Rome devint la ville la plus célèbre de l'univers ; Romulus, qui en jeta les fonde-mens, employa le plus d'industrie et le plus d'a-dresse qu'il put pour la peupler : il y établit les meilleurs réglemens qu'il put inventer. Comme l'art militaire était celui que ce prince estimait le plus, et dont il avait le plus de besoin pour aug-menter ses états, il commença à lever le plus de troupes qu'il put, et les aguerrit, en les exerçant : il établit parmi elles la meilleure discipline qu'il lui fut possible.

Tant que, etc.

THÈMES.

La plupart des princes n'ont pas tant de modestie que d'orgueil, ni tant de vrais amis que de flatteurs, qui les trompent et les perdent : tant pis pour eux, ils devraient y prendre garde ; ils savent bien que ces vils adulateurs n'ont pas tant de vertus que de vices ; ils n'ignorent pas que tant que les princes se sont laissé conduire par ces hommes intéressés, ils ont été mal conduits. On en voit cependant qui les estiment tant, qu'ils les préfèrent à leurs meilleurs amis, parce que ceux-ci aiment tant le prince, qu'ils ne peuvent s'empêcher de lui dire la vérité ; tandis que ceux-là ne lui disent que ce qui le flatte, et lui cachent, tant qu'ils peuvent, ce qui pourrait l'offenser : aussi, tant qu'un prince les écoute, il fait mal ses affaires.

Vous avez beaucoup d'amis, me disait un jour un homme qui avait tant d'attachement pour ma personne que pour mes intérêts : oui, vous avez beaucoup d'amis tant que vous n'en avez pas besoin ; ils vous flattent aujourd'hui, tant pour leur utilité que pour leurs besoins ; ils vous font beaucoup de caresses ; mais ce n'est pas tant parce qu'ils vous aiment, que parce qu'ils ont besoin de vous : tant les hommes sont trompeurs, tant la fourberie et la dissimulation l'emportent sur la sincérité et la bonne foi ! Il y en a, me disait-il, qui vous font quelque faveur ; mais ce n'est pas tant pour vous témoigner leur reconnaissance, que pour vous engager à leur rendre de nouveaux services, tant ils ont de politique.

Alexandre n'avait pas tant de modestie, ni tant de modération que de courage et de valeur ; ni tant de vrais amis que d'officiers dans son armée. Ce prince gagna tant de batailles et remporta tant de victoires, qu'il fut surnommé le conquérant de l'Asie ; tant qu'il fut à la tête de l'armée, les Macédoniens passèrent pour les meilleurs soldats de l'Europe. Tous les historiens, tant anciens que modernes, tant grecs que latins, disent que si ce prince aimait la guerre, ce n'était pas tant pour rendre les peuples heureux, que pour satisfaire son ambition. Tant qu'il vécut, il fut la terreur et le fléau de tous les peuples de l'Asie ; cependant tout le monde admire ses exploits, tant la gloire des armes est séduisante, tant elle l'emporte sur toute autre espèce de mérite.

Si que, etc.

THÈME.

La vertu de la parole de Dieu est si efficace, qu'il forma le ciel et la terre en disant un seul mot : cependant le monde est si beau, si grand, et si bien organisé, que la majesté de l'ouvrier qui l'a fait, brille dans les moindres parties. L'ordre et la beauté qui régnent parmi tous ces corps lumineux qui roulent sur nos têtes sont si admirables, qu'on est obligé d'avouer que c'est l'ouvrage d'une intelligence suprême. La plupart d'entre eux sont si grands, que la terre n'est qu'un point en comparaison. Il y en a aussi de si petits, qu'on ne peut les voir ; d'autres qui ne nous paraissent pas si grands qu'une pomme : c'est cependant ce qui nous trompe, car ils ne sont pas si petits qu'ils nous paraissent ; mais ils sont si éloignés de nous, et notre vue est si courte, que nous ne pouvons les découvrir tels qu'ils sont.

Assez.... pour, etc.

THÈMES.

Mes amis, vous avez maintenant assez d'esprit pour savoir distinguer le vice d'avec la vertu ; ne soyez donc pas assez insensés ni assez fragiles pour vous laisser entraîner par les mauvaises compagnies ; ayez assez de force et de fermeté pour résister à leurs attraits séduisans. Il y en a qui ont assez peu de vertu pour vous conseiller de faire le mal, ou du moins assez peu d'amour pour le bien, pour ne pas vous détourner du mal : prenez donc garde de ne pas vous laisser (1) séduire ; vous vous en repentiriez, et il serait trop tard. Lorsque nous avons contracté quelque mauvaise habitude, il est difficile de nous en défaire : on en voit assez qui les gardent jusqu'à la fin de leur vie.

J'aurais assez de curiosité pour visiter les principales villes de l'Europe, si j'avais assez de revenu pour voyager ; mais ma fortune n'est pas assez grande pour suffire à une telle dépense. Il y a beaucoup de personnes qui auraient assez de revenu pour cela ; mais elles ont assez peu de goût pour traiter ce voyage de folie ; elles ont même assez peu de curiosité pour mépriser les ouvrages qui en traitent : quoiqu'on leur dise que cette connaissance est très-utile et très-nécessaire à plusieurs, elles n'en conviendront jamais ; elles ont trop de préjugés pour convenir que ce qu'on leur dit est vrai. Que je pense différemment ! mais, encore une fois, j'ai la bourse trop peu fournie pour entreprendre ce voyage.

---

(1) *Laisser*, devant un infinitif, s'exprime par *sinere* ou *pati ;* le *que* se retranche.

Trop.... pour, etc.

THÈME.

JE me suis aperçu, mes amis, que vous aimiez trop le jeu et la dissipation, pour faire les progrès qu'on attendait de vous : je vous ai souvent conseillé d'employer tous vos momens à l'étude ou à la lecture; mais vous n'écoutez pas mes conseils, et vous avez trop d'amour-propre pour les suivre : vous vous en repentirez un jour. Si vous vous laissez entraîner par vos condisciples, souvenez-vous qu'ils vous perdront : ils ont trop peu d'esprit pour vous bien conduire, et ils sont trop vicieux pour vous conseiller de faire le bien. Vous direz peut-être que j'ai trop mauvaise idée d'eux, et que je les aime trop peu pour vous en dire du bien; mais ils font trop peu de bonnes actions, pour que je puisse les estimer.

LXXXI.

ADVERBES DE TEMPS.

A peine que....., aussitôt que...., ne pas plus tôt que...., plutôt que.

Vix advenit *quum* in morbum incidit, etc.

1.° A PEINE, s'exprime par *vix*, et le *que* suivant par *quùm*, avec l'indicatif.

2.° *Aussitôt que, ne pas plus tôt que,* s'expriment par *statim ut*, lorsqu'ils peuvent se tourner par *lorsque.*

3.° *Aussitôt, ne pas plus tôt,* signifiant *à la même heure, aussi vite, ne pas plus vite,* etc., s'expriment par *tam maturè, tam celeriter,* etc., et le *que* suivant par *quàm.*

4.° *Plus tôt*, signifiant *de meilleure heure*, s'exprime par *maturiùs*; s'il signifie *plus vite*, par *citiùs*, *celeriùs*; s'il marque la préférence d'une chose sur une autre, par *potiùs*, et *que de*, par *quàm*, avec le subjonctif.

Exemples :

1.° A peine fut-il arrivé, qu'il tomba malade; *Vix advenit, quàm in morbum incidit.*

2.° Il est arrivé aussitôt que vous; *Tam maturè quàm tu advenit.*

3.° Aussitôt qu'il fut arrivé, il tomba malade; *Statim ut advenit, in morbum incidit.*

4.° Il s'est levé plus tôt qu'à l'ordinaire; *Maturiùs solitò surrexit.*

Il est arrivé plus tôt qu'on ne pensait; *Citiùs advenit quàm putabant.*

Combattez plutôt que de devenir esclave; *Depugna potiùs quàm servias.*

THÈMES.

A peine Junon eut achevé son discours, qu'elle s'éleva dans les airs, et s'enveloppa d'un nuage d'or et d'azur, qui la déroba à nos yeux. Elle n'eut pas plus tôt disparu, que nous entendîmes un grand bruit qui fit retentir le ciel et la terre. A peine fûmes-nous arrivés sur le rivage, que les habitans du pays crurent que nous étions des ennemis qui venaient pour les surprendre. Ils ne furent pas plus tôt arrivés auprès de nous, qu'ils reconnurent que nous n'avions aucun dessein de leur nuire. Cependant ils voulurent nous conduire à la ville, pour nous présenter au roi, qui ne nous eut pas plus tôt vus, qu'il parla de nous faire mourir, ou de nous mettre au nombre de ses esclaves.

***

Mourons plutôt que d'offenser Dieu; combattons

vaillamment contre nos mauvaises inclinations,
plutôt que de les suivre. Renonçons à tout, même
à la vie, plutôt que de renoncer aux récompenses
que Dieu nous promet. Châtions sévèrement notre
corps, plutôt que d'en devenir esclaves. Souffrons
en cette vie, plutôt que de souffrir en l'autre. Quelques crimes que nous ayons commis, demandons
humblement pardon à Dieu, plutôt que de désespérer de notre salut. L'Evangile nous apprend,
que quelque péché que nous ayons commis, aussitôt que nous reviendrons à Dieu, il nous recevra
avec la bonté d'un père ; aussitôt que nous lui
adresserons nos prières avec un cœur contrit et
humilié, il ne les rejetera pas.

LXXXII.

QUE, *après les Adverbes et les Noms de temps.*

Nunc *quùm*.... Heri *quùm*.

APRÈS les adverbes et les noms de temps qui
suivent, et autres semblables, on exprime *que*
par *quùm* (ou *ex quo*, quand il peut se tourner
par *depuis que*).

Exemples :

Présentement que........ ; *Nunc quùm.*
Hier que.... ; *Heri quùm....*
La dernière fois que je vous vis ; *Proximè
quùm te vidi.*

Un jour que j'étais avec vous ; *Quâdam die
quùm tecum essem.*

Il y a long-temps que je vous attends ; *Diù est
quùm te exspecto.*

Du temps que Rome florissait ; *Tùm quùm
Roma floreret.*

Un jour viendra que....; *Veniet* ou *erit tempus quùm*....

Il y a des temps que....; *Incidunt sæpè tempora quùm*.....

Il y a deux ans qu'il est mort; *Duo anni effluxêre ex quo mortuus est* (sous-entendu *tempore*), et non pas *ex quibus*.

THÈMES.

Dernièrement que j'ai trouvé votre professeur, et que je lui ai demandé de vos nouvelles, j'ai été fort surpris d'apprendre que ceux qui étaient avec vous l'année dernière, lorsque je vins ici, vous avaient surpassé. Du temps que vous étiez en sixième, vous aviez plus d'émulation qu'aujourd'hui que vous êtes en troisième. Il y a déjà trois ans que vous êtes sorti de cette classe , et vous êtes aussi ignorant que vous étiez. A peine aviez-vous atteint votre septième année , que vous nous donniez les espérances les plus flatteuses : et aujourd'hui que vous en avez quinze, vous ne nous en donnez aucune. Vous devez cependant savoir que plus tôt vous aurez fini vos classes , plus tôt vous retournerez dans le sein de votre famille.

Autrefois que vous étiez entraîné par l'amour du jeu et des amusemens, vous ne sentiez pas la nécessité de travailler; mais aujourd'hui que vous avez plus de bon sens, vous devez savoir que ce n'est qu'en travaillant qu'on devient savant. N'oubliez pas ce que je vous dis , parce que la première fois que je vous trouverai, je vous demanderai si vous avez profité de mes conseils. Il y a plus de six semaines que je voulais venir vous voir , mais je ne trouvai jamais une occasion favorable; aussitôt que l'on m'a annoncé que votre père venait , je me suis joint à lui. Je vous engage à vous mieux appliquer à l'avenir que vous n'avez fait par le passé. Un jour viendra que vous vous repentirez d'avoir perdu le temps, et d'avoir mal employé les momens de votre jeunesse ; mais en vain : le temps perdu est irréparable.

~~~~~

Il y a déjà plusieurs années que j'ai vu l'avare Popilius. Dernièrement que j'allais à ma maison de campagne, je trouvai un de ses domestiques, qui me raconta un trait de ce fameux avare dont il faut que je vous fasse part. Il y a six mois, me dit-il, que mon maître vendit sa maison, sa vaisselle et ses autres meubles, excepté le plus usé de ses habits. On ne lui eut pas plutôt compté l'argent qu'il le fit fondre, et en forma un lingot qu'il enterra dans son jardin. On se persuade aisément, qu'au même endroit où il mit son argent, il mit aussi son cœur.

~~~~~~~~~~~~~~~~~~~~~~~~~~~~~~~~~~~~

RÉCAPITULATION,

Depuis le n.º 80 , jusqu'au n.º 82.

THÈMES.

Un jardinier avait acheté un âne si vieux qu'il pouvait à peine marcher ; c'est pourquoi il résolut de le vendre : il le chargea de laitues ; et le conduisit au marché. La charge était si lourde, qu'à peine la pauvre bourrique pouvait la porter. Le jardinier le frappait à coups redoublés. Des Messieurs qui se promenaient sur la place publique, ne furent pas plutôt témoins de la brutalité de cet homme, que le montrant au doigt, ils lui demandèrent pourquoi il frappait ainsi ce pauvre animal ? Qu'arriva-t-il de là ? ils n'eurent pas plutôt cessé de parler, que le jardinier se mettant à genoux devant son âne, lui dit : Monsieur, je vous prie de me pardonner ; je ne croyais pas que vous eussiez tant d'amis à la cour, je vous aurais traité avec plus de douceur.

~~~~~~

Un borgne s'étant levé de grand matin, le crépuscule commençant à peine à paraître, alla se promener auprès de l'hôtel des Invalides ; quelque temps après, arrive un bossu. Le borgne ne l'eut pas plutôt aperçu, que voulant rire à ses dépens, il lui dit : Bon jour, mon ami, il est encore de bon matin ; cependant tu n'es pas plutôt sorti de chez toi, que tu as trouvé ta charge. — C'est fort bien, reprit le bossu, je pense comme toi, qu'il est encore de bon matin ; et ce qui le prouve, c'est que tu as à peine ouvert une fenêtre.

CHAPITRE CINQUIÈME.

Préposition DE.

Ex omnibus vitiis, nullum est majus superbiá, etc.

LA préposition *de*, s'exprime de différentes manières, selon les différens mots devant lesquels elle se trouve.

1.° La préposition *de*, au commencement d'une phrase, s'exprime par *ex*.

2.° *De*, entre un nom et un infinitif actif, veut le gérondif en *di*.

3.° *De*, entre un nom et un infinitif passif, ou tout autre verbe qui n'a pas de gérondif, s'exprime par différentes conjonctions, selon le verbe d'où le nom est dérivé.

4.° Quand *de*, suivi d'un infinitif, peut se tourner par *si*, on l'exprime en latin par *si*. S'il peut se
~~~~~~

tourner par *moi qui*....., *vous qui*....., etc., on l'exprime par *qui*, *quæ*, *quod*.

Exemples :

1.° De tous les vices, il n'en est pas de plus grand que l'orgueil : *Ex omnibus vitiis, nullum est majus superbiá.*

2.° Le temps de prier ; *Tempus orandi.*

3.° Il tremblait de crainte d'être surpris; *Contremiscebat ne deprehenderetur* (après *craindre*, *de* s'exprime par *ne*).

Il a une grande joie d'être le premier ; *Summá perfunditur lætitiá quòd primas teneat* (après *se réjouir*, *de* s'exprime par *quòd*).

Je vous conseille de lire ; *Suadeo tibi ut legas*, (après *conseiller*, *de* s'exprime par *ut*).

4.° Vous me ferez plaisir de lui écrire (*tournez*, si vous lui écrivez ; *Pergratum mihi feceris si ad eum scripseris.*

Que je suis malheureux d'avoir couru de moi-même à la mort ! *O me infelicem, qui ultrò ad necem cucurrerim !*

THÈMES.

De tous les ennemis que les Romains eurent à combattre, il n'y en eut pas de plus redoutable qu'Annibal. La plus mémorable des victoires que ce général remporta sur eux , fut celle de Cannes. C'était alors le moment de marcher à Rome ; mais Annibal, qui eut le courage de vaincre, n'eut pas l'adresse de profiter de sa victoire. Un des officiers de son armée, lui promettait de le faire souper au Capitole dans quatre jours. Les Romains tremblaient de crainte de voir tout-à-coup les Carthaginois aux portes de la ville ; mais la lenteur d'Annibal leur donna le temps de mettre sur pied une nouvelle armée, et de venir au-devant des ennemis.

Rien n'a pu empêcher l'ambassadeur Espagnol de partir pour Madrid. Il se réjouissait d'avoir trouvé une occasion favorable pour retourner auprès de sa famille ; il n'a pu s'empêcher de nous en témoigner sa joie. Il a eu soin de mettre toutes ses affaires en règle avant que de partir ; il craignait de recevoir un contre-ordre, et d'être obligé de rester plus long-temps. Il aurait eu beaucoup de plaisir de vous voir avant de partir ; il était fâché de ne vous avoir pas écrit plus tôt, pour vous prier de vous rendre ici la veille de son départ. Que je suis malheureux, me disait-il, de quitter le meilleur de mes amis, et de le quitter sans avoir le plaisir de le voir ! mais, d'un autre côté, que je suis heureux de retourner chez moi ! Que mes enfans seront contens de revoir leur père ! que leur joie sera grande de pouvoir se jeter entre mes bras.

~~~~~

Iphicrate, un des plus grands capitaines athéniens, marchant un jour contre les ennemis de sa patrie, s'aperçut que plusieurs de ses soldats pâlissaient de crainte de voir approcher l'ennemi. Il fit annoncer aussitôt, que tous ceux qui auraient oublié quelque chose au camp, pouvaient y retourner pour le chercher. Aussitôt qu'ils furent partis, il dit aux autres : Je suis content d'avoir renvoyé les lâches ; il est temps, mes amis, de fondre sur l'ennemi, et de le charger courageusement. Vous me ferez le plaisir d'oublier pour toujours ces lâches qui n'ont pas eu honte de nous abandonner, et qui ont eu la bassesse de se couvrir d'un opprobre éternel.
~~~~~

LXXXIV.

Préposition A.

Nihil habebam *quod* ad te scriberem, etc.

La préposition *à* s'exprime de différentes manières, selon les différens mots auxquels elle est jointe.

1.° La préposition *à*, précédée d'un nom, s'exprime par *qui*, *quæ*, *quod*, avec le subjonctif, lorsqu'elle peut se tourner par *qui*, *que*.

2.° Quand *à* peut se tourner par *si*, on l'exprime en latin par *si*.

3.° Quand *à* peut se tourner par *pour*, on l'exprime par *ut*, avec le subjonctif; et s'il suit une négation, par *ne*.

Exemples :

1.° Je n'avais rien à vous écrire (*tournez*, que je vous écrivisse); *Nihil habebam quod ad te scriberem;*

2.° A l'entendre parler, vous diriez (*tournez*, si vous l'entendiez parler....); *Quem si loquentem audias, dicas* (1).

3.° A dire vrai (*tournez*, pour que je dise vrai); *Ut verum dicam.* A ne pas mentir; *Ne mentiar.*

THÈMES.

Comme vous êtes honnête envers tout le monde, personne n'a rien à vous reprocher. Cependant, à vous voir parler avec vos parens, on dirait que vous n'avez reçu aucune éducation. A vous voir badiner avec vos frères et sœurs, on dirait que vous êtes toujours en colère. A ne pas mentir, nous avons cru

___

(1) On met élégamment en latin le présent du subjonctif, au lieu de l'imparfait.

que vous n'aviez reçu aucun principe d'éducation.
À ne pas vous tromper, nous avons conçu une mauvaise idée de vous ; et la manière dont vous agissez,
n'est pas propre à nous en inspirer une bonne. Néanmoins je vous promets que vous n'avez rien à craindre pour votre réputation : nous n'avons rien dit à
personne, et nous ne dirons rien qui puisse nuire à
vos intérêts.

~~~~~

Charles-Quint avait une grande estime pour
Guicciardin, excellent écrivain, historien célèbre ;
et il se plaisait à s'entretenir avec lui, et à causer des
affaires du temps. Un jour l'Empereur étant averti
que Guicciardin avait quelque chose à lui communiquer, et qu'il l'attendait dans l'antichambre avec
quelques grands de la cour, il ordonna de l'introduire pendant qu'il s'habillait, et prit tant de plaisir à l'entendre, qu'il demeura un temps considérable seul avec lui, ce qui excita les murmures des
courtisans qui attendaient l'audience de sa majesté.
L'Empereur en étant instruit, leur dit : À vous entendre, j'ai commis une incivilité en faisant entrer
Guicciardin le premier ; mais je veux que vous sachiez que dans une heure je puis faire plusieurs
courtisans semblables à vous ; tandis que dans cent
ans je ne ferais pas un grand homme, et un historien tel que Guicciardin. D'ailleurs, si vous avez
quelque chose à me dire, vous trouverez toujours
l'occasion de le faire : il n'en est pas de même
de lui.
~~~~~

LXXXV.

Etre, ou n'étre pas homme à...., femme à....., capable de.....

Non *is* sum *qui* pedem referam , etc.

Être ou *n'être pas homme à.....*, *femme à...*, *capable de....* se tourne par *être* ou *n'être pas celui....., celle qui.....* et s'exprime par *non is qui... non ea quæ.....*, avec le subjonctif, et le second verbe est toujours à la même personne que le premier.

Si *être* ou *n'être pas capable*, a pour nominatif un nom de chose animée, on l'exprime par *posse; possum.*

Exemples :

Je ne suis pas homme à reculer ; *Non is sum qui pedem referam.*

Votre mère n'est pas femme à mal élever ses enfans ; *Non ea est mater tua quæ liberos suos malè instituat.*

Tous les trésors du monde ne sont pas capables de satisfaire son avarice ; *Thesauri quilibet illius avaritiam satiare non possunt.*

THÈMES.

Vous savez, mon fils, que vos maîtres ne sont pas capables de vous donner de mauvais conseils ; suivez donc leurs avis , acquittez-vous avec soin de tous vos devoirs : c'est le seul moyen de devenir capable d'exercer l'état auquel vous vous destinez. Pratiquez la vertu : elle seule est capable de vous rendre heureux ; tandis que toutes les richesses et tous les trésors du monde, ne sont pas capables de vous procurer un vrai bonheur, si vous n'êtes vertueux. Vous savez que je ne suis pas homme à vous tromper, que je ne cherche que votre bonheur : profitez donc de mes avis. Si mes représentations ne sont pas capables de vous porter au travail, j'aurai recours à un autre moyen. Vous me connaissez ; vous savez que je ne suis pas homme à vous céder.

Je n'aurais pas cru que cet auteur fût homme à piller les écrits d'autrui. Mon libraire n'est pas homme à souffrir qu'on trompe sa bonne foi. Il n'y a aucune nation qui soit capable de résister aux Français, tant ils ont de bravoure. Les Prussiens sont incapables de nous résister, et nous ne sommes pas gens à céder la victoire. Vos promesses ne sont pas capables de m'arracher un aveu que je ne ferai jamais. Pourquoi avez-vous été homme à en imposer ainsi à ceux qui ont acheté votre livre, lequel ne vous appartient pas ? J'aurais honte de ma conduite, si j'avais été homme à tromper le public. Je n'aurai rien de semblable à me reprocher.

LXXXVI.

Préposition POUR.

POUR, s'exprime de différentes manières, suivant ses différentes significations.

POUR, *devant un Nom.*

Meum *in* te ou *erga* te studium, etc.

1.º Quand *pour* signifie *envers*, il s'exprime par *in* ou *erga*, avec l'accusatif ; quand on peut le tourner par *de*, il se rend par le génitif.

2.º Quand *pour* signifie *au lieu de*, il s'exprime par *pro*, avec l'ablatif, ou par *loco* avec le génitif.

3.º Quand *pour* signifie *à cause de*, il s'exprime

par *ob* ou *propter*, avec l'accusatif ; et par *causâ*, *gratiâ*, avec le génitif, lorsqu'il signifie *pour l'amour de.....*

4.º *Pour*, signifiant *à l'avantage, au désavantage de....*, se rend en latin par le datif.

Exemples :

1.º Mon zèle pour vous ; *Meum in te*, ou *erga te studium.*

L'amour pour la liberté nous est naturel (*tournez*, l'amour de la liberté....) ; *Amor libertatis nobis est innatus.*

2.º Pour une épée, il prit un bâton ; *Pro gladio* ou *loco gladii fustem sumpsit.*

3.º Je l'aime pour sa modestie ; *Illum propter modestiam amo.*

Je ferai volontiers cela pour l'amour de lui ; *Id libenter illius causâ faciam.*

Pour vous ; *Tuâ causâ* (au lieu des génitifs *meí, tuí,* on dit : *meâ, tuâ,* devant *causâ*).

4.º Je craignais pour votre vie ; *Vitæ tuæ metuebam.*

Demander grâce pour quelqu'un ; *Veniam petere alicui.*

THÈMES.

Mon amour pour mon frère m'engage à lui donner tous les conseils qui peuvent lui être utiles. Son amour pour les arts et les sciences lui est naturel : la passion qu'il a pour le jeu l'entraîne quelquefois, mais cela ne lui arrive pas souvent. Il arrive souvent qu'il prend un livre pour du pain, tant il est distrait. Je l'estime beaucoup pour son bon caractère et sa douceur : il est si complaisant qu'il ferait tout pour moi. Il met tout en œuvre pour m'aider, autant qu'il lui est possible dans mes occupations ordinaires. L'année dernière il sacrifia son repos et sa santé pour mon bonheur, et il en aurait fait autant pour tout autre.

Mon frère fut très-malade la nuit dernière ; je craignais beaucoup pour sa vie. Lorsque je vis que le médecin commençait à désespérer pour lui, j'aurais donné volontiers tout ce que je possède en ce monde , pour le rétablissement de sa santé. Voyant que tout le monde désespérait , je priai Dieu pour lui , et le Seigneur daigna exaucer mes prières. Il va beaucoup mieux ; mais , comme il ne peut pas encore se livrer à l'étude, et qu'il est fort passionné pour le jeu , je crains pour sa fortune et pour son bonheur. Je souhaiterais que pour son repos et sa tranquillité tant extérieure qu'intérieure, il ne fût pas si porté aux amusemens et à la dissipation.

Un père étant au lit de la mort, et voulant renouveler à ses deux enfans l'amour qu'il n'avait cessé de leur inspirer l'un pour l'autre , pendant toute sa vie , leur dit : Mes enfans , j'ai fait tout ce que j'ai pu pour vous ; j'espère qu'à votre tour vous ferez quelque chose pour moi. Vous savez que je n'ai rien négligé pour votre éducation , que je me suis privé de beaucoup de choses pour votre utilité, et que j'ai sacrifié mon bien et mon repos pour votre avancement. Lorsque vous étiez éloignés de moi, je craignais pour votre santé et pour votre honneur ; la reconnaissance et l'amour que vous devez avoir pour votre père , exigent que vous me promettiez de faire ce que je veux vous demander en ce dernier moment, qui va mettre fin à ma vie : *c'est*, mes enfans, *de vous aimer l'un l'autre.*

POUR, *devant un Infinitif.*

Surrexit *ad respondendum* , etc.

1.° *Pour* , devant un infinitif, s'exprime par *ad* avec le gérondif en *dum*, ou par *ut* avec le subjonctif, ou par le participe en *rus* , *ra* , *rum* , que l'on fait accorder avec le nominatif; ou enfin par *causá*, *gratiá*, avec le génitif. Si cependant on peut le tourner par *qui*, *que*, on l'exprime par *qui*, *quæ*, *quod*, avec le subjonctif.

2.° *Pour*, devant un comparatif, s'exprime par *quò*; devant une négation, par *ne*; devant le parfait de l'infinitif, suivi de ces mots : *ce n'est pas à dire pour cela que...*, *est-ce à dire pour cela que..?* *il ne s'ensuit pas pour cela que....*, il se tourne par *quoique*, et s'exprime de même, par *quamvis*.

3.° Si *pour* est suivi de *peu que*, on le tourne par *si peu que*, et on l'exprime par *vel minimùm*.

Exemples :

1.° Il se leva pour répondre ; *Surrexit ad respondendum*, ou *ut responderet*, ou *responsurus*, ou enfin, *respondendi causá*.

Il m'envoya un homme pour m'avertir (*tournez* quelqu'un qui m'avertît; *Misit hominem qui me moneret*.

2.° Reposez-vous pour mieux travailler; *Otiare quò meliùs labores*.

Pour ne pas vous ennuyer; *Ne vobis tædium afferam*.

Pour avoir salué des méchans, ce n'est pas à dire pour cela que je sois méchant : *Quamvis improbos salutaverim, non continuò sum improbus*.

3.° Pour peu que vous vouliez réfléchir, vous comprendrez la chose; *Si vel minimùm cogitare volueris, rem percipies*.

T H È M E S.

D'où vient que votre frère n'est pas venu en classe aujourd'hui? Il s'est levé de grand matin pour aller à la chasse, il ne sera peut-être pas revenu pour souper. Il n'a pris qu'un petit habit court, pour être plus léger et pour mieux courir. — Une telle conduite me paraît indiscrète, et me fait craindre pour sa santé. Il néglige entièrement ses études, ou, pour mieux dire, il n'étudie pas du tout. Il n'a que du dégoût pour les sciences, et il est plein de passion pour le jeu : c'est ce qui le perdra, ou, pour parler plus juste, c'est ce qui l'a déjà perdu. Il est bon de jouer quelquefois pour ne pas s'ennuyer ; mais la passion de jouer est dangereuse, pour ne pas dire (1) mauvaise.

Lorsque nous avons contracté quelque mauvaise habitude, il nous est difficile de nous en corriger, pour ne pas dire impossible ; tandis que si nous lui avions déclaré la guerre avant qu'elle ne jetât de profondes racines, nous aurions été vainqueurs (2), pour peu que nous nous fussions fait violence. Le jeu est dangereux pour bien des personnes, surtout pour la jeunesse : on gagne quelquefois des sommes assez considérables ; mais, pour avoir gagné une fois ou deux, il ne s'ensuit pas qu'on gagnera toujours. On en voit qui passent les jours et les nuits à jouer, et si on leur envoyait quelqu'un pour leur dire de se rendre à leurs devoirs, ils se fâcheraient, et ils se mettraient en colère, pour peu qu'on voulût leur montrer qu'une telle conduite est scandaleuse.

L'aumône est un excellent moyen pour obtenir la miséricorde de Dieu, dont nous avons un très-grand besoin ; elle est encore un bon moyen pour augmenter nos biens. La veuve de Sarepta partagea avec le prophète Elie le seul pain qui lui restait pour subsister pendant un jour avec son fils ; et bientôt après elle trouva dans ses urnes, vides au-

---

(1) *Pour ne pas dire*, s'exprime par *ne dicam*.
(2) *Principiis obsta ; serò medicina paratur,*
     Cùm mala per longas invaluére moras.

paravant, assez de nourriture pour vivre pendant la famine qui dura long-temps. On pourrait rapporter une infinité d'autres exemples, pour mieux convaincre ceux qui doutent de cette vérité ; mais pour peu qu'on lise, on verra combien la charité et l'amour du prochain, sont agréables à Dieu et aux hommes.

Pour moi...., pour vous..., etc.

Ego verò sum paratus, etc.

1.º Pour, dans ces façons de parler, *pour moi.., pour vous...*, se rend en latin par *verò*, que l'on met après le nom ou pronom.

2.º *Pour*, signifiant *eu égard à*, se rend en latin par *ut*, et quelquefois par *pro*, qui veut l'ablatif.

Exemples :

1.º Pour moi, je suis prêt ; *Egò verò sum paratus.*

Pour vous, il vous importe ; *Tuá verò interest.*

2.º Il avait assez de littérature pour un Romain (*tournez*, eu égard à un Romain ; *Erant in eo multæ ut in homine Romano litteræ.*

Il était assez habile pour ce temps-là ; *Erat ut illis temporibus satis peritus.*

Il était assez savant pour son âge ; *Pro ætate satis erat eruditus.*

THÈMES.

Il est certain que si nous fréquentons les méchans, nous deviendrons méchans. Pour les avoir fréquentés une fois ou deux, ce n'est pas à dire pour cela qu'on soit déjà pervers comme eux ; mais, pour peu qu'on y fasse attention, on verra qu'on le devient peu-à-peu ; vous pourrez en juger. vous-même, pour peu que vous ayez du bon sens. Pour vous, qui êtes encore jeune, il vous importe plus qu'à tout autre de fuir les mauvaises compagnies : vous avez assez d'éducation pour un enfant de votre âge; mais vous la perdrez entièrement, pour peu que vous ayez de liaison avec les impies. Vous avez assez de science pour un enfant de dix ans; mais vous avez trop d'amour pour le jeu, et trop d'indifférence pour l'étude. Pour moi, il m'importe de vous avertir de vos défauts; et à vous, de suivre les conseils que je vous donne.

Nos philosophes refusent d'ajouter foi aux mystères de notre religion; pour nous, nous sommes persuadés que Dieu, qui est la vérité même, ne peut ni se tromper, ni nous tromper. Nous croyons que Dieu a envoyé son fils unique sur la terre, pour racheter le genre humain; et nous espérons que ce fils unique reviendra un jour, pour juger tous les hommes, et pour donner à chacun selon ses œuvres. Nos philosophes traitent tout cela de fables : pour nous, qui voyons que la nature est remplie de mystères que ces prétendus philosophes, avec toute leur science, n'ont jamais pu expliquer, nous croyons tout ce que Dieu a révélé.

LXXXVII.

Préposition SANS.

Exiit, *nec* fores *clausit*, etc.

1.° QUAND le verbe qui précède la préposition *sans*, n'est accompagné ni d'une négation ni d'une interrogation, on tourne *sans* par *et ne pas*, et on l'exprime par *nec*. Mais si le verbe est accompagné d'une négation ou d'une interrogation, on tourne

sans par *que*, et on l'exprime par *quin* ou *nisi.*
Quelquefois on tourne *sans* par *avant que*, et on
l'exprime par *priusquàm*, *antequàm*, etc.

2.° *Sans*, devant un infinitif, peut encore s'exprimer par un nom dérivé du verbe devant lequel
il est, par un adjectif, par un adverbe ou bien par
un participe.

Exemples :

1.° Il est sorti sans fermer la porte (*tournez*, et
il n'a pas fermé la porte) ; *Exiit nec fores clausit.*

Personne ne devient savant, qui peut devenir
savant sans lire beaucoup (*tournez*, qu'il ne lise..) ?
*Nemo fit doctus, quis potest fieri doctus quin
multa legat ?*

Je ne partirai pas sans vous avoir dit adieu
(*tournez*, avant que je vous aie....) ; *Non proficiscar priusquàm tibi valè dixerim.*

2.° Sans pleurer; *Sine lacrymis.*

Sans blesser sa conscience; *Salvá fide.*

Sans faire semblant de rien ; *Dissimulanter.*

Sans rire : *Romoto joco.*

THÈMES.

Les anciens philosophes s'accoutumaient de
bonne heure à mener une vie sobre, sans laquelle
on ne peut bien satisfaire aux devoirs d'un bon
citoyen. Ils vivaient dans la pauvreté, sans mépriser les richesses. Ils étaient humbles, sans être dé-
pouillés de toute espèce d'amour-propre. Ils avaient
de bonnes qualités, sans être exempts de vices. Il y
en avait qui étaient couverts de haillons, sans avoir
renoncé au faste et aux honneurs. Diôgène habitait
dans un tonneau, sans avoir renoncé à l'orgueil.
Un jour Socrate voyant la pompe de certaines cérémonies : Que de choses, dit-il sans s'émouvoir,
dont je n'ai pas besoin. Ce philosophe n'était pas

parvenu à un tel détachement, sans faire beaucoup d'efforts.

L'avare ne vit pas un instant sans craindre les voleurs ou les revers de la fortune. Il passe les jours sans se reposer, et les nuits sans dormir; il ne vit pas un jour sans inquiétudes. Il s'imagine qu'on en veut à sa personne ou à son argent. Le temps s'écoule sans qu'il devienne plus modéré; au contraire, plus il est riche, plus il veut le devenir. Il adore son trésor, sans penser qu'il doit bientôt l'abandonner. Il ne peut passer un jour sans aller le voir et le compter. Il vit sans vivre, et il mourra sans avoir vécu. Cicéron ayant appris la mort d'un avare, dit : Il vivait sans jouir, et il est mort sans avoir vécu.

L'homme sage supporte, sans se plaindre, les adversités de la fortune. Il vit sans s'attacher au monde. Il quitte sans chagrin et sans peine, sa patrie, ses parens et ses amis. A la mort, il quittera tout sans regret, parce qu'il a tout aimé sans attachement. Il souffre et il a souffert sans se plaindre et sans s'impatienter : il sera récompensé sans mesure. Pendant sa vie, il a tout perdu sans y faire attention ; à la mort, il recouvrera tout sans rien demander. Le sage voit venir la mort sans la craindre ; tandis que le méchant ne peut y penser sans frémir, parce qu'il sait qu'ayant agi sans ordre pendant toute sa vie, il sera traité sans miséricorde après sa mort.

LXXXVIII.

Après , *devant un Nom et devant un Infinitif.*

Post prandium, etc. — *Postquàm* legi, legeram, etc.

1.° Après, devant un nom, s'exprime par *post*, avec l'accusatif. Quand *après*, suivi d'un nom, marque la seconde place, le second rang, on l'exprime par *secundùm*, avec l'accusatif, ou par *à* ou *ab*, avec l'ablatif. S'il signifie *immédiatement après*, on l'exprime par *sub*, avec l'accusatif.

2.° *Après*, suivi du parfait de l'infinitif, se tourne par *après que*, et s'exprime par *postquàm*, *quàm*, avec l'indicatif.

Exemples :

1.° Après le dîner ; *Post prandium.*

Après Cicéron, il est , sans contredit, le premier des orateurs ; *Secundùm Ciceronem* , ou bien, *à Cicerone est oratorum facilè princeps.*

2.° Après avoir lu,
	j'écrivis,	*(tournez, après que)*	j'ai lu....,
	j'écrivais,		j'avais lu..,
	j'ai écrit,		j'eusse lu..,
	j'écrirai ;		j'aurai lu..;

Postquàm.
	legi,		*scribo.*
	legeram ,		*scribebam.*
	legi,		*scripsi.*
	legero ;		*scribam.*

THÈMES.

Après les Romains, les Grecs étaient les meilleurs guerriers de l'antiquité. Après Dieu, nous devons honorer et respecter le prince qui nous gouverné. Après nos parens, nous devons aimer nos bienfaiteurs. Après le déluge, les hommes commencèrent à se multiplier et à devenir pires qu'auparavant. Après Henri quatre, Louis douze est, sans contredit, le meilleur roi de France. Après la pluie, vient le beau temps. Après la récitation des leçons, vient l'explication. Après l'explication, on dicte le thème ou la version. Après la messe, on dit les vêpres. Après Scipion et Annibal, Pyrrhus et Alexandre sont, sans contredit, les meilleurs généraux de l'antiquité.

~~~~~~

Paul-Emile, après avoir remporté plusieurs victoires, reçut les honneurs du triomphe. Après avoir pris Persée, roi de Macédoine, il l'amena captif à Rome, et le fit servir d'ornement à son triomphe. Alexandre-le-Grand mourut après avoir vaincu tous les peuples de l'Asie. Pompée, après avoir été vaincu par César, prit la fuite en Egypte ; après y être abordé, il fut mis à mort aux yeux de son épouse et de ses enfans ; sa tête fut envoyée à César, et son corps fut jeté dans le Nil. Romulus, après avoir régné trente-sept ans, disparut en passant son armée en revue, auprès du marais de Caprée. Après avoir fait long-temps la guerre, les Romains devinrent maîtres de tout l'univers.

~~~~~~

Après avoir lu l'histoire grecque et l'histoire romaine, on peut facilement conclure, qu'après Démosthène, Cicéron était le premier des orateurs. Après avoir lu les discours qu'il a composés contre Catilina, contre Antoine et contre plusieurs autres, on peut juger du mérite et de la force de son éloquence. Après avoir médité les discours de cet orateur, on sait mieux apprécier les déclamations de nos modernes. Après avoir découvert la conjuration de Catilina, et avoir reçu le surnom de Père de la patrie, sa tête fut mise à prix. Après s'être embarqué pour passer en Macédoine, un vent contraire l'ayant repoussé sur le rivage : Mourons, dit-il, puisque les Dieux le veulent ainsi, dans une patrie que nous avons tant de fois sauvée.

LXXXIX.

AVANT, *suivi d'un Infinitif.*

Lego, legam *antequàm scribam*, etc.

1.º AVANT, suivi d'un infinitif, se tourne par *avant que*, et s'exprime par *antequàm, priusquàm*, avec le subjonctif.

2.º *Avant*, suivi du parfait de l'infinitif, peut se rendre par un participe-passé, en y ajoutant une négation.

Exemples :

1.º Je lis, je lirai avant d'écrire (*tournez*, avant que j'écrive); *Lego, legam antequàm scribam.*

Je lisais, j'ai lu, j'avais lu avant d'écrire (*tournez*, avant que j'écrivisse); *Legebam, legi, legeram antequàm scriberem.*

2.º Il est parti avant d'avoir terminé l'affaire, *c'est-à-dire*, l'affaire n'étant pas terminée; *Infecto negotio*, ou *infectâ re*, *profectus est* (*in*, ajouté à un adjectif, équivaut à *non*.)

THÈMES.

La loi naturelle a été gravée dans nos cœurs par la main du créateur. Tout homme porte en lui un principe d'équité, qui est ineffaçable. Aristide avait été juste avant que Socrate eût défini la justice. Léonidas était mort pour son pays, avant que Socrate eût fait un devoir de mourir pour la patrie. Sparte était sobre avant que Socrate eût loué sa sobriété: Avant qu'il eût défini la vertu, la Grèce abondait en hommes vertueux : mais personne n'avait enseigné ni pratiqué la morale pure , qui est contenue dans l'Evangile, avant que Jésus-Christ vînt au monde , et avant qu'il en donnât lui-même l'exemple. Les plus grands philosophes étaient assis dans les ténèbres de l'ignorance , avant que cette sublime doctrine parût sur la terre.

———

Les Anciens, tout Païens qu'ils étaient, avaient plus de religion que nous, qui sommes Chrétiens ; ce qui le prouve, c'est qu'avant de commencer leurs actions, ils avaient soin de consulter les Dieux, tandis que la plupart des Chrétiens n'y pensent point. Nous lisons dans l'histoire, que le grand Cyrus, étant dans la Médie , n'entreprenait aucune action avant d'avoir consulté les Dieux du pays. Il ne distribuait jamais le butin à ses soldats , avant d'avoir consacré aux Dieux ce qu'il y avait de plus précieux. Les Grecs avaient grand soin de consulter les oracles , avant d'entreprendre leurs actions; ils n'auraient entrepris aucune guerre avant d'avoir consulté l'oracle d'Apollon., ou celui de Dodone. Les Romains ne déclaraient point la guerre aux nations voisines, avant d'avoir consulté Jupiter , ou les livres de la Sibylle ; et les Chrétiens ne daignent pas même faire le signe de la croix.

X C.

AU LIEU DE , AU LIEU QUE , *suivis d'un Nom* ou *d'un Infinitif.*

Pro gladio *ou* loco gladii , etc. — *Quùm* legere deberet , etc.

Au *lieu de , au lieu que*, suivis d'un nom, s'expriment par *loco*, avec le génitif, ou par *pro*, avec l'ablatif.

1.° *Au lieu de, au lieu que*, suivis d'un infinitif, se tournent par *lorsque je devrais, tu devrais, il devrait....*, quand il y a obligation de faire la chose ; mais, lorsqu'il n'y a qu'une simple permission de la faire, *au lieu de, au lieu que*, se tournent par *lorsque je pourrais, tu pourrais, il pourrait*, et s'expriment toujours par *quùm*.

2.° *Au lieu de.....*, précédé d'un verbe à l'impératif, s'exprime par *non autem*, et le second verbe se met aussi à l'impératif en latin.

3.° *Au lieu que*, se tourne quelquefois par *au contraire*, et s'exprime par *verò, autem*, que l'on met après un mot. Il se tourne quelquefois par *bien loin de*, et s'exprime de même.

Exemples :

Au lieu d'une épée, il se servit d'un bâton ; *Pro gladio*, ou *loco gladii fuste usus est.*

1.° Au lieu de lire, il joue (*tournez*, lorsqu'il devrait lire.....); *Quùm legere deberet, ludit.* Au lieu de jouer, il lit (*tournez*, lorsqu'il pourrait jouer....); *Quùm ludere posset, legit.*

2.° Lisez, au lieu de badiner (*tournez*, lisez et ne badinez pas); *Lege, non autem nugare.*

3.° Il lit, au lieu que vous badinez (*tournez*,

vous au contraire vous badinez); *Legit ille , tu vero nugaris.*

Il parle, au lieu de se taire (*tournez*, bien loin de se taire, il parle); *loquitur, nedum taceat.*

THÈMES.

Les Anciens ne se servaient pas des mêmes armes que nous ; au lieu d'une épée et d'un sabre, ils se servaient d'une pique ou d'une lance. Dans les siéges des villes, au lieu de la bombe et du canon, dont nous faisons usage aujourd'hui, les Grecs et les Romains se servaient du bélier, des balistes et des tours de bois ; au lieu de fusil, ils portaient un arc et des flèches ; au lieu d'abattre les murailles, ils montaient à l'assaut avec des échelles de bois ou de corde. Au lieu de rendre heureux les peuples vaincus, en se les attachant, ils les réduisaient en esclavage. Dans le sac d'une ville, ils passaient au fil de l'épée les femmes et les enfans, au lieu d'épargner ces innocentes victimes. Au lieu d'adoucir les nations vaincues, par leurs manières douces et insinuantes, ils les rendaient furieuses par leurs cruautés et leur barbarie ; ils ruinaient les villes et les provinces par les tributs qu'ils leur imposaient, au lieu de leur faire quelque gratification pour réparer les maux que la guerre leur avait faits : cette conduite leur attirait la haine des peuples qui étaient sous leur domination, au lieu de les en faire aimer. Si vous voulez devenir riche et vous agrandir, dit un auteur, plantez, au lieu de déraciner ; bâtissez, au lieu de détruire ; épargnez, au lieu de prodiguer : tout le monde connaît cette maxime, mais tout le monde ne l'observe pas.

~~~~~

Les anciens conquérans connaissaient l'art de vaincre, mais ils ignoraient l'art de régner ; ils détruisaient les nations vaincues, au lieu que ceux
~~~~~

d'aujourd'hui se les attachent par leur clémence et leurs bienfaits; ils ruinaient les villes prises, au lieu de les embellir; ils réduisaient les citoyens à une dure servitude, au lieu que nous leur accordons des honneurs et des dignités; ils s'attiraient la malédiction de ces peuples, au lieu de se concilier leur esprit, leur amour et leur estime. Si le gouverneur d'une ville faisait une vigoureuse résistance pour la défendre, et que néanmoins la ville fût prise, le vainqueur le faisait mettre à mort, au lieu de récompenser la fidélité qu'il avait montrée pour défendre les intérêts de son maître.

XCI.

LOIN DE..., **BIEN LOIN DE...**, *suivis d'un Infinitif.*

Vix me aspicit, *nedùm* me amet.

Loin *de....*, ou *bien loin de....*, suivi d'un infinitif, s'exprime par *nedùm* avec le subjonctif; et le membre de la phrase où il se trouve devient le second.

Exemple:

Bien loin de m'aimer, il me regarde à peine (*tournez*, il me regarde à peine, bien loin qu'il m'aime); *Vix me aspicit, nedùm me amet.*

THÈMES.

Calypso ne pouvait se consoler du départ d'Ulysse; les beaux lieux où elle se promenait, loin de modérer sa douleur, rappelaient sans cesse à son esprit le triste souvenir d'Ulysse. Bien loin de calmer les passions, la lecture des romans les irrite. Bien loin d'apaiser les assiégeans, la résistance des assiégés les anime davantage. Loin de nous causer des maux, la guerre nous a fait du bien. Bien loin de nous apporter des troubles, elle nous a procuré la paix et la tranquillité. Bien loin d'apaiser la soif insatiable de l'avare, les richesses l'excitent davantage. Lorsqu'on vous outragera, loin de vous venger, rendez le bien pour le mal ; c'est la meilleure manière de vous venger de votre ennemi, et de remporter la victoire.

Les richesses excitent la soif de l'or, loin de l'apaiser. Les plaisirs tourmentent les hommes, loin de les rendre heureux. Bien loin de trouver le calme et la félicité au milieu des plaisirs, on n'y trouve souvent que des peines et des chagrins. Si vous vous adonnez à vos passions, loin d'être heureux et tranquille, vous vous creuserez un abîme de malheurs : parce que les passions que l'on contracte deviennent une seconde nature, qui, loin de rendre la première meilleure, la rend pire. Loin de suivre nos passions et de leur obéir, nous devons leur résister, et nous armer de force et de courage pour les vaincre ; si nous ne leur faisons une guerre perpétuelle, loin de s'affaiblir, elles deviendront plus fortes tous les jours, et jetteront de plus profondes racines.

RÉCAPITULATION,

Depuis le n.º 82 , jusqu'au n.º 91.

Préposition DE , etc.

THÈMES.

CALLICRATIDAS, général des Lacédémoniens, était sur le point (1) d'attaquer la flotte d'Athènes, lors-

---

(1) *Être sur le point de* , s'exprime par le participe du futur en *rus* , *ra* , *rum* pour l'actif, et en *dus* , *da* , *dum*

qu'on vint pour l'avertir que les auspices annonçaient la victoire aux Lacédémoniens, mais que leur chef périrait : on lui conseillait de retirer sa flotte, et de ne pas risquer le combat. Callicratidas répondit sans s'effrayer : La destinée de Lacédémone n'est pas attachée à un seul homme ; après ma mort, ma patrie trouvera sans peine un autre général ; mais si la crainte de mourir me fait reculer devant l'ennemi, je perds l'honneur de ma patrie, et cette perte est irréparable ; il m'importe donc de mépriser la mort, et de préférer le salut et l'honneur de ma patrie à mes intérêts particuliers. Il choisit ensuite Cléandre pour son successeur, et engagea le combat, où il périt.

<div align="center">~~~~~</div>

Alcibiade, dans sa jeunesse, était si timide qu'il n'osait haranguer le peuple, quoiqu'il eût beaucoup de talens et une grande éloquence. Crains-tu, lui dit Socrate, de parler en présence d'un cordonnier, d'un cuisinier, et d'autres gens de métier? — Non, répondit Alcibiade, au contraire, je parle avec beaucoup de hardiesse devant tous ces gens-là. — Eh bien, lui dit Socrate, ignores-tu que le peuple qui a coutume de s'assembler sur la place publique, n'est composé que de gens semblables à ceux que je viens (1) de te nommer; et si tu ne crains pas de parler devant chacun d'eux en particulier, pourquoi craindrais-tu de discourir en leur présence, lorsqu'ils sont assemblés. Cette considération fit un tel effet sur l'esprit d'Alcibiade, qu'il vint à bout de surmonter sa timidité naturelle, et devint un des plus excellens orateurs d'Athènes.

---

pour le passif, avec *sum, cram....*, ou par *in eo esse ut*, avec le subjonctif.

(1) *Venir de*, devant un infinitif, s'exprime par *modò*.

Préposition A *, etc.*

T H È M E S.

Iphicrate, général Athénien, étant un jour campé sur les terres de ses alliés, travailla long-temps à tracer un camp et à le fortifier d'une palissade, comme s'il eût été dans un pays ennemi. A quoi bon tant de soins, lui dit quelqu'un, que craignez-vous? A vous voir travailler à fortifier votre camp, on dirait que les ennemis vous poursuivent. — Quand on n'a rien à craindre, répondit le prudent général, c'est alors qu'on doit craindre le plus. Lorsqu'un malheur imprévu est arrivé, il est honteux pour un général de dire : Je n'y avais pas pensé.

Iphicrate, après avoir vaincu et mis en fuite les Lacédémoniens, les poursuivit jusque dans un défilé très-étroit, d'où ils ne pouvaient plus sortir, à moins qu'ils ne s'ouvrissent un passage à travers son armée. Cet habile général, sachant que le désespoir donne du cœur aux plus lâches, s'arrêta et dit : Ne forçons pas nos ennemis à devenir braves ; à les poursuivre plus long-temps, ce serait vouloir perdre l'avantage que nous avons eu. Il les laissa échapper, et ne voulut pas risquer la victoire qu'il avait remportée, en combattant contre des gens qui n'avaient rien à perdre.

Etre homme à, *etc.*

T H È M E S.

Sous le règne du Grand Constantin, un esprit de rébellion s'empara des habitans d'Alexandrie ; et la populace qui, dans sa fureur aveugle, est capable de tout, se porta jusqu'à outrager les statues de l'Empereur. Il en fut informé. Les courtisans, qui ne sont pas gens à cacher les fautes d'autrui, ne trouvaient pas de supplices assez rigoureux pour punir des forcenés qui avaient insulté à coups de pierre la face du prince. Constantin, qui n'était pas homme à se laisser entraîner par leurs raisons, porta la main sur son visage en souriant, et dit : Pour moi, je ne me sens pas blessé. Cette parole ferma la bouche à tous les courtisans, et elle ne sera jamais oubliée de la postérité.

On rapporta à Philippe, roi de Macédoine, que Nicanor ne cessait de dire du mal de sa personne : mais toutes les raisons qu'on allégua ne furent pas capables de porter ce prince à le punir. Le monarque répondit : Nicanor n'est pas homme à médire de moi, je le connais : voyons si je ne lui ai pas donné sujet de se plaindre. Ayant fait des informations, il apprit que Nicanor n'avait encore reçu aucune récompense des services qu'il avait rendus à l'état, et qu'il était réduit à une extrême pauvreté. Je savais bien, dit-il alors, que Nicanor n'était pas homme à se plaindre, et qu'il n'était pas capable de médire, si je ne lui en eusse donné le sujet. Aussitôt il lui envoya une somme d'argent considérable. Quelque temps après, ayant appris que Nicanor publiait partout ses louanges : C'est aux rois, dit-il, à faire parler d'eux en bien ou en mal.

Préposition POUR *, etc.*

THÈME.

DES malheureux ayant été sauvés du naufrage par des mariniers, et voulant leur donner tout ce qu'ils avaient pour récompense de ce qu'ils leur avaient sauvé la vie, ceux-ci refusèrent leur offre, en disant : Nous vous avons pris sur notre vaisseau pour vous sauver la vie, et non pour jouir de vos dépouilles. Pour nous, nous ne trouverions rien de plus barbare que de vous mettre à terre, après vous avoir privés de ce qui vous reste : ce serait vous sauver pour vous tuer plus adroitement ; vous empêcher de vous noyer, pour vous faire mourir de faim ; vous arracher à une mort douce et prompte, pour vous faire souffrir davantage. Ne croyez donc pas que nous acceptions la moindre chose de ce que votre reconnaissance vous porte à nous offrir. Pour ce qui regarde le parti que vous nous proposez de vous mettre à terre, la chose est d'une grande difficulté : notre vaisseau est destiné pour les Indes, et quoique nous nous soyons détournés considérablement, dirigés peut-être par la·Providence pour vous tirer d'un danger si terrible, nous ne sommes pas, maîtres de changer notre destinée ; pour avoir manqué notre route, nous n'avons pas acquis le droit de la changer. Pour l'amour de vous, nous ne pouvons pas nous empêcher de continuer notre voyage. Tout ce qu'il nous est possible de faire pour vous, c'est de prendre notre route du côté où nous pouvons nous attendre à trouver des vaisseaux qui retournent des Indes en Europe, afin que vous puissiez y retourner avec eux.

Préposition SANS, *etc.*

THÈME.

Les officiers du roi de Perse ayant annoncé à Tismène, envoyés des Grecs, que, selon les lois de la cour, il devait, en se présentant à l'audience du prince, se prosterner devant lui : Conduisez-moi vers le roi, dit Tismène sans hésiter, et je ferai sans peine ce que vous me dites. Etant donc arrivé devant le trône du grand roi, il laissa tomber son anneau à ses pieds, et se baissant, sans faire semblant de rien, pour le ramasser, il parut avoir satisfait à la loi, sans avoir en effet avili la fonction dont il était chargé, et sans avoir donné aucune atteinte à la dignité des Grecs.

Préposition APRÈS, *etc.*

THÈME.

PHILIPPE, roi de Macédoine, après avoir entendu son fils Alexandre chanter avec la plus grande perfection, lui dit : N'as-tu pas honte, Alexandre, de chanter si bien ? Un Evêque courtisan, après avoir parlé long-temps à tort et à travers sur un plan de campagne contre les Turcs, fut interrompu par un général d'armée, qui lui dit : Monseigneur, après vous avoir entendu, je ne puis m'empêcher d'admirer la justesse de vos raisons ; mais dites-moi, je vous prie, de quel saint votre bréviaire fait aujourd'hui la fête ? — Je crois, monsieur, qu'il fait la fête de saint Mars ou de sainte Bellone. — Souffrez, monseigneur, qu'après vous avoir écouté parler de mon état avec tant de connaissance, je parle du vôtre avec tant d'étourderie.

Préposition AVANT, *etc.*

THÈME.

LES hommes voluptueux, qui ne pensent qu'à satisfaire leurs passions, sont effrayés à l'aspect de la mort ; ils ne voudraient point partir de ce monde avant d'avoir consommé tout ce qui alimente leurs plaisirs. Le voluptueux Sardanapale, avant de se condamner lui-même à la mort avec toutes ses femmes, ordonna de graver sur sa tombe, ces mots : De tous les biens qui m'ont appartenu , je n'emporte que ce qui a servi à mes plaisirs. Les avares ne sont pas plus sages : l'histoire fait mention de plusieurs qui, avant de mourir , ont voulu voir encore une fois leur trésor , et le compter.

Au lieu , etc.

T H È M E.

ABBAS Ier, surnommé le Grand Sophi de Perse, au lieu d'aimer les flatteurs , les détestait. On raconte de lui, qu'indigné des basses flatteries de quelques-uns de ses courtisans, il feignit un jour de les inviter à fumer du tabac, ce qui était pour eux une faveur distinguée ; mais au lieu de tabac on leur présenta du crottin de cheval , apprêté de manière que l'œil pouvait s'y méprendre. Lorsqu'ils eurent commencé à fumer , le roi leur demanda comment ils trouvaient ce tabac. Ces vils flatteurs , au lieu de dire leur sentiment , jurèrent par la tête du roi que ce tabac était le meilleur qu'on pût trouver , et qu'il sentait comme mille fleurs. Abbas ayant jeté sur eux un regard d'indignation , les fit chasser de sa présence.

Au lieu , ou *bien loin de ,* etc.

T H È M E.

TAXILLE , l'un des plus puissans rois des Indes , instruit du dessein d'Alexandre d'entreprendre la conquête de ces vastes contrées, bien loin de prendre la fuite, ou de lever des armées comme faisaient les autres princes, vint au-devant de lui, et lui dit : Alexandre, je t'appelle au combat, non pas des armes, mais des bienfaits : si tu m'es inférieur, tu en recevras de moi ; si au contraire tu m'es supérieur, tu m'honoreras de tes faveurs. — Loin de refuser ce généreux défi, répondit Alexandre, je l'accepte, et nous verrons qui de nous deux l'emportera en bienfaisance. Alexandre, bien loin d'entreprendre la conquête des états de Taxille, les lui augmenta.

XCII.

CHAPITRE SIXIÈME.

CONJONCTIONS FRANÇAISES.

si, *conditionnel.*

Id si *faceres*, si *fecisses* causâ meâ, etc.

1.° Si, au commencement d'une phrase, se traduit par *si*, et veut le subjonctif devant l'imparfait et le plusque-parfait. Quelquefois, au lieu de répéter *si*, on met *que* en français.

2.° Quand après *si*, il y a un second verbe au futur, on met le premier au même futur en latin.

3.° Quand *si* est suivi de *ne* seulement, on le traduit par *nisi*, avec le subjonctif ; mais s'il est suivi de *ne pas*, *ne point*, on le traduit par *si non*, *si minùs* ; et ces mots, *au moins*, *du moins*, *pour le moins*, s'expriment par *saltem*, *at certè*, *ut minimùm*.

Exemples :

1.° Si vous le faisiez, si vous l'aviez fait pour l'amour de moi ; *Id si faceres, si fecisses causâ meâ.*

Si vous aviez voulu, et que vous eussiez pu ; *Si voluisses, et potuisses.*

2.º Si vous lisez ce livre, j'en serai charmé ; *Quem librum si leges, lætabor.*

Si vous venez, vous me ferez plaisir ; *Si veneris, pergratum mihi feceris.*

3.º Si vous ne prenez garde ; *Nisi caveas.*

Si vous ne craignez pas les hommes, au moins craignez Dieu ; *Si non homines, at certè Deum time.*

THÈMES.

Si vous pratiquiez la vertu, vous seriez estimé de tout le monde, même des méchans. Si vous aviez été toujours sage et studieux, et que vous vous fussiez acquitté de tous vos devoirs, vous vous seriez attiré l'estime et l'amour de vos parens et de vos maîtres. Si vous aviez lu, et que vous eussiez réfléchi, vous auriez fait plus de progrès que vous n'en avez faits. Si vous eussiez travaillé, et que vous vous fussiez appliqué, vous auriez eu le premier prix. Si vous vous adonnez aux plaisirs, vous deviendrez inepte à tout. Si vous ne suivez mes conseils, vous vous perdrez.

Si nous n'observons les commandemens de Dieu, nous serons sévèrement punis. Si nous prenons tous nos plaisirs en cette vie, notre récompense ne sera pas grande en l'autre. Si nous ne faisons ce qui nous est prescrit, nous sommes des serviteurs inutiles. Si vous ne voulez pas vous corriger de vos mauvaises habitudes, tâchez au moins de ne pas donner mauvais exemple aux autres. Lorsque vous serez à l'église, si vous ne priez pas, tenez-vous du moins avec modestie en présence du maître de l'Univers. Si nous ne prenons garde, et si nous n'avons soin de nous tenir prêts, la mort nous surprendra. Si nous étions de vrais chrétiens, nous serions toujours prêts à mourir.

SI, *signifiant* AUTANT, *etc.*

Quem si arcessebam, *abibat*, etc.

1.° Si, signifiant *quand, parce que, lorsque, s'il est vrai que*, etc., veut l'indicatif, même devant l'imparfait, ce qui arrive lorsqu'il est suivi de deux imparfaits ou de deux parfaits.

2.° *Que si*, s'exprime par *quòd si*; *Mais si*, par *sin, sin autem*; *Si au contraire, si cela n'est pas*, par *sin aliter, sin minùs*; *Si ce n'est que, à moins que*, par *nisi, nisi fortè, nisi si. Si ce n'est que*, suivi d'un nom, s'exprime par *nisi*, ou par *præter*, avec l'accusatif.

3.° *Si*, après les verbes de doute, s'exprime par *an* ou *utrùm*; *ou si*, s'exprime par *an*; *ou non*, par *an-non* ou *nec-ne*.

Exemples :

1.° Si je l'appelais, il s'en allait (*tournez, quand je l'appelais, il......*) ; *Quem si arcessebam, abibat.*

2°. Si vous faites bien, vous serez récompensé; mais si vous faites mal, vous porterez la peine de votre faute ; *Si rectè facies, recipies mercedem ; sin autem malè, lues pœnam peccati.*

3.° Je ne sais s'il dort, ou s'il écoute ; *Nescio utrùm dormiat, an audiat :* s'il vient ou non ; *utrùm veniat nec-ne.*

THÈMES.

Un roi d'Afrique, ayant été détrôné et mis à mort, laissa un enfant encore fort jeune ; l'usurpateur craignant que ce jeune prince ne le détrônât à son tour s'il le laissait vivre, résolut de le faire mourir. Un ministre, qui avait rendu de grands services au prince, et qui aimait cet enfant, désirant lui sauver la vie, parla ainsi au nouveau roi : Grand roi, si le malheur de cet enfant, qui ne vous a fait aucun mal, ne vous touche point, du moins que votre propre intérêt vous touche; si vous le faites mourir, vous vous attirerez la haine de plusieurs ; si au contraire vous lui sauvez la vie, il se souviendra que ce n'est qu'à vous qu'il est redevable de ce grand bienfait. Vous dites que si vous le laissez vivre, il vous ôtera la couronne ; et je pense, au contraire, que c'est le seul moyen de vous l'assurer : pensez-vous qu'il osera ôter la vie à celui qui la lui a conservée ?

<center>~~~~~</center>

Si Dieu m'avait donné des richesses, j'aurais bien aimé à secourir les malheureux ; rien n'est plus doux que de rendre service à ses semblables. Je doute si les riches jouissent de quelque félicité, en voyant leurs semblables dans la misère. Comme vous lisez fort peu de livres, je ne sais si vous avez lu l'histoire romaine, qui est aussi utile qu'amusante. Je m'informe tous les jours si votre santé devient meilleure, ou non. Si vous ne prenez des précautions, vous retomberez bientôt dans le même état où vous avez été; si vous négligez les autres, du moins vous devriez avoir soin de vous.

<center>~~~~~</center>

Si nous jouissions enfin de la paix, on verrait fleurir le commerce comme auparavant; s'il en arrive autrement, les négocians ne feront pas fortune. Si vous ne voulez pas secourir les malheureux, au moins n'insultez pas à leur misère. Si nos élèves sont sages et studieux, nous les récompenserons; mais s'ils sont dissipés et paresseux, nous les punirons sévèrement. Je les avertis de bonne heure, s'ils ne prennent garde, ils ne seront que plus coupables ; s'ils ne craignent les châtimens ni les reproches, ils devraient au moins avoir honte de leur ignorance. Je leur promets que, s'ils ne sont pas plus studieux et plus dociles, ils seront fort mal récompensés.

La piété est bonne à tous : il y en a cependant qui doutent qu'elle soit utile à un guerrier ; ils prétendent que la piété et la bravoure sont inalliables. Pour moi, je pense qu'un guerrier sans piété, et par conséquent sans religion, est un monstre ; car si l'obéissance qu'il a jurée au prince, si la vue d'une gloire passagère, le portent à mépriser les plus grands dangers et la mort même, que ne fera pas sur lui l'envie de plaire à Dieu, et l'espérance d'une gloire éternelle ? J'aperçois, si je ne me trompe, ce qui les fait parler de la sorte ; mais il me semble que si un guerrier est fidèle à observer la loi de Dieu, il ne le sera pas moins à observer celle du prince.

XCIII.

Comme, de même que.

Ut ou *quemadmodùm* ignis aurum probat, *sic* ou *ita* miseria fortes viros, etc.

1.º COMME, *de même que*, dans le premier membre d'une comparaison, s'expriment par *ut* ou *quemadmodùm*, avec l'indicatif ; et *de même*, dans le second membre, s'exprime par *sic* ou *ità*.

2.º *Comme*, signifiant *pendant que*, *puisque*, se rend par *quùm*, avec le subjonctif.

Exemples :

1.º Comme le feu éprouve l'or, de même l'adversité éprouve l'homme courageux ; *Ut* ou *quem-*

admodùm ignis aurum probat , sic ou *ità miseria fortes viros.*

2.° Comme on le menait au supplice, (*tournez,* pendant qu'on le.....) : *Quùm ad supplicium ducerelur.*

Comme la chose est ainsi (*tournez,* puisque la..) ; *Quùm ità se res habeat.*

THÊMES.

Comme le feu purifie l'or, de même les malheurs de la vie purifient l'homme pécheur. Comme l'eau éteint le feu, de même la mortification éteint en nous les passions. Comme le lion s'élance sur sa proie, de même Achille s'élançait sur ses ennemis. Comme autrefois les Grecs et les Romains étaient avides de jeux et de spectacles , de même aujourd'hui nous sommes avides de plaisirs frivoles. Comme le soleil éclaire et échauffe la terre , de même l'Esprit-Saint éclaire et échauffe nos cœurs. Comme le cerf altéré désire l'eau des fontaines, de même l'âme du juste désire de voir Dieu et de jouir de sa présence. Comme la nourriture est nécessaire au corps , de même la vertu est nécessaire à l'âme.

~~~~~

Comme Romulus passait son armée en revue , il disparut à la vue de tous les sénateurs. Comme Camille allait en exil , il pria les Dieux pour que sa patrie ne se repentît point un jour de la conduite qu'elle avait tenue à son égard. Comme Jésus-Christ allait au supplice, il chancela sous le poids du fardeau qu'il portait. Comme les complices de Catilina étaient en prison, ils ne purent exciter des troubles dans Rome. Comme les mauvais citoyens se disposaient à les en délivrer, Cicéron leur annonça que les sénateurs s'y opposaient. Comme Jésus en croix rendait le dernier soupir, le soleil refusa sa lumière, et la terre trembla. Comme
~~~~~

Numa-Pompilius, second roi de Rome, voulait
que les Romains fussent obéissans aux lois, il leur
fit croire que ces lois lui avaient été inspirées par
les Dieux.

━━━━

Comme nous estimons les gens de bien, de même
nous méprisons les méchans. Comme la vertu est
aimable, de même le vice est odieux. Comme nous
aimons les biens et les richesses, de même nous
craignons la pauvreté et la misère. Comme nous
aimons la vie, de même nous craignons la mort.
Comme Vesta voulait sauver Jupiter, elle le cacha,
et montra à Saturne la seule Junon. Comme le
monde a eu un commencement, de même il aura
une fin : nous ne devons donc pas regarder la terre
comme notre patrie. Comme dans le ciel nous serons éternellement heureux, nous devons faire tous
nos efforts pour y parvenir. Comme nous avons
l'occasion de faire notre salut, ne le négligeons
point. Comme l'heure de notre mort est incertaine,
tenons-nous toujours prêts.

━━━━━━━━━━

RÉCAPITULATION,

Depuis le n.° 91, jusqu'au n.° 93.

si, etc.

THÈMES.

Si les Saints sont heureux dans le ciel, s'ils jouissent d'une gloire infinie, c'est qu'ils ont mérité une
telle récompense ; s'ils sont riches, c'est qu'ils ont
été pauvres ; s'ils sont élevés dans le ciel, c'est
qu'ils ont été humiliés sur la terre, et qu'ils ont
supporté les humiliations avec patience. Si nous ne
pouvons les imiter en tout, tâchons au moins de

faire tous nos efforts pour les imiter en quelque chose, si nous voulons participer à leur bonheur. Car il est certain que nous n'y participerons jamais, à moins que nous ne marchions sur leurs traces : nous ne pouvons être élevés dans le ciel, si nous ne sommes humiliés sur la terre ; nous ne pouvons être riches dans le ciel, à moins que nous ne soyons riches en vertus et en mérites sur la terre.

Comme, etc.

THÈMES.

Comme les Athéniens se révoltèrent les premiers contre Alexandre, de même ils furent les premiers à s'en repentir. Comme auparavant ils avaient eu beaucoup de mépris pour ce prince, de même ensuite ils louèrent beaucoup sa jeunesse et ses talens. Comme on leur demandait ce que c'était qu'Alexandre, ils répondaient que c'était un prince dont le courage et la bravoure le mettraient un jour au-dessus de tous les anciens capitaines. Voilà comme les Athéniens changèrent de sentiment. Comme ils n'avaient pas encore éprouvé le courage et la bravoure de ce conquérant, ils le méprisaient ; mais ils pensèrent tout autrement, lorsqu'ils eurent fait cette épreuve.

XCIV.

CHAPITRE SEPTIÈME.

DIFFÉRENTES LOCUTIONS FRANÇAISES.

ALLER , DEVOIR , FALLOIR , *suivis d'un Infinitif.*

Mox *profecturus sum*. — Urbs cràs *diripienda est* , etc.

1.º QUAND *aller* , *devoir* , *falloir*, suivis d'un infinitif, marquent seulement qu'une chose est près de se faire , on ne les exprime pas ; mais on met le verbe suivant au participe du futur en *rus* , *ra* , *rum* , avec *sum* , *es* , *est* , que l'on met au même temps où le verbe *aller* est en français.

2.º Quand ces verbes marquent obligation , on tourne la phrase par le passif , et l'on se sert du participe en *dus* , *da*, *dum*. *Avoir besoin* , suivi d'un infinitif , s'exprime aussi par le participe en *dus* , *da* , *dum*. Si le verbe qui suit *devoir* ne veut pas l'accusatif, on se sert du participe neutre en *dum* , avec *est* ; et on met au cas du verbe le nom ou pronom suivant. (*Devoir* et *falloir* s'expriment souvent, même devant un infinitif.)

Exemples :

1.º Je vais *ou* je dois partir ; *Mox profecturus sum.*

Il devait *ou* il allait partir ; *Profecturus erat.*

La ville doit être pillée demain ; *Urbs cràs diripienda est.*

2.º Il faut réprimer ses passions ; *Comprimendæ sunt libidines.*

Il a besoin d'être excité au travail ; *Ad laborem est incitandus.*

Il faut servir Dieu ; *Serviendum est Deo.* (*Servire* gouverne le datif.) On peut dire aussi : *Deo servire oportet*, *debent.*

T H È M E S.

Je vais vous donner un auteur un peu plus difficile que celui que vous expliquez ; il ne faut pas cependant vous étonner. Vous allez rencontrer quelques difficultés ; mais vous les surmonterez facilement, pour peu que vous ayez de bonne volonté. Il ne faut pas perdre courage si tôt ; vous devez au contraire vous animer les uns les autres, et vous exciter au travail. Il faut chasser l'ennui et la paresse. Nous ne devons pas nous laisser (1) vaincre par nos passions : nous devons, au contraire, leur déclarer la guerre ; nous devons les réprimer et les vaincre. Pour cela nous avons besoin de nous encourager et de nous exciter mutuellement.

⸿⸿⸿

Alexandre, après avoir fait la conquête des Indes, devait assiéger une ville considérable des états voisins. Par son ordre, on planta les échelles contre les murailles de la place. Ce prince, qui aurait dû pourvoir à sa sûreté, fut le premier à monter à l'assaut ; il allait périr, si ses soldats n'eussent volé à son secours. Il tua lui-même le chef des ennemis, qui allait le percer de sa lance. Ayant été dangereusement blessé, il allait tomber entre les mains des ennemis, avec les soldats qui étaient venus à son secours, si dans ce moment il ne fût arrivé un plus grand nombre des siens, qui, fondant comme des lions sur les ennemis, portèrent partout la terreur et la mort.

⸿⸿⸿

Le Capitole allait être pris par les Gaulois, lors-

---

(1) *Laisser*, devant un infinitif, s'exprime par *sinere*, ou *pati.*

que les oies éveillèrent les Romains, qui se mirent en devoir de repousser l'ennemi. L'or qu'on donnait pour racheter Rome et la liberté, allait être pesé, lorsque Camille arriva. J'allais partir pour Londres, lorsque vous m'écrivîtes. Ma maison allait être brûlée, quand des secours étrangers m'arrivèrent à temps. Nous allions louer un jardin, lorsqu'on nous annonça qu'il fallait partir pour l'Amérique. Quand Cicéron allait parler, tout l'auditoire prêtait une oreille attentive. Il allait être condamné à mort, si l'on n'avait pas prouvé son innocence.

~~~~~

Les élèves studieux doivent être couronnés à la fin de l'année, tandis que les paresseux doivent être punis. Il faut être sobre dans le boire et dans le manger, si nous voulons garder la tempérance, vertu plus nécessaire qu'on ne croit. Les jeunes-gens ont besoin d'être excités au travail ; ils ont besoin d'être encouragés par de petites récompenses. Cicéron dit qu'il faut résister à la vieillesse ; qu'il faut combattre contre elle, comme contre la mort. Il faut pourvoir à notre santé, il ne faut pas détruire nos forces ; au contraire, il faut les fortifier autant que nous pourrons. Si nous devons avoir soin de notre corps, à plus forte raison devons-nous avoir soin de notre âme, qui est la partie la plus noble de nous.

XCV.

Tant s'en faut.... peu s'en faut... il s'en faut beaucoup que...

Tantùm abest ut te oderim, *ut* contrà te amem, etc.

Tant *s'en faut que*, *être si éloigné de*, s'expriment par *tantùm abest*, ou par *adeò non* ; et les deux *que* ou *de* suivans, par *ut*, avec le subjonctif.
~~~~~

On peut encore les tourner par *bien loin de* , et les exprimer de même.

Peu s'en faut que , *il ne tient à rien que* , s'expriment par *parùm abest* , et *que* par *quin* , avec le subjonctif. *Penser, faillir , manquer* , suivis d'un infinitif , s'expriment de même.

On peut encore exprimer *peu s'en faut* , etc., par *tantùm non* , ou par *penè.*

Il s'en faut beaucoup, il s'en faut bien que, s'expriment par *multùm abest... ; que* ou *combien s'en faut-il ?* par *quantùm abest* , et le *que* suivant, par *ut* , avec le subjonctif.

Exemples :

Tant s'en faut que je vous haïsse, *ou* je suis bien éloigné de vous haïr, qu'au contraire, je vous aime ; *Tantùm abest ut te oderim* , *ut contrà te amem,* ou *adeò te non odi* , *ut contrà te amem* ; ou bien , *te amo* , *nedùm te oderim.*

Peu s'en faut que je ne sois très-malheureux ; *Parùm abest quin sim miserrimus.*

Peu s'en est fallu qu'il ne tombât ; *Parùm abfuit quin caderet* (*on peut encore tourner,* seulement il n'est pas tombé ; *tantùm non cecidit,* ou il est presque tombé ; *penè cecidit.*)

Il s'en faut beaucoup que vous surpassiez vos condisciples ; *Multùm abest ut tuos superes condiscipulos.*

Combien s'en faut-il qu'ils vous surpassent ? *Quantùm abest ut illi te superent ?*

THÈMES.

Tant s'en faut que les hommes connaissent la géographie, que la plupart ignorent si cette science existe ; ils sont d'autant moins excusables qu'ils ont eu plus de moyens de s'instruire. Tant s'en faut que vous connaissiez les ouvrages de Virgile, que vous ignorez s'il est poëte ou historien. Peu s'en est fallu

que je vinsse chez vous ; si je n'avais rencontré un
de mes amis qui m'en a empêché, j'y venais. Peu
s'en est fallu que je ne fisse un voyage qui aurait
duré six mois. Cette église a pensé devenir la proie
des flammes ; et peu s'en faut que ceux qui ont
écarté l'incendie, n'en aient été les victimes. Combien s'en fallait-il que nous fussions heureux , il y
a cinq ans ! nous avons failli être envoyés tous à la
mort.

~~~~

Tant s'en faut que les autres poëtes aient égalé
Virgile , qu'au contraire ils lui ont été bien inférieurs. Je suis cependant si éloigné de mépriser les
autres , que je les estime beaucoup ; mais l'on peut
dire qu'ils ont été bien éloignés de l'égaler en ce
genre. Peu s'en est fallu que votre frère ne rem-
portât le premier prix en rhétorique : on a pensé le
lui adjuger. Votre père a failli perdre son procès ;
s'il n'eût eu un bon défenseur , il l'aurait déjà
perdu , et je suis bien éloigné de croire qu'il le
gagne. Il s'en faut beaucoup que les écrivains modernes surpassent les anciens ; j'ignore même s'ils
sont parvenus à les égaler. Combien s'en faut-il
que les hommes soient heureux sur la terre , au
milieu des peines et des misères dont ils sont environnés !

~~~~

Aujourd'hui les hommes sont si éloignés de haïr
le péché, qu'au contraire ils l'aiment; ils sont si
éloignés d'en détourner les jeunes-gens , qu'ils les
excitent à le commettre. Tant s'en faut que la
franchise préside à leurs actions, qu'ils cherchent,
au contraire, tous tant qu'ils sont, les moyens de
tromper le plus souvent qu'ils peuvent. Autant les
Anciens ont détesté toute espèce de fourberie, autant nous sommes éloignés de haïr ce vice. Tant
s'en faut que la plupart des hommes pratiquent la

vertu, qu'ils ignorent ce que c'est que vertu ; et ils sont si éloignés de s'en instruire , qu'ils ne parviendront jamais à la connaître. Peu s'en fallut que l'idolâtrie ne s'introduisît en France , pendant la révolution , tant les mots *liberté* , *égalité* , avaient monté l'esprit des Français.

Quoique j'estime beaucoup Ovide , je suis bien éloigné de dire qu'il soit parfait : on peut dire qu'il ne fait que (1) se répéter. Il n'en est pas pour cela moins estimable ; au contraire, cela fait qu'on l'aime davantage, parce qu'il a l'art de présenter les objets sous des figures toujours nouvelles : il s'en faut beaucoup que les poëtes qui sont venus après lui , l'aient égalé. Ce poëte avait beaucoup d'esprit ; les modernes sont bien éloignés d'en avoir autant. Il y en a qui ont voulu l'imiter ; mais il s'en faut beaucoup qu'ils soient parvenus au même degré de perfection ; il s'en est fallu beaucoup que leur imagination ait été aussi féconde que celle d'Ovide.

XCVI.

Faut-il que…. , faut-il que pour…. , est-il possible que…. ?

Me-ne ità miserum esse !

Ces façons de parler , *faut-il que…. , faut-il que pour…. , est-il possible que….* ne s'expriment point en latin ; on met seulement le nom ou pronom à l'accusatif , et le verbe suivant , à l'infinitif.

---

(1) *Ne faire que ,* se tourne par *toujours ; perpétuò.*

Exemples :

Faut-il que je sois si malheureux ! *Me-ne ità miserum esse !*

Est-il possible que votre frère s'applique si peu à l'étude ! *Fratrem-ne tuum tàm parùm studio incumbere !*

THÈMES.

Faut-il qu'il y ait des hommes assez aveugles , ou plutôt assez méchans, pour nier l'existence de l'Être suprême ! Faut-il que nous soyons nés dans un siècle si pervers ! Faut-il que nos philosophes soient assez aveugles pour ne pas voir que notre religion est l'ouvrage d'un Dieu ! Faut-il qu'on estime si peu la vertu ! Est-il donc possible que les hommes puissent estimer ce qui est mauvais, et mépriser ce qui est bon ! Est-il possible que nous voyons triompher partout le vice, et que partout la vertu soit humiliée ; que partout elle soit méprisée ! Est-il possible que l'homme soit devenu assez insensé pour courir de lui-même à sa perte !

~~~~~~~~~

Je vous demande, Philosophes, serait-il possible que votre hasard eût fabriqué cette multitude de globes lumineux qui roulent sur vos têtes, et qu'il en eût réglé les mouvemens ? Serait-il possible que le désordre eût établi un ordre aussi constant et aussi régulier ? Serait-il possible que votre hasard eût formé l'homme et qu'il eût aussi-bien disposé tous ses organes ? Dites-moi, comment peut-il se faire qu'il vous ait mis l'œil au front plutôt qu'au talon ? Comment peut-il se faire que vous ayez la bouche sous le nez, plutôt que dessus, et les yeux devant, plutôt que derrière ? Mais il faut croire que votre hasard a mis de l'ordre partout, excepté dans votre cerveau. Faut-il que vous
~~~~~~~~~

soyez si aveugles, ou plutôt si orgueilleux, vous qui ne feriez pas un grain de sable !

XCVII.

FAIRE, *suivi d'un Infinitif.*

Fac ut sciam. — Ex litteris tuis cognovi, etc

1.° QUAND le verbe *faire* signifie *faire en sorte*, on l'exprime par *facere* ou *dare operam ut*, avec le subjonctif.

2.° Quand il signifie *faire connaître*, on ne l'exprime pas.

3.° Quand il signifie *contraindre*, *commander*, *engager*, on l'exprime par *cogere*, *jubere*, *im-pellere*.

Exemples :

1.° Faites-moi savoir (*tournez*, faites en sorte que je sache); *Fac ut sciam.*

2.° Votre lettre m'a fait connaître (*tournez*, j'ai connu par votre lettre); *Ex litteris tuis cognovi.*

3.° Vous me faites mourir (*tournez*, vous me contraignez); *Mori me cogis.*

Il le fit tuer (*tournez*, il ordonna qu'il fût tué); *Jussit eum occidi* (après *jubere*, on met toujours le verbe au présent de l'infinitif.)

Cela m'a fait croire (*tournez*, cela m'a engagé à croire); *Id me impulit ut crederem.*

THÈMES.

La science que j'ai acquise des présages et de la volonté des Dieux, dit Mentor au roi de Crète, me fait connaître qu'avant que trois jours soient écoulés, vous serez attaqué par des peuples barbares, qui ravageront votre royaume ; faites donc savoir aux habitans de la campagne qu'ils aient à rentrer dans la ville au plus tôt. Faites prendre les armes à toute la jeunesse ; faites environner la ville d'un double fossé et d'une double muraille. Vous croyez que je vous en impose : mais si ma prédiction est fausse, faites-moi mourir ; si au contraire elle est véritable, vous me ferez ôter les chaînes dont je suis attaché, et me renverrez dans ma patrie. — Votre prédiction, dit le roi, me fait croire que vous êtes un homme de Dieu, ou quelque divinité qui se plaît à visiter les mortels.

On dit que vous repartez pour Rome : lorsque vous y serez arrivé, faites-moi savoir comment tout s'y passe ; faites-moi connaître, par vos lettres, si vous vous portez bien, si vous y êtes content. Ne me faites pas tant attendre que l'année dernière, je vous en prie ; cela me ferait penser que vous m'avez oublié. Faites-moi venir les livres dont je vous ai parlé, et tâchez de me les faire avoir au plus tôt. Lorsque vous aurez besoin de quelque chose, faites-le moi savoir, je vous ferai passer de suite ce que vous me demanderez ; je vous engage, de mon côté, à ne pas me faire attendre, lorsque je vous demanderai quelque chose. Adieu

XCVIII.

NE FAIRE QUE...., NE FAIRE QUE DE........
suivis d'un Infinitif.

NE *faire que de....*, se tourne par *tout à-l'heure,* et s'exprime par *modò.* *Ne faire que,* se tourne par *toujours,* et s'exprime par *semper,* *perpetuò.*

Le verbe *faire* a beaucoup d'autres significations, qu'il serait inutile de rapporter ici ; on pourra les voir dans les dictionnaires.

Exemples :

Il ne fait que d'arriver (*tournez*, il est arrivé tout-à-l'heure) ; *Modò advenit.*

Il ne fait que badiner (*tournez*, il badine toujours) ; *Perpetuò nugatur.*

Se faire donner quelque chose par force ; *Aliquid extorquere.*

Faire sa paix avec quelqu'un ; *In gratiam redire cum aliquo.*

Faire espérer à quelqu'un que.... ; *Aliquem in spem adducere* (le *que* se retranche).

Faire concevoir une bonne opinion de soi ; *Bonam sui*, ou *de se spem concitare.*

THÈMES.

Je ne faisais que d'arriver, lorsque j'ai appris que votre père était parti pour l'Angleterre. Il ne fait que voyager : aussi il fait bien ses affaires ; il se fait aimer et estimer de tous ceux qui le connaissent ; il se fait une grande réputation dans tous les endroits où il passe, ce qui fait croire qu'il est un honnête homme. Il a fait concevoir une bonne opinion de lui à tous ceux qui l'ont fréquenté, et qui ont eu affaire à lui : ce qui me fait espérer que son fils lui ressemblera ; qu'il n'extorquera pas le bien d'autrui, et qu'il aimera la justice et la probité, vertus dont la plupart font peu de cas : c'est ce qui fait que les hommes se méfient les uns des autres, parce qu'aujourd'hui on ne fait que tromper, les uns d'une façon, et les autres d'une autre.

Mon fils, lorsque vous serez arrivé à Milan, faites-moi savoir comment vous avez fait votre voyage ; n'oubliez pas de donner de vos nouvelles à un père qui ne fera que penser à vous. Souvenez-vous bien de ce que je viens de vous dire, et n'y manquez pas; du reste, soyez obéissant et soumis; comportez-vous bien; faites que vous soyez aimé et estimé de tout le monde; faites votre paix avec ceux qui pourraient vous avoir offensé en quelque chose; faites que tous ceux qui vous connaissent conçoivent une bonne opinion de vous; faites qu'on vous aime et qu'on vous estime; acquittez-vous de vos devoirs avec exactitude. Si vous voulez faire des progrès, il ne faut pas imiter ceux qui ne font que s'amuser. Si vous voulez plaire à Dieu, il ne faut pas fréquenter ceux qui ne font que l'offenser. Enfin, si vous voulez devenir sage, il ne faut pas écouter ceux qui ne font que prononcer des impiétés et des blasphèmes.

XCIX.

VENIR DE, VENIR A, N'ALLER PAS, *suivis d'un Infinitif.*

Modò profectus est. — Id si rescierit, etc.

VENIR *de*, devant un infinitif, se tourne par *tout-à-l'heure*, et s'exprime par *modò*. *Venir à, n'aller pas*, ne s'expriment point en latin.

Exemples :

Il vient de partir (*tournez*, il est parti tout-à-l'heure); *Modò profectus est.*

S'il vient à savoir cela (*tournez*, s'il sait cela); *Id si rescierit.*

N'allez pas vous imaginer (*tournez*, ne vous imaginez pas); *Ne existimes*, ou *noli existimare.*

THÈMES.

Votre frère vient d'abandonner l'étude des lettres; il veut être toujours ignorant: s'il se trouve dans une compagnie où l'on vienne à parler d'histoire, de géographie ou de poésie, il sera obligé de se taire honteusement, ou de parler à tort et à travers, comme un homme qui ne sait rien. N'allez pas croire que j'approuve une telle conduite; n'allez pas vous imaginer non plus que ses condisciples lui aient conseillé cela ; ce n'est que sa paresse : il se repentira un jour de ce qu'il vient de faire ; il va déshonorer votre famille. N'allez pas penser qu'il soit aimé et estimé comme ses autres frères; on le méprisera toujours à cause de son ignorance.

~~~~~~~

Me promenant sur le bord de la mer, j'aperçus tout-à-coup les débris d'un vaisseau qui venait de faire naufrage; je vis des rameurs, des planches et des bancs que les flots venaient de pousser sur le rivage, et un pilote qui venait d'échapper à la mort. N'allez pas vous imaginer que lorsqu'un vaisseau fait naufrage, tous ceux qui sont dedans s'échappent; vous vous tromperiez grossièrement. N'allez pas vous imaginer qu'il soit aussi commode de voyager sur mer que sur terre : si le vent vient à souffler avec violence, et que la mer vienne à s'enfler, on est à tout moment exposé à perdre la vie ; quelquefois on est obligé de jeter dans la mer les marchandises que l'on vient d'acheter, et l'on est heureux de pouvoir se sauver en tout perdant.

~~~~~~~

Vous, jeunes-gens, qui négligez de vous instruire, n'allez pas croire qu'on recherche votre compagnie; n'allez pas vous imaginer que vous serez un jour environnés d'une foule de gens curieux de vous entendre. Ces jeunes-gens viennent de proférer un mensonge : qui peut assurer maintenant qu'ils diront la vérité? Il y en a parmi eux qui ne s'acquittent pas toujours de leur devoir; mais si je viens à les connaître, je les punirai comme ils le méritent. Qu'ils n'aillent pas s'imaginer que je fasse peu de cas d'une pareille faute : je les punirai d'autant plus sévèrement, qu'ils auront manqué plus souvent de s'en acquitter ; et si je viens à découvrir qu'ils n'ont pas fait de difficulté d'ajouter un mensonge, je les regarderai toujours comme de mauvais sujets.

C.

ÊTRE PRÈS, *ou* SUR LE POINT DE. . *devant un Infinitif.*

Mox ou *jam jam* oppido potiturus erat, etc.

ÊTRE *près de*, *sur le point de....*, devant un infinitif, se tourne par *dans peu*, *bientôt*, et s'exprime par *mox* ou *jam jam ;* et le verbe suivant se met au participe du futur en *rus*, *ra*, *rum* pour l'actif, et en *dus*, *da*, *dum* pour le passif, avec *sum....*, *eram....*; il peut encore s'exprimer par *in eo esse ut.....* (1).

Exemple :

Il était sur le point de prendre la ville ; *Mox*, ou *jam jam oppido potiturus erat*, ou *in eo erat ut oppido potiretur.*

THÈMES.

L'ambassadeur latin était sur le point de partir pour Carthage, lorsqu'on apprit que le premier traité n'avait pas été approuvé. Les Romains étaient sur le point de voir la paix en Italie, lorsque les

---

(1) Si la chose a seulement manqué d'arriver, il se tourne par *presque*, et s'exprime par *ferè*, ou *penè*. Il était sur le point de tomber, ou il est presque tombé; *penè cecidit.*

hostilités recommencèrent. Les deux généraux étaient sur le point de congédier leurs troupes, lorsque le courrier leur apprit que le traité n'avait pas été ratifié. Les Numides étaient sur le point de se joindre aux Carthaginois, lorsque l'armée romaine arriva. Les deux armées étaient sur le point de livrer le combat, lorsqu'elles apprirent qu'il y avait une suspension d'armes pour huit jours. Les troupes romaines étaient sur le point d'entrer sur les terres de Carthage, lorsque les élémens les forcèrent à revenir.

⁕⁕⁕⁕⁕

Des marchands Portugais ayant fait naufrage, abordèrent, à la nage, dans une île inconnue; ils furent pris comme espions, et conduits au roi. Ce prince les condamna à mort. On était sur le point de les immoler aux dieux du pays; déjà on les menait dans un grand temple, où l'on avait dressé un autel pour les sacrifier; le glaive qui devait les percer était déjà devant leurs yeux; nulle compassion ne pouvait les garantir; ils étaient près d'aller rendre visite à Caron, lorsqu'un Espagnol, qui était abordé dans la même île quelque temps auparavant, et qui s'était attiré la faveur du prince, demanda grâce pour eux.

CI.

NE MANQUER PAS DE...... *devant un Infinitif.*

Ad illum *profecto* scribam, etc.

NE *manquer pas de*....., devant un infinitif, se tourne par *certainement*, et s'exprime par *profecto*.

Quand on commande quelque chose, *ne man-*

quer pas de..., se tourne par *se souvenir* (souvenez-vous, *memento* pour le singulier, et *mementote* pour le pluriel) ou par *avoir soin*, et s'exprime par *curare ut*.

Exemples :

Je ne manquerai pas de lui écrire (*tournez*, je lui écrirai certainement) ; *Ad illum profectò scribam*.

Ne manquez pas de l'avertir (*tournez*, souvenez-vous......) ; *Memento ut illum moneas*, ou *cura ut illum moneas*.

THÈMES.

Les jeunes-gens ne manqueront pas d'abuser de la bonté des maîtres qui les conduisent. Si vous voulez gagner l'amour et l'estime de vos parens et de vos maîtres, ne manquez pas de vous acquitter des devoirs qui vous sont prescrits; ne manquez pas de les contenter en tout. Celui qui ne manque pas de s'acquitter des petites choses, ne manquera pas de s'acquitter des grandes. Nous allons vous donner des fables à traduire, qui ne manqueront pas de vous amuser. Dans le moment où le ciel commençait à s'éclaircir, et où les ennemis, qui nous voyaient de plus près, n'auraient pas manqué de nous prendre, notre capitaine arbora un pavillon semblable au leur, et nous passâmes au milieu de la flotte ennemie ; nos rameurs ne manquèrent pas de se courber le long des bancs pour n'être pas aperçus des ennemis, qui n'auraient pas manqué de les reconnaître.

~~~~~~

Mon fils, ne manquez pas de nous écrire lorsque vous serez arrivé à Rome; ne manquez pas de nous dire si vous êtes arrivé en bonne santé, et si vous avez été bien reçu ; ne manquez pas de nous envoyer la marchandise que nous avons déposée
~~~~~~

chez votre oncle. Vous ne manquerez pas de lui remettre la lettre que je vous ai donnée, parce que si vous manquiez de la lui remettre, il ne manquerait pas de m'écrire une seconde fois, pour me demander son argent. Je m'imagine que vous ne manquerez pas de faire tout ce que je viens de vous dire; mais je veux vous prier d'une autre chose : lorsque vous aurez resté quelque temps dans cette ville, ne manquez pas de nous faire une petite description des monumens qu'on y voit encore, et qui font l'admiration de la plupart des savans.

CII.

LAISSER....., NE LAISSER PAS DE ..., *devant un Infinitif.*

Cantus tui non *sinunt* me *dormire*, etc.

LAISSER, devant un infinitif, se tourne par *permettre que*, et s'exprime par *sinere* (le *que* se retranche); ou par *souffrir que*, et s'exprime par *pati. Ne laisser pas de*, devant un infinitif, se tourne par *cependant*, et s'exprime par *tamen*.

Exemples :

Vos chants ne me laissent pas dormir (*tournez*, vos chants ne permettent pas que....); *Cantus tui non sinunt me dormire.*

Il le laissa aller sans le punir; *Passus est illum impunè abire.*

Quoique je vous attende vous-même, ne laissez pas de donner une lettre (*tournez*, donnez cependant....); *Quanquàm te ipsum exspecto, da tamen epistolam.*

T H È M E S.

Un bon père ne doit pas laisser courir ses enfans çà et là, sans guide; il ne doit les laisser sortir de chez-lui, que quand le besoin l'exige. Quoique les hommes soient ingrats envers nous, nous ne laisserons pas de les aimer et de leur rendre service, lorsque l'occasion s'en présentera : c'est Dieu qni nous commande d'agir de la sorte. Quoiqu'on regarde Virgile comme le prince des poëtes, on ne laisse pas d'aimer Ovide, son rival. Quoique le sage ne se serve jamais de mensonge ni de ruse, il ne laisse pas que de connaître ce vice dans les autres. Pardonnez à ma douleur, laissez-moi pleurer ; quoique je sois triste, je ne laisserai pas d'entendre vos raisonnemens, et d'en sentir la force.

Les Romains avaient tant d'amour pour leur patrie, qu'ils sacrifiaient volontiers leur vie pour elle. Quoiqu'ils eussent été battus plusieurs fois par leurs ennemis, ils ne laissaient pas de revenir à la charge. Quoiqu'Annibal les eût complètement défaits auprès de Cannes, ils ne laissèrent pas de lui opposer une nouvelle armée, plus formidable que la première. Quoique les Carthaginois vinssent camper aux portes de Rome, le sénat ne laissa pas d'envoyer une armée en Espagne ; et le particulier à qui appartenait le champ sur lequel l'armée carthaginoise était campée, ne laissa pas de le vendre aussi cher que si Annibal eût été à cinquante lieues de Rome.

CIII.

S'OCCUPER A....., SE METTRE A ..., SE MÊLER DE...., *devant un Infinitif.*

Legit. — Flere incipit.

S'OCCUPEE *à...., se mêler de....*, suivis d'un infinitif, ne s'expriment point en latin. *Se mettre à,* s'exprime par *cœpisse, cœpit.*

Exemples :

Il s'occupe à lire (*tournez*, il lit) ; *Legit.*
Il se mit à pleurer ; *Flere cœpit.*

THÈMES.

Nous ne pouvons nous mêler de la conduite de vos affaires ; nous sommes occupés à lire les auteurs anciens et modernes. Les écrivains du siècle d'Auguste ne s'occupaient pas à se déchirer les uns les autres, comme ceux d'aujourd'hui ; au contraire, ils s'aimaient mutuellement. L'un ne se mêlait pas de critiquer ce que l'autre avait composé, tandis qu'aujourd'hui rien n'est plus commun que de voir des écrivains même médiocres, qui se mêlent de critiquer les plus grands génies. Dès que Mentor et Télémaque furent arrivés à la grotte de Calypso, les Nymphes se mirent à chanter les combats des Dieux et des Géans. Les ignorans veulent toujours se mêler de parler de ce qu'ils ne savent pas.

***

Les Grenouilles n'étant pas contentes du roi pacifique que Jupiter leur avait donné, lui en demandèrent un autre ; le père des Dieux leur envoya une hydre, qui se mit à les dévorer l'une après l'autre. Aussitôt que les Français parurent, les ennemis se mirent à prendre la fuite. Aujourd'hui on voit une foule d'hommes oisifs qui ne s'occupent qu'à médire des autres. Un ouvrier qui se mêle de faire un ouvrage qui est au-dessus de ses forces , est un imprudent; on ne doit jamais se mêler de faire des ouvrages qui surpassent les connaissances qu'on a acquises. Un ouvrier qui commence à travailler , ne doit pas se mêler d'entreprendre les mêmes ouvrages que ceux qui se sont toujours occupés à se perfectionner dans l'art : autrement, on commencera bientôt à le mépriser et à le rejeter.

CIV.

AVOIR LA FORCE DE...., LA HARDIESSE DE...;
PRENDRE LA HARDIESSE, LA LIBERTÉ DE...,
devant un Infinitif.

Sustinuisti,   ou *ausus es* id negare ?

Avoir *la force de...., la hardiesse de...., etc.,* devant un infinitif, s'expriment par *sustinere, audere,* avec l'infinitif latin.

Exemple :

Avez-vous bien eu la force de nier cela ? *Sustinuisti*, ou *ausus es id negare?*

THÈMES.

Vous avez eu la hardiesse de tromper votre maître, en lui disant que vos parens vous avaient retenu à la maison. Aurez-vous donc toujours la force d'en imposer à vos supérieurs? J'ai pris la liberté d'écrire au roi pour me plaindre de cette injustice. Cet homme a le front de mendier son pain , lorsqu'il est plus riche que ceux à qui il demande l'aumône. Pourquoi avez-vous la hardiesse de me provoquer? Je ne puis m'empêcher de réprimer votre insolence. Cet étranger a eu le front d'insulter un Français ; celui-ci lui a proposé un duel ; ils se sont battus, et l'étranger a été tué. Nous avons eu la hardiesse de représenter au roi que le règne de la justice est arrivé. Je n'aurais pas eu le front de commettre des plagiats de cette nature.

~~~~~

Parmi les ignorans, il se trouve des hommes qui ont la hardiesse de parler des choses qu'ils n'ont jamais vues ni connues. Un jour, un de ces hommes qui savent tout, eut la hardiesse de dire qu'il avait vu tous les princes de l'Europe. Un de ceux qui l'entendaient, lui demanda s'il avait vu les Dardanelles : notre nigaud, croyant que c'était le nom d'un prince, eut la bêtise de répondre qu'il avait dîné plusieurs fois avec lui. Quelqu'un lui ayant dit que le mot Dardanelles était le nom d'un détroit et non celui d'un prince, il eut l'audace de soutenir qu'il connaissait parfaitement ce prince, et qu'il avait été plusieurs fois dans son palais.

CV.

NE SERVIR QU'À...., *devant un Infinitif.*

Hoc dolorem meum exulcerat.

NE *servir qu'à....*, devant un infinitif, ne s'exprime pas en latin.

Exemple :

Cela ne sert qu'à aigrir ma douleur (*tournez, cela aigrit....*) ; *Hoc dolorem meum exulcerat.*

THÈMES.

Comme la trop grande indulgence des maîtres ne sert qu'à rendre les écoliers plus paresseux, de même le trop grand amour des parens envers leurs
~~~~~

enfans, ne sert qu'à hâter leur ruine. Les répétitions qu'on reproche à certains auteurs, ne servent
qu'à les rendre plus faciles à expliquer et à traduire.
Le trop de nourriture, au lieu de fortifier la santé,
ne sert qu'à l'affaiblir. L'or et l'argent, au lieu d'a-
paiser la soif de l'avare, ne servent qu'à l'exciter
davantage. Comme l'huile qu'on jette dans le feu
ne sert qu'à l'allumer, de même les plaisirs que l'on
prend ne servent qu'à irriter les passions, au lieu
de les calmer. L'exercice ne sert qu'à fortifier les
jeunes-gens, au lieu de les affaiblir.

~~~~~

Les tourmens qu'on faisait souffrir aux Martyrs,
ne servaient qu'à leur donner de nouvelles forces,
loin de les abattre et de les décourager. Les cruautés
qu'on exerçait envers eux, bien loin de diminuer
le nombre des Chrétiens, ne servaient qu'à l'augmenter. Les nouvelles que nous avons reçues de nos parens, n'ont servi qu'à nous affliger, au lieu de nous
donner quelque consolation. La dernière lettre
qu'ils nous ont écrite, et que nous attendions
comme un remède à nos maux, n'a servi qu'à nous
faire croire que nous ne les verrions plus. Tous les
remèdes qu'ils ont faits, n'ont servi qu'à les rendre
plus malades, au lieu de les soulager.

CVI.

SAVOIR, *devant un Infinitif*.

Occasione utitur, *etc*.

SAVOIR, devant un infinitif, s'exprime rarement;
lorsqu'il s'exprime, c'est par *industrium esse*, qui
veut après soi l'ablatif, avec *in*, ou par *peritum
esse*, avec le gérondif en *di*.
~~~~~

Exemples :

Il sait profiter de l'occasion (*tournez*, il profite); *Occasione utitur.*

Il sait bien faire ses affaires ; *Ille est in suis rebus gerendis industrius* , ou *rerum gerendarum peritissimus.*

THÈMES.

Les guerres que les Français ont soutenues, loin de les abattre, n'ont servi qu'à les aguerrir et à les rendre plus habiles dans l'art militaire. Nous avons su repousser la force par la force; ils ont su nous vaincre par le nombre. Je saurai rappeler à l'ordre ceux qui s'écartent de la bonne voie. Vous n'avez pas su déguiser les larcins que vous avez faits à un écrivain connu. Ce général ne sut pas profiter de la victoire; aussi a-t-il été obligé de faire une retraite peu honorable. Je saurai vous contraindre à remplir les devoirs que la société impose aux citoyens, à quelque profession qu'ils appartiennent. Puisque votre oncle ne peut pas encore me satisfaire, je saurai attendre, connaissant d'ailleurs sa probité. Sachez mettre un frein à vos désirs, car plus vous désirerez, plus vous serez malheureux. Je ne saurais pas régir un état, parce qu'il faut plus de science et de prudence que je n'en ai.

***

Si nous avions su profiter de toutes les occasions qui se sont présentées, nous aurions obtenu ce que nous sollicitons depuis si long-temps. Sachez profiter du temps, mes amis, pendant que vous êtes jeunes ; souvenez-vous que le temps perdu est irréparable. Combien y en a-t-il qui se repentent de n'avoir pas su profiter de leur jeunesse! Sachez fuir l'oisiveté , mère de tous les vices; sachez modérer vos passions; sachez enfin commander à vous-mêmes.

Il n'y a de véritablement grand et de véritablement
heureux que celui qui sait commander à soi-même.
Tout le monde convient qu'il est plus facile de savoir commander une armée, que de savoir commander à soi-même ; et nous avons entendu parler
de plusieurs grands hommes qui ont su vaincre des
nations entières, et qui n'ont pas su se vaincre eux-
mêmes.

CVII.

PRENDRE (1) LA LIBERTÉ DE...; PRENDRE,
SE DONNER LA PEINE DE..., *devant un
Infinitif.*

Ingredere *ou* ingrediare velim.

PRENDRE *la liberté de...., la peine de...., se donner la peine de....,* devant un infinitif, ne s'expriment pas en latin.

Exemple :

Prenez la liberté , prenez la peine , *ou* donnez-
vous la peine d'entrer (*tournez* , entrez) ; *Ingredere* ; *ou* entrez , je vous prie , *ingrediare velim.*

THÈMES.

Vous voudriez devenir savant, et vous ne prenez
pas même la peine de lire ; vous ne voulez pas vous
donner la peine d'ouvrir un livre, et vous voudriez
faire des progrès. Ce n'est pas en agissant ainsi qu'on
devient savant ; ce n'est pas en jouant et en s'amu-
sant que l'on fait des progrès. Il faut se donner la
peine de travailler ; il faut que celui qui veut moissonner , se donne la peine de semer. Il est rare
qu'on ait du profit , quand on ne se donne aucune

---

(1) Quelquefois, *prendre la liberté,* s'exprime par *audere.*

peine. Je prends la liberté de vous parler de la sorte, parce que je ne saurais m'empêcher de vous dire la vérité. Je prends la liberté de vous avertir de vos défauts, tandis que les autres ne font que vous flatter et se moquer de vous.

~~~~~

Octave, vainqueur de ses ennemis, usa de la victoire avec clémence ; il se montra doux et affable envers tout le monde. Un grammairien grec prenait souvent la liberté de lui présenter une épigramme à sa louange, lorsqu'il descendait de son palais ; et quoiqu'il n'en reçût aucune récompense, il ne laissait pas de se donner la peine de lui en présenter toutes les fois qu'il en trouvait l'occasion. Un jour Auguste prit la peine de faire réponse au grammairien, en lui écrivant une épigramme. Celui-ci, après avoir témoigné son admiration , tant par ses gestes que par sa voix, prit la liberté d'offrir quelques pièces de monnaie à l'empereur, en lui disant, que s'il était plus riche , il lui en donnerait davantage. Auguste s'étant donné la peine de l'appeler, lui fit compter une somme d'argent assez considérable.

CVIII.

IL TARDE DE.…, ÊTRE DANS L'IMPATIENCE
DE…, *devant un Infinitif.*

Nihil mihi *longius est quàm te videre* ou *quàm ut te videam.*

IL *tarde de.…, être dans l'impatience de…,* suivis d'un infinitif, s'expriment par *nihil longius est,* ou *videtur quàm.…,* avec l'infinitif, ou *quàm ut.…,* avec le subjonctif.
~~~~~

Exemple :

Il me tarde de vous voir ; *Nihil mihi longius est quàm te videre*, ou *quàm ut te videam*.

THÈMES.

Il nous tarde de voir régner la paix et la concorde entre tous les princes de l'Europe. Faut-il que vous aimiez si peu l'étude, quand votre frère passe toutes les journées à lire ! Il lui tarde d'avoir terminé son cours d'études, et d'embrasser la profession qu'il a choisie. Je suis dans une impatience extrême de révéler à tous le tort que vous avez voulu me faire. Beaucoup de gens néanmoins se sont aperçus de votre supercherie, et m'ont fait connaître qu'ils en étaient indignés. Il me tardait de vous reprocher cette conduite. Je suis dans l'impatience d'écrire à un de mes amis qui est à l'armée, pour lui demander si tous les succès qu'on nous annonce ici sont véritables. On dit que nos soldats sont toujours dans l'impatience de combattre ; qu'il est impossible de retenir leur ardeur, et qu'il leur tarde de se signaler.

Quand nous rencontrons dans une société un de ces hommes qui veulent toujours parler à tort et à travers, rien ne nous tarde tant que de réprimer son babil insupportable ; nous sommes dans l'impatience de l'interrompre à tous momens. Je me suis un peu fâché, mais il me tardait de confondre l'insolence de ce procureur inique, qui a parlé toute une journée pour ne rien dire ; il me tardait de savoir comment il répondrait à mes questions ; il y avait déjà une heure que j'étais dans l'impatience de l'interrompre, lorsque vous êtes entré. Rien ne me tarde tant que de vous prouver la nécessité d'étudier ; mais je crois que vous vous ennuyez de m'entendre, et qu'il vous tarde de me voir finir.

CIX.

IL NE TIENT QU'A.... A QUOI TIENT-IL...? IL
DÉPEND DE... , IL EST EN VOTRE POUVOIR
DE...., *devant un Nom ou un Pronom.*

Per me stat *quin* ou *quominùs* id fiat , etc.

Il ne tient qu'à moi , qu'à vous , qu'à lui, etc.,
s'exprime par *per*, avec l'accusatif du nom ou pronom suivant, et le verbe *stare ;* le *que* qui suit s'exprime par *quin* ou *quominùs*.

A quoi tient-il , s'exprime aussi par *per* avec
stare , et par *quid* avec *vetare ;* et *que* s'exprime
par *quin* ou *quominùs*.

Il dépend de moi, de toi, de lui, etc. (*tournez*,
il est en mon, en ton, en son pouvoir de), s'exprime par *in meâ, tuâ, ejus potestate est; de* s'exprime par *ut* avec le subjonctif, ou bien on le
supprime, et on met le verbe à l'infinitif.

Exemples :

Il ne tient qu'à moi, qu'à vous, qu'à lui que cela
ne se fasse; *Per me , per te , per illum unum stat,
quin* ou *quominùs id fiat.*

A quoi tient-il que...? *Per quem stat*, ou *quid
vetat quominùs.*

Il dépend de vous de contenter votre père
(*tournez* , il est en votre pouvoir de....); *In tuâ
potestate est patri tuo satisfacere, ou ut patri tuo
satisfacias.*

THÈMES.

Il ne tenait qu'à Dieu de détruire le genre humain ; il ne tenait qu'à lui que l'arche ne s'engloutît
au milieu des flots, que Noé ne pérît avec toute sa
famille. Il ne tenait pas à Noé ni à ses enfans que
cela n'arrivât; il ne dépendait pas de Noé de con-

duire l'arche et de la gouverner. Il n'aurait tenu qu'aux hommes que le déluge ne fût pas arrivé : il n'aurait tenu qu'à eux de pratiquer la vertu et de suivre la religion de leurs pères. Avant que Dieu ne résolût de détruire les hommes, il ne tenait qu'à eux de se repentir, et de demander pardon ; mais lorsque Dieu eut prononcé l'arrêt de mort contre eux, il ne dépendait pas d'eux d'en empêcher l'effet.

~~~~~~

Il ne dépendait que de votre frère d'achever ses humanités ; mais il n'a rien voulu faire étant écolier. Il ne tenait qu'à ses parens de le contraindre à faire ses études ; mais ils ont été si indulgens à son égard, qu'ils lui ont accordé tout ce qu'il a voulu. Il n'est plus aujourd'hui en son pouvoir de retourner chez un maître pour apprendre l'orthographe qu'il ne sait pas ; il faut qu'il suive sa profession. Il dépend des princes de rendre les peuples heureux ; il ne tient qu'à eux que la paix et la concorde règnent dans leurs états. Il dépend des princes de faire respecter les lois ; cependant il ne dépend pas d'eux d'anéantir toute espèce de division et de haine. Il ne tient pas aux princes de détruire tous les abus, ni d'établir l'ordre dans telle ville, telle ou telle famille : les princes ne descendent pas dans tous ces petits détails, qui dépendent des gouverneurs de provinces, et des maires de cantons.

C X.

AVOIR BEAU, *devant un Infinitif.*

Frustrà vociferaris, ou *quamvis* vociferere.

AVOIR *beau*, devant un infinitif, se tourne par *en vain* ou par *quoique*, et s'exprime par *frustrà*, *quamvis*, ou *quantumvis*.
~~~~~~

Exemple :

Vous avez beau crier (*tournez*, vous criez en vain); *Frustrà vociferaris, ou* quoique vous criez ; *quàmvis vociferere.*

THÈMES.

Lorsque nous avons fait quelque perte, nous pleurons ; mais nous avons beau pleurer, les pleurs ne réparent point les malheurs qui nous sont arrivés. On a beau dire à un orgueilleux, que les autres se moquent de lui, il n'en croit rien. Vous aurez beau démontrer à un ignorant la fausseté de ses raisonnemens, il n'en conviendra jamais. Vous aurez beau engager les jeunes-gens, qui s'occupent à badiner, à employer utilement leur temps ; ils ne vous écouteront pas. Vous aurez beau les convaincre de la nécessité d'étudier ; vous aurez beau leur dire que s'ils ne deviennent savans, ils ne seront propres à rien, qu'ils seront méprisés de tout le monde, ils ne s'appliqueront pas davantage.

Il y a des enfans qui sont tout-à-fait insensibles : vous aurez beau les louer et les encourager, ils ne seront touchés ni de vos louanges, ni de vos faveurs ; vous aurez beau les gourmander et les châtier, ils ne travailleront pas davantage ; vous aurez beau leur démontrer que leur conduite les conduira infailliblement à leur perte, ils ne vous écouteront pas ; vous aurez beau leur montrer que les conseils que vous leur donnez sont sages et prudens, et qu'ils tendent à leur bonheur, ils ne vous croiront pas ; vous aurez beau leur vanter les gens vertueux, ils ne feront pas le moindre effort pour les imiter ; vous aurez beau leur prouver que le vice est odieux aux yeux de Dieu et des hommes, vous ne viendrez pas à bout de leur en inspirer l'horreur.

CXI.

AVOIR DE LA PEINE..... N'AVOIR PAS DE LA PEINE A......, *devant un Infinitif.*

Id *ægrè* impetravit.

AVOIR *de la peine*, devant un infinitif, se tourne par *difficilement*, et s'exprime par *ægrè*. N'avoir *pas de la peine à.....*, se tourne par *facilement*, et s'exprime par *facilè*.

Exemples :

Il a eu de la peine à obtenir cela (*tournez*, il a obtenu difficilement ...) ; *Id ægrè impetravit*.

Il n'a pas eu de la peine à obtenir cela (*tournez*, il a obtenu facilement...) ; *Id facilè impetravit*.

THÈMES.

Lorsque nous fûmes arrivés à la ville, nous eûmes de la peine à parler au ministre, qui néanmoins nous accorda sans peine ce que nous lui demandions. Nous aurons peut-être un peu de peine à obtenir l'emploi que nous sollicitons ; mais si une fois nous l'obtenons, nous n'aurons pas de peine à l'exercer. On a de la peine à parvenir au bonheur ; mais lorsqu'on y est une fois parvenu, on en jouit sans peine. Nous avons de la peine à acquérir la science, nous avons de la peine à surmonter les difficultés que nous rencontrons ; mais aussi, lorsque nous en serons venus à bout, nous serons contens. Après tant de travaux, nous n'aurons pas de la peine à nous livrer au repos.

Nous avons eu de la peine à trouver nos ennemis ; mais nous n'avons pas eu de la peine à les vaincre. Les écoliers ont de la peine à mériter les récompenses ; mais ils n'ont pas de la peine à les recevoir quand on les leur donne. L'auteur qu'on vous a donné est un peu plus difficile que celui que vous aviez auparavant ; je crois que vous aurez de la peine à le traduire : les plus habiles maîtres ont de la peine à le bien comprendre. J'ai de la peine à croire que votre frère arrive aujourd'hui ; les chemins sont très-mauvais, les chevaux ont de la peine à marcher. Tous les hommes conviennent qu'on a de la peine à amasser les trésors et les richesses, mais qu'on n'a pas de la peine à les dépenser.

CXII.

A FORCE DE…, *devant un Infinitif.*

Multo labore doctus evasit.

A force *de…* devant un infinitif, se rend par un nom dérivé du verbe devant lequel il est, avec *multus, a, um.*

Exemple :

A force de travailler, il est devenu savant (*tournez, par beaucoup de travail…*) ; *Multo labore doctus evasit.*

THÈMES.

Vous lisez toujours, et à force de lire, vous deviendrez savant. Les ignorans parlent sans cesse, et à force de parler, ils deviennent insupportables. Il faut travailler avec constance : ce n'est qu'à force de travail que nous viendrons à bout de nos entreprises. Les menteurs nous trompent pendant quelque temps ; mais, à force de mentir, ils perdent notre confiance. On nous provoque de tous côtés : à force de nous provoquer, on nous irritera ; à force de nous insulter, on nous obligera à repousser la force par la force. Les fourbes abusent quelque temps de la bonne foi des autres ; mais, à force d'en abuser, ils se font connaître. Il y a beaucoup de marchands qui sont obérés; ils ne peuvent se tirer de cet état qu'à force d'argent.

~~~~~

Les Français ont eu beaucoup d'ennemis à combattre ; cependant à force de faire la guerre, ils ont su rendre les forces des ennemis inutiles. Philippe, roi de Macédoine , était persuadé qu'à force d'argent on venait à bout de tout. Nous sommes pécheurs ; mais nous ne devons pas pour cela désespérer : à force de prier , de gémir et de pleurer, nous obtiendrons miséricorde. Les pauvres sont persuadés qu'à force de se tenir à la porte des riches , et à force de demander , ils obtiendront ce dont ils ont besoin. Nous devons croire aussi , qu'à force d'implorer la miséricorde de Dieu , à force de lui demander ses grâces, et de lui exposer nos besoins, nous obtiendrons tout de sa bonté paternelle ; mais ce n'est qu'à force de demander , que nous obtiendrons ; ce n'est qu'à force de frapper qu'on nous ouvrira.

CXIII.

Pour ne pas dire.

Tu *puer*, ne dicam, *nugator* es.

Pour *ne pas dire* , s'exprime par *ne dicam* , et le nom ou l'adjectif suivant se met au même cas que celui qui précède, quand on renvoie le premier verbe à la fin; mais quand on laisse le premier verbe dans le premier membre de la phrase , on met le nom ou l'adjectif au cas du verbe suivant.
~~~~~

Exemple :

Vous êtes un enfant, pour ne pas dire un badin ; *Tu puer, ne dicam, nugator es,* ou bien, *tu puer es, ne dicam nugatorem.*

THÈMES.

Les anciens princes étaient très-cruels, pour ne pas dire inhumains. Les lois de Lycurgue étaient très-sévères, pour ne pas dire inhumaines ; celles de Dracon furent plus douces et plus exactes. Les peuples qui habitent les contrées du nord sont durs, pour ne pas dire féroces. Le prince qui nous gouverne est un homme extraordinaire, pour ne pas dire divin. On peut bien dire que les talens de Turenne égalaient ceux des plus grands hommes, pour ne pas dire qu'ils les ont surpassés. L'histoire de ce prince égale celle du siècle d'Auguste, pour ne pas dire qu'elle la surpasse.

Les coutumes et les usages des peuples d'Asie sont ridicules, pour ne pas dire barbares. Les réglemens que le prince a établis sont utiles, pour ne pas dire nécessaires. Le prélat qui vient de mourir était l'ami des pauvres, pour ne pas dire le père. Les lois qui viennent de paraître obvieront à plusieurs abus, pour ne pas dire à tous. Les ouvrages de Virgile égalent ceux d'Homère, pour ne pas dire qu'ils les surpassent. Les forces du royaume de France furent aussi redoutables que les forces de l'empire Russe, pour ne pas dire plus. Les moyens que nous avons employés étaient très-nécessaires, pour ne pas dire indispensables. Les hommes sont aujourd'hui aussi dépravés et aussi corrompus qu'avant le déluge, pour ne pas dire plus.

CXIV.

AVOIR L'HONNEUR, LE DÉSHONNEUR; LE
PLAISIR, LE DÉPLAISIR; L'AGRÉMENT, LE
DÉSAGRÉMENT; FAIRE L'HONNEUR, LE
PLAISIR DE, etc, *devant un Infinitif.*

*Fratrem tuum vidi quidem, sed eum non
allocutus sum.*

AVOIR *l'honneur, le déshonneur,* etc., suivis
d'un infinitif, ne s'expriment pas en latin.

Exemples :

J'ai eu le plaisir de voir votre frère, mais je n'ai
pas eu l'honneur de lui parler; *Fratrem tuum vidi
quidem, sed eum non allocutus sum.* On peut dire
aussi, *mihi contigit ut fratrem tuum viderem.*

Faites-moi le plaisir *ou* l'honneur de m'écrire
(*tournez,* écrivez-moi, je vous prie); *Scribas ad
me velim.*

THÈMES.

J'ai eu le plaisir de voir le roi, mais je n'ai pas
eu l'honneur de lui adresser la parole. Ceux qui ont
eu l'honneur de causer avec lui, disent qu'il est
doux et affable, qu'il ne sait dire que des choses
agréables aux personnes dont il est environné. J'ai
eu le bonheur de voir Louis seize; il m'a paru un
prince fort gai. Il aimait son peuple, il lui tardait
de le voir très-heureux. J'ai eu l'honneur de vous
écrire plusieurs fois, et vous ne m'avez pas fait
l'honneur de me répondre. Un homme qui reste
chez lui, ne peut pas être aussi instruit que celui
qui a l'agrément de parcourir les villes et les provinces; celui-ci a le désagrément de souffrir les
peines et les fatigues du chemin, tandis que celui-
là est tranquille dans sa maison.

Tant que vous aurez l'honneur d'être à la compagnie des personnes sages et instruites avec lesquelles vous êtes, vous ne pouvez faire moins que de devenir savant; il est certain qu'un jeune homme qui a l'agrément de vivre avec de telles gens, est heureux. J'espère que nous aurons un jour l'agrément d'être à votre compagnie, et que vous nous ferez le plaisir de nous faire part de vos connaissances. Nous avons eu le désagrément d'être privés de vous pendant long-temps; mais je crois que ce ne sera pas en vain : nous aurons le plaisir de vous revoir plus sage et plus instruit que quand vous nous avez quittés.

CXV.

AVOIR LE BONHEUR...., LA GLOIRE....., LE MALHEUR DE...., *devant un Infinitif.*

Mihi *contigit ut* regem viderem.— Mihi *accidit ut* vincerer.

Avoir *le bonheur...., la gloire de....*, devant un infinitif, s'expriment par *contingere ut...*, le malheur *de....*, par *accidere ut.*

Exemples :

J'ai eu l'honneur de voir le roi (*tournez*, il m'est arrivé de....); *Mihi contigit ut regem viderem.*

J'ai eu le malheur d'être vaincu; *Mihi accidit ut vincerer.*

T H È M E S.

Nous ne sommes pas riches, mais nous avons eu le bonheur de recevoir une bonne éducation, qui nous tiendra lieu de richesses. Nous avons eu le bonheur d'être favorisés de Dieu et des hommes : le premier nous a donné des talens qui, quoique médiocres, ne laisseront pas de nous procurer une existence honnête ; les autres ont eu soin de nous, il nous ont nourris et élevés. Nous avons eu le malheur d'être orphelins, ce qui a été la cause que notre éducation a été un peu négligée. Si nous avions eu le bonheur d'être toujours auprès de nos parens, nous serions tout autres que nous sommes ; si nous avions eu l'honneur de jouir de leur présence jusqu'à ce jour, nous ne serions pas là où nous sommes.

~~~~~~

J'ai eu le bonheur de voir votre père et votre mère, mais je n'ai pas eu l'honneur de leur parler : j'étais encore trop jeune, lorsque j'eus l'honneur de venir chez vous avec mes parens, que j'avais le bonheur de posséder encore. Je me souviens que, quelque temps après, votre père et votre mère eurent le malheur de tomber malades, et moururent bientôt après. Ils seraient peut-être encore en vie ; mais ils eurent le malheur d'appeler un mauvais médecin, qui leur fit des remèdes qui, au lieu de leur procurer la santé, leur donnèrent la mort : voilà à quoi on s'expose, quand on a le malheur de faire venir des gens qu'on ne connaît pas.

CXVI.

AVOIR LIEU, SUJET *ou* RAISON...., *devant un Infinitif*.

Tibi non est *timendi* locus, *ou* non est *quòd timeas*.

Avoir *lieu*, *sujet* ou *raison*, se tourne par le verbe *être*, et l'infinitif suivant se met au gérondif en *di*, ou bien au subjonctif, en exprimant *de* par *quòd*, *cur*, *quamobrem* ou *undè*.
~~~~~~

Exemple :

Vous n'avez pas lieu de craindre (*tournez , lieu n'est pas à vous de.....*); *Tibi non est timendi locus*, ou bien, *non est quòd timeas.*

THÈMES.

Nos ennemis nous avaient cherchés , ils nous ont trouvés ; ils n'ont donc pas lieu de se plaindre. Leur temps a été bien employé , ils n'ont pas lieu de le regretter. Vos frères ont eu le malheur de négliger leur éducation ; ils auront lieu de s'en repentir un jour. Les jeunes-gens qui ont le malheur d'être abandonnés à eux-mêmes, ne sont pas loin de tomber dans l'abîme : ils aiment la liberté , et ils en abusent ; ils auront sujet de s'en repentir. Vous n'avez pas raison de vous plaindre de la conduite que vos parens ont tenue à votre égard ; ils ont mis tout en œuvre pour vous rendre heureux , et vous procurer une bonne éducation.

Si vous ne faites tous vos efforts pour devenir savant, vos parens, qui n'ont rien négligé pour vous donner une bonne éducation , auront lieu de se fâcher contre vous, et si vous êtes ignorant, tout le monde aura lieu de vous mépriser. Si vous ne vous acquittez de vos devoirs, j'aurai raison de vous punir, et si mes punitions et mes conseils deviennent inutiles, je saurai bien parler à vos parens la première fois que j'aurai occasion de les voir. Si nos armées avaient été vaincues, nous aurions lieu de craindre que l'ennemi s'approchât de nos murs; mais étant assurés qu'elles ont toujours remporté la victoire, nous avons lieu d'espérer qu'elles la remporteront encore dans la suite.

CXVII.

Vous ne sauriez croire, penser, juger,
imaginer.; etc.

Vix *credas* ou vix *credideris.*

SOUVENT l'imparfait du subjonctif, au commencement d'une phrase, se met en latin au présent du subjonctif, surtout avec *volo, nolo, malo, audeo* et *possum.*

Exemples :

Vous ne sauriez croire (*tournez*, à peine vous croiriez); *Vix credas*, ou *vix credideris.*

Vous le prendriez pour un homme sage; *Eum sapere putes.*

THÈMES.

Vous ne sauriez croire combien j'aime les enfans dociles et studieux. Je ne saurais vous exprimer la joie que j'ai de les voir travailler avec assiduité et application. Nous ne pourrions trop estimer les jeunes-gens qui font tous leurs efforts pour contenter leurs parens et leurs maîtres. Je ne pourrais vous exprimer quelle fut ma joie, lorsque j'appris que vous n'aviez pas voulu suivre les mauvais conseils de vos condisciples. Vous ne sauriez croire combien est ridicule et insupportable l'homme qui ne sait rien, et qui veut toujours parler. A l'entendre parler à tort et à travers, vous le prendriez pour un insensé, et ce ne serait pas se tromper tout-à-fait que de le croire.

***

Nous ne saurions vous témoigner la joie que nous avons ressentie, en lisant la lettre que vous nous avez fait l'honneur de nous écrire. Je n'oserais vous

raconter ce qu'on disait de vous dans ce pays. Vous
ne sauriez croire combien nous avons été surpris
d'apprendre que vous étiez déjà rétabli. Je ne saurais vous exprimer quel a été notre contentement,
lorsque nous avons appris que tout ce que l'on disait était faux. Vous me preniez donc pour un scélérat ou pour un homme mort, tandis que je n'é-
tais ni l'un ni l'autre : vous me regardiez comme un
homme perdu sans ressource. Il est vrai que j'ai
été malade; mais je n'avais pas la maladie des scélérats, qui est de faire tout le mal qu'ils peuvent.

CXVIII.

MALGRÉ, *devant un Nom de personne,*
ou un Nom de chose.

Id *invitus* fecit. — Illum *quamvis* clamitaret
interfecit.

MALGRÉ, devant un nom de personne, s'exprime
par *invitus*, *a*, *um*, que l'on fait accorder avec
ce nom. Devant un nom de chose, il se tourne par
quoique, et s'exprime par *quamvis*.

Exemples :

Il a fait cela malgré lui ; *Id invitus fecit.*
Je l'ai renvoyé malgré lui ; *Illum invitum dimisi.*
J'ai fait cela malgré lui ; *Hoc illo invito feci.*
Il le tua malgré ses cris redoublés (*tournez*,
quoiqu'il criât beaucoup) ; *Illum quamvis clami-*
taret interfecit.

THÈMES.

Nous sommes venus à bout de nos desseins,
malgré les obstacles qu'on nous a opposés. Nous
avons forcé cet homme à nous payer, malgré sa
mauvaise foi. L'auteur que vous lisez, se ré-

pète souvent; mais, malgré ses répétitions, il ne laisse pas que d'être aimable. On peut assurer, malgré la jalousie de ses rivaux, qu'il a fourni un monument littéraire à la république. Malgré les preuves que vous paraissez fournir de votre bonne conduite, il me reste quelque doute; mais la vérité se découvrira tôt ou tard, et, malgré vos ennemis, vous serez aimé et estimé, si vous le méritez. Il veut épouser celle qu'il aime, et il y parviendra malgré l'entêtement de la famille, malgré son père à qui ce mariage ne plaît pas, malgré les conseils que je lui ai donnés d'éviter cette alliance.

Je crois, mes amis, que vous n'apprendrez jamais la langue latine, malgré tous les efforts que nous avons faits, et tous les soins que nous avons pris pour vous en expliquer les règles. Vous ne cessez de causer, malgré la défense qui vous en a été faite, pendant que vous devriez écouter. Vous ne cessez de vous amuser, malgré vos parens et vos maîtres : ils vous retiennent quelquefois malgré vous, mais ils n'avancent pas davantage. Quelquefois ils vous envoient en classe malgré vous: vous criez, vous pleurez, vous murmurez; mais, malgré vos cris, vos pleurs et vos murmures, ils ne vous écoutent point, parce que s'ils voulaient vous écouter, vous n'y iriez jamais : tant vous avez de dégoût pour tout ce qui regarde votre devoir.

CXIX.

Au haut de...., au milieu de...., au bas de..., à la cime de..., au sommet de...., au pied de..., au fond de....

Summa arbor , summa rupes , summus mons.

Le *haut*, *le sommet* d'un arbre, d'un rocher, etc., s'expriment ainsi :

Exemples :

Le haut, le sommet d'un arbre, d'un rocher, d'une montagne ; *Summa arbor , summa rupes , summus mons.*

Le milieu d'un arbre, d'une montagne ; *Media arbor , medius mons.*

Au milieu du marché ; *In medio foro.*

Au milieu des flots ; *In mediis fluctibus.*

Le bas d'un arbre, d'une montagne ; *Ima arbor, imus mons.*

Le bout des doigts ; *Extremi digiti.*

Le fond de la mer ; *Imum mare.*

THÈMES.

Hier nous avons été à la promenade dans une grande forêt, où nous avons trouvé plusieurs nids ; les uns étaient au haut des arbres, les autres au milieu, quelques-uns à la cime ou au milieu des rochers. En entrant dans le bois, nous avons trouvé un nid d'aigle à la cime d'un grand rocher, un de chat-huant au milieu d'un autre : au bas du même rocher, était une caverne de renard. Au milieu de la plaine, qui est voisine de la forêt, il y a un clapier, et il doit y avoir beaucoup de lapins, parce que nous en avons vu fuir de tous côtés : les uns allaient se cacher au milieu, les autres aux extrémités, et d'autres au pied des rochers, qui sont aux extrémités de la forêt. Nous vîmes aussi quatre écureuils, l'un à la pointe d'un arbre, l'autre au milieu, et les deux autres étaient aux extrémités d'une branche ; ils se peignaient les moustaches.

～～～～

Un riche marchand de cette ville a acheté cette belle maison de campagne que vous voyez au milieu de cette plaine vaste et fertile. Il y a un puits au milieu de la basse-cour, qui est le plus profond qu'on puisse voir ; il s'en faut beaucoup que l'eau vienne jusqu'au milieu. Il y a au fond de ce puits trois ou quatre gros poissons qui y ont resté bien long-temps ; je ne sais comment ils peuvent vivre au fond d'une retraite si obscure. Il y a au haut une poulie pour tirer l'eau qui est nécessaire pour arroser un superbe jardin qu'on voit au fond de la basse-cour. Le propriétaire a planté plusieurs arbres étrangers dans ce vaste enclos, les uns au milieu, les autres aux extrémités ; un jour ce sera la plus belle campagne des environs.

CXX.

Il y a....., il y avait..., il y eut, etc.

A quinque annis studet, etc.

Il y a....., *il y avait.....,* il y eut....., etc. ; se tournent et s'expriment ordinairement par le verbe *être,* ou par une *préposition.*

Exemples :

Il y a cinq ans qu'il étudie (*tournez,* il étudie depuis cinq ans) ; *A quinque annis studet.*

*15

Il y avait dix mille hommes à cette bataille (*tournez, dix mille hommes étaient présens à cette bataille*) ; *Huic pugnæ intererant decem millia hominum.*

Il y eut près de huit cents morts (*tournez, environ huit cents furent tués*) : *Ferè octingenti occisi sunt.*

Il y eut huit mille hommes de tués, et vingt mille prisonniers ; *Octo millia cæsa sunt, et viginti millia capta.*

Il y aurait de la honte à le faire (*tournez, il serait honteux.....*) ; *Istud peragere turpe foret.*

THÈMES.

Il n'y a jamais eu armée aussi nombreuse que celle que Xerxès, roi de Perse, conduisit d'Asie en Grèce. Lorsqu'il en fit la revue dans la Thrace, il y eut dix-sept cent mille hommes de pied, et quatre-vingt mille chevaux. Il y en avait, outre cela, vingt mille pour la garde et la conduite des chariots et des chameaux. Quand il eut passé l'Hellespont, il y eut plusieurs peuples qui se soumirent à lui, et qui augmentèrent son armée de trois cent mille, ce qui faisait en tout, pour l'armée de terre, deux millions cent mille hommes. Parmi tant de mille hommes, il n'y en avait aucun qui le disputât à Xerxès pour la beauté du visage et la grandeur de la taille : faible louange pour un prince, quand elle est seule !

Xerxès avait encore une flotte très-nombreuse : il y avait douze cents vaisseaux de combat, appelés trirèmes, c'est-à-dire, à trois rangs de rames. Il y avait deux cents hommes dans chaque vaisseau. Il y eut plusieurs peuples d'Europe qui se joignirent à lui, et augmentèrent sa flotte de six cents vaisseaux. Il y avait deux cents hommes dans chacun, ce qui faisait en tout, trois cent un mille six cent dix hommes. Outre la flotte composée de grands vaisseaux, il y avait encore trois mille bâtimens qui portaient les vivres. Il y a des historiens qui disent, que quand Xerxès arriva aux Thermopyles, ses forces de terre et de mer se montaient à deux millions six cent quarante et un mille six cent dix hommes. Outre cela, il y avait encore une infinité de valets, de vivandiers, d'eunuques et de femmes. Le tout montait, selon Hérodote, à cinq millions deux cent quatre-vingt-trois mille deux cent vingt personnes. Avec une telle armée, il y aurait aujourd'hui de quoi conquérir l'Univers (1). Il y a de la honte pour Xerxès d'avoir été vaincu par les Grecs. Il y eut quatre mille Spartiates qui eurent la force d'aller au-devant de cette armée, et qui l'arrêtèrent trois jours au passage des Thermopyles, où ils périrent.

RÉCAPITULATION,

Depuis le n.º 93, jusqu'au n.º 120.

Aller, devoir, etc.

THÈME.

Nous ne pouvons pas faire les hommes tels que nous voudrions, disait souvent Marc-Aurèle; il faut donc les supporter tels qu'ils sont, et en tirer le meilleur parti qu'il est possible. Un soldat prêt à percer un ennemi, entendant sonner la retraite, remit son épée dans le fourreau, et partit : Il fallait expédier celui que tu tenais, lui dit un de ses camarades. — Il vaut mieux, répondit le soldat,

____

(1) *Huic tanto agmini dux defuit. Nam Xerxes primus semper in fugâ, et postremus in pugnâ visus est.*

obéir à son général que de tuer un ennemi ; il faut toujours obéir à celui qui nous commande : j'allais tuer ce malheureux, mais puisque mon général m'appelle ailleurs, je vais lui obéir.

Tant s'en faut, etc.

THÈMES.

Tant s'en faut que les princes méprisent la simplicité, qu'au contraire ils l'estiment. Le maire de Reims disait à Louis quatorze : Nous apportons à votre majesté nos vins, nos poires et nos cœurs ; nous n'avons rien de meilleur dans notre ville. Tant s'en fallut que le prince improuvât cette manière de le complimenter, qu'au contraire, il répondit : Voilà les harangues que j'aime. Bien loin que ce prince s'élevât contre les poëtes et les peintres, peu s'en fallut qu'il ne les regardât comme des hommes extraordinaires. Combien s'en faut-il que tous les princes agissent de la sorte ! Il s'en faut beaucoup que ceux qui l'avaient précédé eussent fait fleurir les sciences et les arts, et qu'ils eussent illustré leur siècle comme lui.

Rome pensa succomber sous les efforts des Gaulois ; peu s'en fallut que cette ville superbe ne fût entièrement détruite par ces barbares : ils faillirent anéantir le nom romain, et l'ensevelir pour jamais sous les cendres de cette capitale de l'Univers. Peu s'en fallut que le Capitole, où s'était enfermée la jeunesse romaine, ne fût pris. Ceux qui le gardaient ne manquèrent de rien d'être égorgés endormis ; et sans Camille, les Gaulois étaient bien éloignés de lâcher le pied. Il s'en fallait peu que l'or qu'on donnait aux Gaulois, pour se racheter, ne fût pesé, lorsque le dictateur arriva de son exil.

Faire, etc.

THÈMES.

FAITES connaître à vos amis leurs défauts, vous leur rendrez un grand service ; ils feront leurs efforts pour s'en corriger, ils parviendront à être meilleurs. Un travail opiniâtre fait venir à bout de tout. Faites-leur connaître vos paroles, vos conseils, et surtout par votre exemple, que vous n'approuvez pas leur conduite : cela les fera rentrer en eux-mêmes, et leur fera faire de profondes réflexions sur leur conduite passée ; car, si ce n'était que le respect humain qui les fît abstenir du mal, ils ne seraient pas innocens. Ce motif n'est bon qu'autant qu'il fait rentrer quelquefois dans la bonne voie, au point que celui qui faisait d'abord ses actions par respect humain, les fait maintenant par devoir.

<div style="text-align:center">~~~~~</div>

L'Empereur Auguste avait fait acheter fort chèrement divers oiseaux, à qui on avait appris à saluer, en articulant quelques mots. Cela fit venir l'envie à un cordonnier de dresser un corbeau de la même manière : il n'épargnait rien pour réussir, néanmoins son écolier ne profitait pas ; et comme il ne pouvait faire sortir du gosier de son oiseau, ces trois mots : *Je salue l'Empereur Auguste*, il avait souvent coutume de dire : *J'ai donc perdu mon temps et ma peine ?* Enfin, il vint à bout de faire entrer dans la mémoire de son disciple, la leçon qu'il lui donnait depuis long-temps, et de la lui faire prononcer distinctement. Fort content de lui-même, il va se poster dans une rue où l'Empereur devait passer. Voyant approcher le prince, il fit avancer son oiseau, et lui fit faire son compliment de bonne grâce : *J'ai chez moi*, dit l'Empereur Auguste, *plusieurs complimenteurs de cette espèce.* Alors le corbeau répéta les paroles qu'il avait souvent entendu dire à son instituteur, lorsqu'il se plaignait : *J'ai donc perdu mon temps et ma peine ?* A ces mots, Auguste ne peut s'empêcher de rire, et fait acheter l'oiseau beaucoup plus cher qu'aucun de ceux qu'il avait fait acheter auparavant.

Ne faire que..., que de..., etc.

THÈMES.

On m'avait fait espérer que je serais content de vous ; mais je vois avec douleur que vous ne faites que vous amuser. Hier vous sortiez de faire votre paix avec moi, lorsque je vous vis badiner et vous amuser à votre ordinaire, et vous ne fîtes que courir les rues le reste de la journée. Aujourd'hui vous ne faisiez que de sortir de classe, lorsqu'on vous a vu folâtrer dans le jardin, et vous battre avec les autres. Je vous avais puni hier, et ensuite on vint me faire accorder votre grâce presque par force. On pouvait bien me faire concevoir une si bonne opinion d'un enfant qui ne fait que désobéir ; d'un enfant qui ne fait que négliger ses devoirs et se moquer des châtimens ? Nous saurons bien.....

Vous comprenez bien, mon cher ami, que si vous ne faites que badiner, vous n'apprendrez jamais rien. Lorsqu'on est à l'étude, il faut étudier ; lorsqu'on est en classe, il faut écouter, et lorsqu'on est en récréation, se bien amuser. Hier vous ne faisiez que d'entrer en classe, lorsqu'on vous vit tracer des figures sur votre papier. Pendant toute la classe, vous ne fîtes que vous amuser avec votre plume ou votre papier. Au commencement, vous m'aviez fait espérer que vous profiteriez ; mais maintenant je vois que vous ne ferez pas grand' chose, parce que vous ne faites que perdre votre temps, et le faire perdre à ceux qui sont autour de vous.

Venir de, etc.

THÈME.

Les Spartiates, venant de perdre une grande bataille contre les Athéniens, écrivirent aux Ephores, pour leur donner avis du grand échec qu'ils venaient de recevoir, et de la mort de leur général qu'ils venaient de perdre. La lettre était conçue en ce peu de mots : La fleur de votre jeunesse vient de vous être enlevée, votre général vient de périr, le reste des troupes meurt de faim ; nous ne savons que faire ni que devenir. La bataille que nous venons de perdre nous a réduits à l'extrémité ; si nos ennemis venaient à savoir l'état où nous sommes réduits, il ne leur serait pas difficile de nous vaincre.

Etre sur le point, etc.

THÈME.

Miltiade, ne pouvant engager par ses raisons l'île de Paros à se rendre, débarqua ses troupes, bloqua la ville et lui coupa les vivres ; il était sur le point de s'en rendre maître, lorsqu'un bois sacré, situé au loin, vis-à-vis, parut tout en feu. Dès que les assiégés et les assiégeans eurent aperçu la flamme, ils crurent, les uns et les autres, que c'était le signal de la flotte de Darius, qui était sur le

point d'approcher de l'île : en sorte que ceux de
Paros ne pensèrent plus à se rendre, et que Miltiade, craignant l'arrivée de la flotte royale, brûla
tous ses travaux, et reprit la route d'Athènes. Il
trouva les Athéniens très-aigris contre lui, et sur
le point de l'accuser de trahison.

Ne manquer pas de, etc.

THÈME.

J'ÉTAIS sur le point de vous raconter une petite
histoire, mais le temps nous manque ; je vois que
la pendule est sur le point de sonner. Je vous la
raconterai demain : ne manquez pas de m'en avertir, lorsque vous verrez que nous serons sur le
point de finir l'explication. Si vous êtes exacts à
vous acquitter de votre devoir, je ne manquerai
pas de m'acquitter de ma promesse. Vous savez que
lorsque je vous promets quelque chose, je ne manque pas de vous tenir parole. Ne manquez pas, de
votre côté, de me le rappeler, et n'attendez pas que
nous soyons sur le point de sortir, comme aujour-
d'hui, parce qu'alors il ne serait plus temps.

Laisser, etc.

THÈME.

TURENNE, passant une nuit sur les remparts de
Paris, tomba entre les mains d'une troupe de voleurs, qui arrêtèrent sa voiture. Sur la promesse
qu'il leur fit de cent louis d'or, pour conserver
une bague d'un prix beaucoup moindre, ils le
laissèrent aller, et lui laissèrent sa bague. Quoique
Turenne se trouvât le lendemain au milieu d'une
nombreuse compagnie, un de ces brigands ne laissa

pas d'entrer, et de lui demander à l'oreille l'exécution de sa parole. Quoique ce fût par force qu'il avait fait cette promesse, ce grand homme ne laissa pas de l'accomplir ; et avant de raconter l'aventure, il laissa le temps au voleur de s'éloigner, en ajoutant qu'il fallait être inviolable dans ses promesses, et qu'un honnête homme ne devait jamais manquer à sa parole, quoique donnée à des fripons.

S'occuper, etc.

THÈME.

HENRI quatre, fatigué d'un long voyage, et passant par Amiens, on vint lui faire une harangue. Le prince, quoique fatigué, s'occupe à écouter attentivement ce qu'on lui disait. L'orateur commença par les titres de très-grand, très-bon, très-clément, très-magnanime : « Ajoutez aussi, dit le roi, et très-las. » Un autre harangueur s'étant allé présenter à ce prince, à l'heure du dîner, et ayant commencé son discours par ces mots : « Agésilas, roi de Lacédémone, le grand Agésilas... » le roi qui ne s'occupait pas beaucoup de ce discours, parce qu'il lui tardait de dîner, lui dit en l'interrompant : « J'ai bien entendu dire quelque chose d'Agésilas, mais il avait dîné, et je suis encore à jeun ; laissez-moi donc dîner, et ensuite je m'occuperai à vous entendre. »

Avoir la force, etc.

THÈME.

APRÈS la prise de Corinthe, un Romain se mit en tête de faire abattre les statues qu'on avait élevées à la mémoire de Philopémen ; il eut la hardiesse de le poursuivre criminellement, comme s'il eût été en vie, et de l'accuser devant Mummius, général de l'armée romaine, d'avoir été l'ennemi de la république ; d'avoir eu la force de traverser ses desseins autant qu'il avait pu. Polybe, qui avait eu Philopémen pour maître dans la science de la guerre, eut la force de prendre hautement sa défense ; il dit : Qu'à la vérité Philopémen avait porté un peu trop loin son zèle pour la liberté de la Grèce ; qu'il avait eu quelquefois la hardiesse de traverser les desseins de la république ; mais que d'un autre côté il avait rendu de grands services au peuple romain, et que par conséquent on n'avait pas le droit d'anéantir sa mémoire.

Ne servir qu'à..... Savoir, etc.

THÈME.

Les revers de la fortune ne servent qu'à animer les grands hommes, au lieu de les décourager ; ils savent profiter de leurs fautes et des malheurs qui leur arrivent. François I.er, qui savait se posséder au milieu même des plus grands dangers, écrivit ainsi à sa mère, après la funeste bataille de Pavie : Tout est perdu, Madame, excepté l'honneur. Ce prince aimait tendrement son peuple, et savait se faire aimer de lui. C'est cette noble affection qui lui fit, en mourant, tenir ce langage au Dauphin : « Mon fils, les enfans doivent imiter les vertus de « leurs pères, et non pas leurs vices. La vertu vous « attirera l'amour de vos sujets et les faveurs du ciel, « tandis que le vice ne servirait qu'à vous faire mé- « priser des hommes, et à vous attirer la colère de « Dieu. Soyez donc vertueux, mon fils, voilà tout « l'homme ; soyez le père de votre peuple, et non « son tyran. »

Il tarde.... Il ne tient qu'à , etc.

THÈME.

L'EMPEREUR Titus apprit que deux des plus illustres de sa cour avaient conspiré contre lui , et qu'il leur tardait de venir à bout de leur dessein. Il n'aurait tenu qu'à lui de les faire arrêter; il n'aurait tenu qu'à lui de les condamner à mort : il les traita avec plus de bonté et de douceur. Sans leur faire connaître qu'il était instruit de leur complot, il s'en fit accompagner pour aller au théâtre et s'assit au milieu d'eux ; alors , leur présentant deux poignards, il leur dit : Messieurs , il ne tient qu'à vous maintenant d'exécuter votre projet : j'ai appris qu'il vous tardait de m'assassiner, voici le moment favorable; il ne tient qu'à vous de le saisir. A ces mots, ils demeurent immobiles, comme frappés d'un coup de foudre, et n'osant lever les yeux , le prince leur pardonne.

Avoir beau.... Avoir de la peine.

THÈME.

ON a beau dire que l'extérieur ne fait rien à la chose, tout le monde ne pense pas de même. Valérius-Publicola, collègue de Brutus dans le consulat, habitait une maison superbe, située sur la cime du mont Palatin , qui commandait à la place publique, et d'où l'on voyait tout ce qui s'y passait : ses avenues étaient si difficiles , qu'on avait de la peine à en approcher ; de sorte que, quand il descendait avec la pompe qui environnait les consuls , ceux qui le voyaient avaient de la peine à se persuader que Publicola en fût un ; ils auraient eu moins de peine à croire que c'était un roi, parce que sa marche était plus semblable à celle d'un roi qu'à celle d'un consul. On avait beau dire que Publicola était l'ami du peuple, ceux qui le voyaient environné de ce cortége, ne pouvaient se le persuader. On avait beau assurer que Publicola n'avait eu aucun mauvais dessein en bâtissant sa maison sur cette éminence, le peuple, qui ne faisait que de commencer à jouir de la liberté, prenait ombrage de la moindre chose. Valérius ayant appris le mécontentement de ses concitoyens, n'eut pas de la peine à les contenter. Aussitôt il assembla un grand nombre d'ouvriers, et, la nuit même, il fit démolir sa maison jusqu'à la dernière pierre. Ses parens eurent beau lui représenter qu'il ne fallait pas aller si vite, il ne les écouta point. Il alla ensuite loger chez ses amis, jusqu'à ce que le peuple lui eût donné une place où il pût bâtir une maison plus modeste que la première.

A force de. Pour ne pas dire. Avoir lieu. Vous ne sauriez croire. Malgré, etc.

THÈME.

Tous les hommes conviennent qu'à force de lire et d'étudier, on acquiert des connaissances utiles et nécessaires, pour ne pas dire qu'on devient savant. Si l'on a quelquefois le malheur d'éprouver des peines, on ne doit jamais avoir lieu de se ralentir ni de se désespérer, puisqu'il n'y a rien dont on ne puisse venir à bout avec un travail opiniâtre. On ne saurait s'imaginer combien est content celui qui, malgré les difficultés, est venu à bout d'apprendre des choses qui l'avaient d'abord rebuté; on ne saurait croire avec quel plaisir il repasse dans son esprit les difficultés qu'il a vaincues : mais s'il

est bien né, il sera modeste malgré ses succès, et
vertueux malgré les mauvais exemples dont il est
sans cesse environné ; ou, s'il a le malheur de
s'écarter du chemin de la vertu, il ne tardera pas
à y rentrer.

ABRÉGÉ

DE

L'HISTOIRE D'ÉGYPTE.

L'ÉGYPTE a toujours été regardée comme l'école
de la sagesse et de la politique, et comme le ber-
ceau de la plupart des arts et des sciences. C'est de
là que la Grèce tira les vastes connaissances qu'elle
répandit dans tout l'Univers, et qui la rendirent si
célèbre. L'origine de sa civilisation se perd dans la
nuit des temps. La gloire de cette contrée touchait
déjà à son déclin à l'époque où en parlèrent les plus
anciens écrivains qui sont venus jusqu'à nous ; mais
ce qu'ils en disent, et les ruines qu'on y admire
encore aujourd'hui, nous attestent l'industrie de
ses anciens habitans, et nous annoncent une antiquité dont on n'ose marquer l'époque. L'Egypte
devient donc pour nous un des pays les plus inté-
ressans à connaître.

DESCRIPTION DE L'ÉGYPTE.

L'Égypte, dans une étendue assez bornée, renfermait autrefois dix-huit mille villes et sept millions d'habitans. Elle est bornée, au levant, par
la mer Rouge et l'isthme de Suez, qui la séparent
de l'Asie ; au midi, par l'Ethiopie ; au couchant,

par la Libye; et au nord, par la Méditerranée.
Quoique très-fertile, elle n'a pu devenir habitable
qu'à force de travaux et d'industrie. Elle doit sa
fécondité au débordement du Nil, qui, parcou-
rant du midi au nord toute la longueur du pays,
dans l'étendue de près de 200 lieues, inonde ses
campagnes plus de trois mois de l'année; et le
limon qu'il dépose sur des terres naturellement
arides, est le principe de l'abondance dont elle jouit.

DÉBORDEMENT DU NIL.

Comme il pleut rarement en Egypte, le Nil
supplée à ce qui lui manque de ce côté-là, en lui
apportant, en forme de tribut annuel, les pluies
des autres pays; ce qui a (1) fait dire ingénieusement à un poëte, que l'herbe, chez les Egyptiens,
quelque grande que soit la sécheresse, n'implore
point le secours de Jupiter pour obtenir la pluie.
Si le débordement ne monte pas jusqu'à seize coudées, ou s'il monte au-dessus de vingt-quatre,
l'Egypte est menacée de la disette (2). Quand les
eaux sont retirées, la fertilité du sol est telle, que
le travail du cultivateur se réduit presqu'à rien. On
sème ordinairement dans le mois d'octobre et de
novembre, et l'on fait la moisson dans les mois de
mars et d'avril.

SPECTACLE CAUSÉ PAR LE DÉBORDEMENT DU NIL.

Lorsque le débordement est dans sa plus grande
hauteur, c'est-à dire, vers les mois de juillet et

------

(1) *Te propter, nullos tellus tua postulat imbres,
Arida nec pluvio supplicat herba Jovi.* Senec.

(2) Justum incrementum est cubitorum sexdecim, in
duodecim cubitis famen sentit Ægyptus, in tredecim etiam
esurit; quatuordecim cubita hilaritatem afferunt, quinde-
cim securitatem, sexdecim delicias. *Plin.*
*Cette mesure n'a point varié depuis le temps de ses
premiers rois jusqu'à nos jours.*

d'août, l'Egypte ressemble à une mer parsemée de villes et de villages bâtis sur des éminences naturelles ou artificielles, avec des bosquets, des arbres fruitiers, et plusieurs chaussées qui conduisent d'un lieu à un autre. Cette perspective est bornée par des montagnes et des bois qui, dans l'éloignement, terminent le plus agréable horizon qu'on puisse voir. En hiver, vers les mois de janvier et de février, c'est une plaine riante, qui ressemble à une prairie, dont la verdure émaillée de fleurs charme les yeux : en sorte que la nature, qui est alors comme morte dans presque tous les autres climats, semble n'avoir de vie que pour un séjour si charmant (1).

DIVISION DE L'ÉGYPTE.

L'ancienne Egypte peut se diviser en trois parties principales : la Haute-Egypte ou Thébaïde, l'Egypte du milieu, et la Basse-Egypte ou le Delta. Sous Sésostris, toute l'Egypte fut réunie en un seul royaume, et divisée en trente-six gouvernemens : dix dans la Thébaïde, seize dans l'Egypte du milieu, et dix dans la Basse-Egypte ou le Delta. Les villes de Syenne et d'Eléphantine séparaient l'Egypte et l'Ethiopie ; et du temps d'Auguste, elles servaient de bornes à l'Empire romain (2).

LA HAUTE-EGYPTE

OU LA THÉBAÏDE.

La Haute-Egypte tirait son nom de *Thèbes*, qui en était la capitale. Cette ville pouvait le disputer aux plus belles villes de l'Univers ; ses cent portes furent chantées par Homère. Sa population répon-

---

(1) Illa facies pulcherrima est, cùm se in agros Nilus injecit. Latent campi, opertæque sunt valles ; oppida insularum modo exstant.

(2) Claustra olim imperii Romani. *Tacit,*

dait à son étendue, puisqu'elle pouvait faire sortir
ensemble deux cents chariots et dix mille combat-
tans par chacune de ses portes. Les Grecs et les Romains ont célébré sa magnificence et sa grandeur,
quoiqu'ils n'en eussent vu que les ruines : tant les
restes en étaient augustes ! Aujourd'hui encore nos
voyageurs ne peuvent se lasser d'en admirer les débris, qui couvrent un espace d'environ trois lieues ;
aussi la circonférence de Thèbes , si ses débris doivent en indiquer les bornes, étaient d'environ neuf
lieues.

CURIOSITÉS DE LA HAUTE-ÉGYPTE,

PALAIS DE MEMNON, CAVERNES, *etc.*

On voit, parmi les ruines de Thèbes , un palais
qu'on appelle le palais de Memnon. Quelques colonnes de cet édifice ont treize mètres de haut, trois
de diamètre , et sont d'une seule pierre : elles sont
toutes, ainsi que les murailles, chargées d'hiéroglyphes. Non loin de là , sont les restes d'un grand
temple, parmi lesquels on distingue deux statues
énormes , représentant l'une un homme , et l'autre
une femme. Des monumens, non moins curieux ,
sont les fameuses cavernes, regardées comme les
tombeaux des rois d'Egypte : elles sont creusées
dans le roc vif, et probablement d'après un plan
général , quoiqu'elles diffèrent par le détail.

STATUE DE MEMNON.

Strabon, en décrivant les raretés de la Thébaïde, parle d'une statue de Memnon, fort célèbre,
dont il avait vu lui-même les restes. On dit que
cette statue, lorsqu'elle était frappée des premiers
rayons du soleil levant, rendait un son articulé.
Strabon dit qu'il entendit lui-même ce son, mais
il doute qu'il vînt de la statue:

PALAIS SUPERBE.

Parmi les antiquités qu'on a découvertes dans la Haute-Egypte, on admire surtout un palais dont les restes semblent n'avoir subsisté que pour effacer la gloire des plus grands ouvrages. Quatre allées à perte de vue, et bordées de part et d'autre par des Sphinx, d'une matière aussi rare que leur grandeur est remarquable, servent d'avenues à quatre portiques dont la hauteur étonne les yeux. On voit ensuite une salle qui faisait apparemment le milieu de ce superbe édifice, soutenue de cent vingt colonnes d'une grosseur prodigieuse, et entremêlées d'obélisques, que tant de siècles n'ont pu abattre. La peinture y a étalé tout son art et toutes ses richesses ; les couleurs y conservent encore toute leur vivacité : tant l'Egypte savait imprimer à tous ses ouvrages un caractère d'immortalité !

SARCOPHAGE.

Le voyageur Bruce a vu, dans une des cavernes dont nous venons de parler, un immense sarcophage, que plusieurs personnes prétendent être celui de Menès, premier roi d'Egypte ; d'autres celui d'Osimandyas, et qui peut-être n'appartient ni à l'un ni à l'autre : il a cinq mètres de haut, trois de long, et deux de large ; il est fait d'un seul bloc de granit rouge, et je ne doute pas, ajoute Bruce, que ce ne soit le plus beau vase qu'il y ait au monde.

TOMBEAU D'OSIMANDYAS.

Le tombeau d'Osimandyas était d'une magnificence extraordinaire. Il était environné d'un cercle d'or, qui avait une coudée de largeur, et trois cent soixante-cinq coudées de circuit, sur chacune desquelles étaient marqués le lever et le coucher du soleil, de la lune et des constellations : car dès lors les Egyptiens divisaient l'année en douze mois, chacun de trente jours, et après le douzième mois, ils ajoutaient cinq jours et six heures. On ne savait ce qu'on devait le plus admirer dans ce superbe monument, ou la richesse de la matière, ou l'art et l'industrie des ouvriers.

STATUE D'OSIMANDYAS.

Dans le magnifique palais où Osimandyas avait fait représenter son expédition contre les Bactriens, et où était son tombeau, on voyait, entre autres merveilles, une statue, dans la posture d'une personne assise, et qui était la plus grande de toute l'Egypte ; ses pieds avaient plus de sept coudées de longueur. On y lisait l'inscription suivante : *Je suis Osimandyas, roi des rois ; que celui qui voudra me disputer ce titre, me surpasse dans quelqu'un de mes ouvrages.* Quel orgueil ! on dirait, d'après cette inscription, que pour être roi des rois, il suffit de faire construire des palais magnifiques.

EGYPTE DU MILIEU.

L'Egypte du milieu avait pour capitale *Memphis*, où l'on admirait plusieurs temples magnifiques, entre autres du dieu Apis, qui y était adoré d'une manière particulière. Cette ville était située sur la rive occidentale du Nil. Le Grand-Caire, qui semble lui avoir succédé, est bâti sur la rive opposée. Cette partie de l'Egypte renferme plusieurs raretés qui méritent d'être examinées chacune en particulier. A trois lieues du Grand-Caire sont les fameuses Pyramides, si célèbres dans l'antiquité, et mises au rang des sept Merveilles du monde.

CURIOSITÉS DE L'EGYPTE DU MILIEU.

CHATEAU DU GRAND-CAIRE.

Le château du Grand-Caire est une des choses les plus curieuses qui soient en Egypte. Il est situé sur une montagne, hors de la ville; il est bâti sur le roc, qui lui sert de fondemens, et entouré de murailles fort hautes et fort épaisses. On y monte par un escalier taillé dans le roc, si aisé à monter que les chameaux et les chevaux, tout chargés, y vont facilement. Ce qu'il y a de plus curieux et de plus rare à voir dans ce château, est le puits de Joseph, ainsi appelé, soit parce que ce grand homme l'avait fait construire, soit parce que les Egyptiens se plaisent à lui attribuer ce qu'ils ont de plus remarquable.

PUITS DE JOSEPH.

Ce puits, qui est taillé dans le roc, est d'une profondeur prodigieuse : il forme un double étage; on y descend par un escalier qui a deux cents marches, larges d'environ deux mètres et demi, dont la descente douce et presque imperceptible, laisse un accès facile aux bœufs qui sont employés pour faire monter l'eau; elle vient d'une source qui est presque la seule qui se trouve dans le pays. Les bœufs font tourner continuellement une roue où tient une corde, à laquelle sont attachés plusieurs seaux. L'eau ainsi tirée du premier puits se rend dans le second, d'où elle est tirée de la même manière; et de là, elle se distribue par des canaux dans plusieurs endroits du château.

OBÉLISQUES (1).

Les obélisques font connaître de quoi les Egyptiens étaient capables. Il y en avait plusieurs d'une

---

(1) Un obélisque est une aiguille ou pyramide quadrangulaire, menuë, haute, et perpendiculairement élevée en pointe, pour servir d'ornement à quelque place, et qui est souvent chargée d'hiéroglyphes. On appelle hiéroglyphes, des figures ou des symboles mystérieux dont les Egyptiens se servaient pour couvrir et envelopper les choses sacrées, ou les mystères de leur théologie.

seule pierre, qui avaient soixante-deux mètres
de haut. Ces ouvrages étonnans n'annoncent pas le
goût du beau, mais le goût du gigantesque : les
difficultés vaincues en faisaient le principal mérite.
Rome, désespérant d'égaler l'Egypte, a cru faire
assez d'en emprunter les monumens. Les obélisques des rois d'Egypte font encore aujourd'hui le
principal ornement de Rome.

OBÉLISQUES DE SÉSOSTRIS.

Parmi les obélisques qu'on voyait en Egypte,
on en remarquait trois principaux, dont deux que
Sésostris avait fait élever dans la ville d'Héliopolis. Ils étaient d'une pierre très-dure, qui avait
été tirée des carrières de la ville de Syenne, à l'extrémité de l'Egypte ; ils avaient chacun soixante-
deux mètres de haut. Auguste les fit transporter à
Rome. Il n'osa pas en faire autant d'un troisième,
qui était d'une grandeur énorme : il avait été cons-
truit sous Ramessès, et l'on rapporte qu'il y avait
eu vingt mille hommes employés à le tailler. Constance, plus hardi qu'Auguste, le fit transporter
à Rome.

PYRAMIDES.

Une pyramide est un corps solide ou creux,
qui a une base large et ordinairement carrée, et qui
se termine en pointe. Trois des anciennes pyramides subsistent encore aujourd'hui ; elles sont
environ à trois lieues du Grand-Caire. La plus
grande, qui mérita d'être mise au nombre des sept
Merveilles du monde, a deux cent huit mètres de
circuit, et cent soixante-trois de hauteur perpen-
diculaire. On rapporte que cent mille ouvriers y
travaillèrent trente ans de suite ; qu'elle coûta,
simplement pour les aulx, les poireaux, les oignons et autres légumes fournis aux ouvriers, seize
cents talens d'argent, d'où il est facile de conjec-

turer combien, pour tout le reste, la dépense devait être énorme. Tant d'efforts, qui semblent au-dessus des forces humaines, avaient pour but d'élever un tombeau ! C'était sous cet amas immense de pierres, qu'un prince voulait que son cadavre parvînt à sa dernière destruction. Ces rois, remplis d'une sotte vanité, qui écrasaient les peuples et épuisaient la substance du pauvre pour élever ces magnifiques inutilités (1), n'ont pu sauver leur nom de l'oubli.

LABYRINTHE.

Hérodote, qui avait vu le labyrinthe, dit que c'était un ouvrage encore plus étonnant que les pyramides. Il était bâti à l'extrémité méridionale du lac de Mœris, auprès de la ville des Crocodiles. Ce n'était pas tant un seul palais qu'un magnifique amas de douze palais disposés régulièrement, et qui communiquaient ensemble. Quinze cents chambres, entremêlées de terrasses, s'arrangeaient autour de douze salles, et ne laissaient point de sortie à ceux qui s'engageaient à le visiter ; il y avait autant de bâtimens souterrains, destinés à la sépulture des rois, et à nourrir les crocodiles sacrés, dont une nation, d'ailleurs si sage, faisait ses Dieux (2).

---

(1) Regum pecuniæ otiosa ac stulta ostentatio. *Plin.*

(2) *Voici la description que Virgile donne du laby-rinthe de Crète, qui n'était ni si grand ni si varié que celui d'Egypte.*

Ut quondam Cretâ fertur labyrinthus in altâ,
Parietibus textum cæcis iter, ancipitemque
Mille viis habuisse dolum, quà signa sequendi
Falleret indeprensus et irremeabilis error. *Æn. L. 5, v.* 588.
Hìc labor ille domûs, et inextricabilis error :
Dædalus, ipse dolos tecti ambagesque resolvit,
Cæca regens filo vestigia.   *L. 6, v.* 27.

LAC DE MŒRIS.

Le lac de Mœris, destiné à recevoir les eaux du Nil, pour remédier à une trop grande ou trop petite inondation, fut le plus remarquable de tous les ouvrages des rois d'Egypte, et le plus digne de l'immortalité, puisqu'il servit au bien public. Il avait trente ou quarante milles de tour, c'est-à-dire, environ quinze lieues, et cent mètres de profondeur. Deux pyramides, dont chacune portait une statue colossale sur un trône, s'élevaient à cent mètres au milieu du lac, et occupaient sous les eaux du lac un pareil espace. Ce lac communiquait au Nil par le moyen d'un canal de quatre lieues de longueur, et de seize mètres de largeur, que l'on ouvrait et que l'on fermait au besoin par de grandes écluses.

CANAL.

Plusieurs rois d'Egypte entreprirent de joindre le Nil avec la mer Rouge, en tirant un canal de l'un à l'autre ; mais, après y avoir employé des sommes immenses, et y avoir fait périr plus de cent vingt mille hommes, effrayés par un oracle qui répondit, que c'était ouvrir aux Barbares un chemin dans l'Egypte, ils l'abandonnèrent. Cette entreprise ne fut achevée que sous les Ptolémées, qui, par le moyen des écluses, tenaient le canal ouvert ou fermé, selon leurs besoins. Il commençait assez près du Delta, vers la ville de Babuste ; il avait vingt-cinq toises de largeur, cinquante lieues de longueur, et, de profondeur, autant qu'il en faut pour porter les plus grands vaisseaux. Ce canal était d'une grande utilité pour le commerce. Aujourd'hui il est presque entièrement comblé ; à peine en reste-t-il quelques vestiges.

BASSE-EGYPTE.

La Basse-Egypte ressemble à un triangle ou à

un *delta* (Δ), lettre grecque, dont elle porte le nom. Elle forme une espèce d'île, qui commence à l'endroit où le Nil se divise en deux grands canaux, par lesquels il va se jeter dans la Méditerranée. Cette île est la partie de l'Egypte la plus fertile et la plus riche ; sa position, qui la met à la portée de la mer Rouge et de la mer Méditerranée, lui a, dans tous les temps, procuré un commerce des plus florissans. Elle renfermait autrefois plusieurs villes considérables, entre autres Héliopolis, c'est-à-dire, la ville du soleil ; elle fut ainsi appelée à cause d'un temple magnifique qui y était dédié au soleil. C'est dans cette ville qu'un bœuf, sous le nom de Mnévis, était honoré comme un Dieu.

CURIOSITÉS DE LA BASSE-EGYPTE.

TEMPLE DE SAÏS.

Il y avait dans Saïs un temple dédié à Minerve, qu'on croit être la même qu'Isis, avec cette inscription : *Je suis tout ce qui a été, ce qui est, et ce qui sera ; et personne n'a encore percé le voile qui me couvre.* Hérodote y admirait surtout une chapelle faite d'une seule pierre, qui avait au-dehors vingt et une coudées de longueur, sur quatorze de largeur, huit de hauteur, et un peu moins en dedans. On l'avait apportée d'Eléphantine ; deux mille hommes avaient été occupés, pendant trois ans, à la voiturer sur le Nil.

PHÉNIX.

Le Phénix, si l'on en croit les Anciens, est unique dans son espèce. Il naît dans l'Arabie, et vit cinq ou six cents ans. Il est de la grandeur d'un aigle. Il a la tête ornée et brillante d'un plumage exquis, les plumes du cou dorées, les autres, pourpres ; la queue blanche, mêlée de plumes incarnates ; des yeux étincelans comme des étoiles. Lorsque, chargé d'années, il voit sa fin approcher, il forme un nid de bois et de gommes aromatiques, après quoi il meurt. De ses os et de sa moëlle il naît un vers, d'où il se forme un autre Phénix.

JEUNE PHÉNIX.

Le premier soin du jeune Phénix est de rendre à son père les honneurs de la sépulture. Pour cela, il compose comme une boule ou un œuf de quantité de parfums et de myrrhe, du poids qu'il se sent capable de porter; il en fait souvent l'épreuve, puis il le vide en partie, y dépose le corps de son père, et en ferme avec soin l'entrée qu'il enduit de myrrhe et d'autres parfums. Alors il charge ses épaules de ce précieux fardeau, et va le brûler sur l'autel du soleil, dans la ville d'Héliopolis. Il paraît, d'après les Anciens, (1,2) que le fond de ce récit est véritable ; mais les circonstances en sont évidemment fausses.

MOEURS ET COUTUMES DES ÉGYPTIENS.

DES ROIS ET DU GOUVERNEMENT.

De temps immémorial, l'Egypte a obéi à des rois. Ce gouvernement, qu'on appelle *monarchique*, se forma sans doute sur l'exemple de l'autorité paternelle. Un père était le chef de sa famille, et la gouvernait : on choisit un roi pour être le chef du peuple, et le gouverner. Les lois devaient lui servir de règle à lui-même ; elles réglaient l'ordre de sa cour, l'emploi de son temps, les mets de sa table et toutes ses actions. Chaque jour la religion lui rappelait ses devoirs ; le grand-prêtre l'exhortait à la pratique des

---

(1) *Rara avis in terris.* Juvénal.

(2) Vir bonus tàm citò nec fieri potest, nec intelligi.... Tanquàm phœnix, semel anno quingentesimo nascitur. *Séneq.*

vertus royales, et faisait des imprécations contre
ceux qui voudraient l'en détourner par leurs conseils. La lecture des meilleures maximes, des traits
d'histoire les plus instructifs, était aussi employée
pour diriger sa conduite.

SÉNAT.

Trente juges, tirés des principales villes, com-
posaient le sénat, qui devait rendre la justice dans
tout le royaume. C'était le roi qui choisissait ces
juges parmi les personnes les plus estimées et les
plus instruites ; il leur assignait certains revenus,
afin qu'affranchis des embarras domestiques, ils
pussent donner tout leur temps à faire observer les
lois. La justice devait être gratuite : le peuple, en
payant les impôts, a droit de l'exiger. Le président
du sénat portait un collier d'or et de pierres précieuses, d'où pendait une figure sans yeux, qu'on
appelait la vérité ; il l'appliquait à la partie qui
gagnait sa cause : c'était la forme de prononcer les
jugemens.

LOIS.

Parmi les lois des Egyptiens, quelques-unes sont
remarquables. On punissait l'adultère comme un
crime des plus nuisibles à la société ; l'homme qui
l'avait commis, recevait mille coups de verges, et
l'on coupait le nez à la femme. Le meurtre invo-
lontaire était puni de mort. Le parjure emportait
la même peine ; et le calomniateur était condamné
au supplice qu'aurait subi l'accusé, si le crime s'é-
tait trouvé véritable. La loi punissait même celui
qui n'avait pas fait le bien qui était en son pouvoir :
on punissait de mort le lâche qui, pouvant sauver
un homme attaqué, avait négligé de courir à son
secours. La ville la plus voisine de l'endroit où se
trouvait le cadavre, lui faisait des obsèques conve-
nables à son rang et à sa condition.

* 16

PROFESSIONS.

Il n'était pas permis d'être inutile à l'État : une loi d'Amasis obligeait chaque particulier d'inscrire tous les ans son nom, sa demeure, sur un registre public, d'y marquer sa profession, et de déclarer d'où lui venaient ses moyens d'existence. Celui qui ne pouvait prouver que ces moyens étaient honnêtes, était condamné à mort, ainsi que celui qui était convaincu d'avoir énoncé faux. L'excessive sévérité de cette loi fait du moins sentir combien l'oisiveté, la fraude et les autres vices déshonorent l'homme, et le rendent indigne de vivre avec ses semblables. Les professions étaient héréditaires, sans qu'il fût permis d'en jamais changer. On a prétendu que les Égyptiens en faisaient mieux toutes choses ; mais il est certain que leur émulation devait en être moins forte, leurs progrès plus lents, et de là vient qu'ils n'ont rien perfectionné.

PAIEMENT DES DETTES.

Pour empêcher les emprunts, d'où naissent ordinairement la fainéantise, les fraudes et la chicane, le roi Asychis avait fait une loi fort sensée. Il n'était permis d'emprunter qu'en déposant dans la maison du créancier le corps de son père, que chaque Égyptien faisait embaumer, et conservait avec honneur dans sa maison ; et c'était une impiété et une infamie de ne pas retirer assez promptement un gage si précieux : celui qui mourait sans s'être acquitté de ce devoir, était privé des honneurs qu'on avait coutume de rendre aux morts.

ABUS DES LOIS. POLYGAMIE.

Les Égyptiens, avec leurs lois tant vantées, avaient de grands abus : comme le mariage entre frère et sœur, qui était très-commun, et qui non seulement était autorisé par les lois, mais fondé en quelque sorte sur leur religion même, et sur l'exemple des deux divinités les plus anciennement honorées dans le pays, d'Osiris et d'Isis, qui étaient unis par le sang et par les liens du mariage. La polygamie était permise en Egypte, excepté aux prêtres, qui ne pouvaient épouser qu'une femme. De quelque condition que fût la femme, libre ou esclave, les enfans étaient censés libres et légitimes.

RESPECT POUR LES VIEILLARDS.

RECONNAISSANCE.

Les vieillards étaient fort respectés en Egypte. Les jeunes-gens étaient obligés de se lever devant eux, et de leur céder partout la place d'honneur : c'est de là que cette loi a passé à Sparte. La principale vertu des Egyptiens, la gloire qu'on leur a donnée d'être les plus reconnaissans de tous les hommes, fait voir qu'ils étaient aussi les plus sociables. Les bienfaits sont le lien de la concorde publique et particulière. Les Egyptiens avaient une reconnaissance et un honneur particuliers pour leurs rois, qu'ils regardaient comme les images vivantes de la divinité sur la terre. Ils les pleuraient après leur mort comme les pères communs des peuples.

DES PRÊTRES ET DE LA RELIGION.

PRÉROGATIVES DES PRÊTRES.

Les Prêtres, en Egypte, tenaient le premier rang après les rois. Ils étaient fort riches, et leurs terres étaient exemptes de toute imposition. C'était entre leurs mains que restaient les livres sacrés, qui contenaient les principes de la religion et du gouvernement ; aussi avaient-ils ordinairement une grande influence dans les affaires de l'Etat. Les terres étaient partagées entre les rois, les prêtres et les gens de

guerre : le reste de la nation devait subsister de son
travail. Ce partage, en mettant beaucoup d'inter-
valle entre les grands et le peuple, donnait une
autorité fort étendue aux prêtres.

RELIGION.

La Religion, si nécessaire pour maintenir la
vertu, dégénéra parmi les Egyptiens en superstition
extravagante et funeste. Les premières idées d'un
dieu unique, à qui l'homme doit son amour et ses
hommages, furent effacées par les fantômes de l'imagination et de la peur. Non seulement on déifia des
hommes, mais on adora des animaux et des légumes. Les connaissances de la religion et des sciences
étaient enveloppées sous des symboles ou figures
allégoriques qu'on nommait hiéroglyphes, et qui,
en voilant la vérité, semblaient la rendre respec-
table, et piquaient plus vivement la curiosité.

HIÉROGLYPHES.

Les Egyptiens se servaient de ces symboles énig-
matiques pour couvrir les mystères de la théologie.
Ainsi la figure d'Harpocrate qu'on voyait dans les
sanctuaires égyptiens avec un doigt sur la bouche,
avertissait qu'on y renfermait des mystères qu'il
n'était pas permis à tout le monde de pénétrer. Le
Sphinx, qui était à l'entrée des temples, donnait le
même avertissement. Le lièvre, qui a le sens de
l'ouïe fort délicat, marquait une attention vive et
pénétrante. A la porte d'un temple, cet animal
signifiait qu'on devait y entrer avec crainte et respect ; et dans le sanctuaire, que Dieu entend tout.
Une statue sans mains et sans yeux, ou quelquefois les yeux baissés en terre, suspendue au collier
d'un juge, marquait l'intégrité avec laquelle il devait rendre la justice. Il en était de même de tous
les autres hiéroglyphes.

MÉTEMPSYCOSE.

Les Egyptiens croyaient à la métempsycose, c'est-à-dire, à la transmigration des âmes dans d'autres corps. Si l'homme avait bien vécu, après sa mort, son âme passait dans un autre corps humain ; si au contraire il avait mené une mauvaise vie, son âme était enfermée dans le corps de quelque bête immonde, pour y expier ses crimes ; et après avoir animé successivement de vils animaux, pendant l'espace de trois mille ans, elle retournait de nouveau dans le corps d'un homme. Pythagore avait apporté cette doctrine dans la Grèce.

POLITIQUE DES PRÊTRES.

Les Prêtres égyptiens avaient une idée plus juste de l'Etre-Suprême que le commun du peuple : ils avaient une doctrine secrète, fort supérieure à la croyance populaire ; mais ils ne la communiquaient qu'à un petit nombre de personnes, en les initiant à leurs mystères, et ils entretenaient la superstition commune, dont ils savaient profiter ; tant il est vrai de dire qu'il n'appartient qu'à la vraie religion d'écarter ces voiles mystérieux, et d'inspirer la vertu en dissipant les erreurs !

FÊTES, PROCESSIONS, SACRIFICES.

Les Egyptiens prétendaient être les premiers qui avaient établi des fêtes et des processions pour honorer les Dieux. On en faisait une très-solennelle dans la ville de Bubaste, où se rendaient, de toute l'Egypte, plus de soixante et dix mille personnes, sans compter les enfans. Il s'en faisait une autre à Saïs. Ceux qui ne s'y trouvaient pas, étaient obligés, dans toute l'étendue de l'Egypte, de tenir des lampes allumées aux fenêtres de leurs maisons. Les Egyptiens immolaient en sacrifice des animaux, et c'était une coutume générale d'imposer

les mains sur la tête de la victime, de la charger
d'imprécations, et de prier les Dieux de détourner
sur elle tous les malheurs dont ils pouvaient être
menacés.

CULTE DES DIFFÉRENTES DIVINITÉS.

Les Egyptiens avaient un très-grand nombre de
divinités, parmi lesquelles on distingue Isis et
Osiris, qu'on a prétendu être la lune et le soleil.
Outre ces Dieux, l'Egypte adorait un grand nombre
de bêtes, telles que le bœuf, le chien, le loup,
l'épervier, le crocodile, l'ibis, le chat, etc. Néanmoins les Egyptiens ne s'accordaient point sur l'ob-
jet de leur superstition, et pendant qu'une province
élevait une espèce de bête sur ses autels, la province voisine avait cette bête en abomination. Là,
le crocodile était adoré; ici, l'ichneumon, ennemi
du crocodile; là, le mouton; ici, le loup: de là
une infinité de querelles religieuses.

VÉNÉRATION POUR LES ANIMAUX.

Les Egyptiens avaient une si grande vénération
pour les animaux dont nous venons de parler,
qu'ils punissaient de mort quiconque en tuait un,
même par mégarde. Diodore rapporte, à ce sujet,
un fait dont il avait été lui-même témoin. Un soldat romain ayant tué un chat par mégarde, la populace en fureur courut à sa maison; et ni l'autorité du roi, qui sur-le-champ envoya ses gardes,
ni la crainte du nom romain, ne purent le sauver.
Leur sacrilége respect pour ces animaux, les porta,
dans le temps d'une famine extrême, à se manger
plutôt les uns les autres, qu'à toucher à leurs pré-
tendues divinités. On dit qu'un roi de Perse, ayant
mis à la tête de son armée un bataillon de chiens
et de chats, tailla en pièces les Egyptiens, parce
qu'ils n'osèrent en tuer un seul.

BŒUF APIS.

De tous les animaux que les Egyptiens adoraient, le bœuf Apis était le plus célèbre. On lui avait bâti des temples magnifiques ; on lui rendait des honneurs extraordinaires pendant sa vie, et de plus grands encore après sa mort : l'Egypte alors entrait dans un deuil général. On célébrait ses funérailles avec une magnificence qu'on a de la peine à croire. Sous Ptolémée-Lagus, le bœuf Apis étant mort de vieillesse, la dépense de son convoi, outre les frais ordinaires, monta à plus de cinquante mille écus. Quel aveuglement !

SUCCESSEUR D'APIS.

Après qu'on avait rendu les derniers honneurs au dieu mort, il s'agissait de lui trouver un successeur. On le cherchait dans toute l'Egypte, et on le reconnaissait à certains signes qui le distinguaient de tout autre : sur le front, une tache blanche en forme de croissant ; sur le dos, la figure d'un aigle ; sur la langue, celle d'un escarbot. Quand on l'avait trouvé, le deuil faisait place à la joie, et ce n'était plus dans l'Egypte que festins et réjouissances. On conduisait le nouveau dieu à Memphis, pour y prendre possession de sa nouvelle qualité, et y être installé avec beaucoup de cérémonie.

DIVINITÉS PARTICULIÈRES.

Les Egyptiens ne se contentaient pas d'offrir de l'encens aux animaux ; ils portaient la folie jusqu'à attribuer la divinité aux légumes de leurs jardins (1). On est bien étonné de voir un peuple qui se piquait de sagesse et de lumières, adorer une ci-

------

(1) O sanctas gentes, quibus hæc nascuntur in hortis Numina ! *Juvénal.*

gogne, un chat , un singe , et autres animaux de cette espèce. Ces excès , qui nous paraissent incroyables , sont attestés par toute l'antiquité. On entre dans un temple magnifique, dit Lucien , où brillent de toutes parts l'or et l'argent ; les yeux avides y cherchent un Dieu, et n'y trouvent qu'une cigogne, un singe, un chat. Belle image , ajoute-t-il, de beaucoup de palais, dont les maîtres **ne** font pas le plus bel ornement !

C A N O P E.

Les Egyptiens adoraient cette divinité sous la figure d'un grand vase surmonté d'une tête humaine, et couvert d'hiéroglyphes. Les Chaldéens, qui adoraient le feu , défièrent les Dieux des autres nations de résister au leur. Un prêtre du Dieu Canope accepta le défi. On mit les deux Dieux aux prises ; on alluma un grand feu , dans lequel on plaça le Canope, dont il sortit une si grande quantité d'eau, que le feu en fut entièrement éteint. Le Dieu Canope fut vainqueur , par l'artifice d'un de ses prêtres , qui , ayant percé le vase en plusieurs endroits , et ayant ensuite fermé les trous avec de la cire , l'avait rempli d'eau. Lorsque le vase fut mis au feu , la cire fondit , et il répandit toute l'eau qu'il contenait.

H A R P O C R A T E   E T   A N U B I S.

Harpocrate était honoré chez les Egyptiens comme le Dieu du silence. Il était représenté sous la figure d'un jeune homme à demi-nu , tenant un doigt sur la bouche , et d'une main une corne. C'était , selon l'histoire , un philosophe Grec , qui, dans toutes ses leçons , ne parlait que de l'utilité du silence. Anubis était représenté avec une tête de chien , sur un corps d'homme , tenant un sistre de la main droite , et un caducée de la gauche.

On plaçait sa statue à la porte des temples, comme le gardien d'Isis et d'Osiris.

OSIRIS, ET ISIS SON ÉPOUSE.

Osiris était représenté avec une mitre, dont le bas était terminé par une corne de bœuf, parce qu'il avait enseigné aux hommes à cultiver la terre ; il tenait de la main gauche un bâton recourbé comme une crosse, et de la droite un instrument triangulaire, qui ressemblait à un fouet à trois cordes. Les femmes seules étaient admises à célébrer les fêtes d'Isis, et elles s'y préparaient par des sacrifices ; elles s'abstenaient de vin pendant toute la durée des fêtes. Les prêtres de cette déesse se rasaient la tête, parce qu'elle s'était arraché les cheveux de désespoir, à la mort de son mari.

CÉRÉMONIES DES FUNÉRAILLES.

Le respect que tous les peuples ont eu, dans tous les temps, pour les corps morts, et les soins religieux qu'ils ont toujours pris des tombeaux, semblent insinuer la persuasion où l'on était que ces corps n'y étaient mis qu'en dépôt. Quand quelqu'un était mort chez les Egyptiens, tous les parens et tous les amis prenaient des habits de deuil ; ils s'abstenaient du bain et de la bonne chère pendant l'espace de quarante ou soixante jours. Le corps était soigneusement embaumé. Il y avait trois manières de procéder à cet embaumement ; la plus magnifique coûtait un talent, c'est-à-dire, mille écus

EMBAUMEMENT.

Plusieurs ministres étaient employés à cette cérémonie ; les uns, avec des ferremens faits exprès, vidaient tout ce qu'il y avait de plus susceptible de corruption, tant dans la cervelle que dans les in-

testins. Comme cette opération présentait quelque
chose de cruel, on poursuivait à coups de pierres
ceux qui venaient de la faire ; tandis qu'on traitait favorablement ceux qui étaient chargés d'embaumer le corps : ils le remplissaient de myrrhe,
de cannelle et de toutes sortes d'aromates. Après
un certain temps, ils l'enveloppaient de bande-
lettes de lin très-fines, qu'ils collaient ensemble,
et qu'ils enduisaient de parfums les plus exquis :
par ce moyen, on parvenait à conserver le corps
à-peu-près avec les mêmes traits qui caractérisaient
sa physionomie.

M O M I E S.

La superstition, qui faisait dépendre le bonheur
des morts de la conservation des cadavres, avait,
comme nous venons de le voir, un art merveil-
leux pour les embaumer. Après qu'on avait embaumé un corps, on le rendait aux parens, qui
l'enfermaient dans une espèce d'armoire ouverte, faite sur la mesure du mort ; puis ils le pla-
çaient droit et debout contre la muraille, soit dans
leurs tombeaux, s'ils en avaient , soit dans
leurs maisons : c'est ce qu'on appelle *momies*.
Il en vient encore tous les jours d'Égypte, et plusieurs curieux en conservent dans leurs cabi-
nets ; elles sont noires et extraordinairement des-
séchées ; et ne présentent qu'un spectacle hideux de
la mort. Mais ce spectacle avait quelque chose de
touchant pour une famille, qui y retrouvait quelques traits défigurés d'une mère ou d'un père, et
qui pratiquait avec soin les vertus qui avaient honoré sa vie.

ÉGYPTIENS JUGÉS APRÈS LEUR MORT.

Tous les Éyptiens n'avaient pas droit aux honneurs des funérailles : il fallait les avoir mérités
par ses vertus, et on ne les accordait à un mort
qu'après lui avoir fait subir un jugement solennel.

L'assemblée des Juges se tenait au-delà d'un lac qu'ils passaient dans une barque. Celui qui la conduisait s'appelait, en langue Egyptienne, *Caron* : c'est de là que les Grecs, instruits par Orphée qui avait été en Egypte, ont inventé la fable de la barque de Caron. Aussitôt qu'un homme était mort, on l'amenait en jugement : l'accusateur public était écouté ; s'il prouvait que la conduite du mort eût été mauvaise, on en condamnait la mémoire, et il était privé de la sépulture : si , au contraire, il ne lui imputait aucune faute, on l'ensevelissait honorablement , et toute l'assemblée priait les Dieux de le recevoir dans la compagnie des justes, et de l'associer à leur bonheur. Le trône même ne mettait pas à couvert de ce dernier jugement. Les rois, flattés pendant leur vie, étaient sévèrement jugés après leur mort ; chacun pouvait les accuser , et s'ils avaient mal vécu ou mal gouverné , ils étaient privés de la sépulture. Cette coutume fut cause que plusieurs régnèrent avec piété et justice.

DES SOLDATS ET DE LA GUERRE.

Quoique l'Egypte, contente de son pays où tout abondait, aimât naturellement la paix , elle entretenait néanmoins , selon Hérodote, quatre cent mille soldats, qu'elle préparait aux fatigues de la guerre par une éducation mâle et robuste. On les exerçait à la course à pied et à cheval, et il n'y avait point dans tout l'univers de meilleurs hommes de cheval que les Egyptiens. La profession militaire, qui était en grand honneur chez eux , passait de père en fils, comme toutes les autres. Chaque soldat avait six arpens de terre, exempts d'imposition ; outre cet avantage, on leur fournissait, par jour, à chacun, cinq livres de pain, deux livres de viande et une pinte de vin, ce qui suffisait pour nourrir une partie de leur famille, car tous étaient mariés et établis.

DES SCIENCES ET DES ARTS.

C'est aux arts et aux sciences que les Egyptiens doivent surtout leur célébrité : ils les portèrent à un certain degré de perfection ; mais ils n'eurent rien du goût noble et délicat des Grecs, qui les reçurent de leur école pour les perfectionner encore. Il faut avouer néanmoins que les Egyptiens avaient fait des découvertes rares et utiles. L'usage du fer, l'usage même du feu ont été long-temps inconnus aux hommes ; l'usage du pain l'est encore à la plupart des peuples. Combien ne faut-il donc pas admirer les auteurs de tant de précieuses découvertes ! On attribuait à Osiris l'invention de la charrue ; c'est un des plus grands services rendus au genre humain, puisque l'agriculture a fait naître la société civile.

ASTRONOMIE, ARPENTAGE, etc.

Avant que les Hébreux fussent rassemblés en corps de nation, l'Egypte connaissait les beaux arts : on y voyait des étoffes fines, des vases ciselés ; l'architecture y produisait des monumens d'une grandeur et d'une solidité prodigieuses. On prétend que les Egyptiens trouvèrent l'astronomie et l'arpentage ; cela n'est pas difficile à croire. Comme le pays est uni, et le ciel toujours pur et sans nuages, il leur a été facile d'observer le cours des astres. Ces observations les ont conduits à régler le cours de l'année sur celui du soleil. La nécessité a pu les porter à faire la découverte de l'arpentage ; car ils devaient être contraints de mesurer leurs terres, pour pouvoir les reconnaître sous le limon que le Nil laisse tous les ans en se retirant.

DES LABOUREURS ET DES ARTISANS.

Les laboureurs et les artisans n'étaient pas moins

considérés,en Égypte, que les prêtres et les soldats ;
aussi était-ce à eux que le pays devait ses richesses
et son opulence. C'est une chose étonnante de voir
ce que le travail et l'adresse des Egyptiens tiraient
d'un pays dont l'étendue n'était pas fort considérable ; mais dont le sol était devenu, par les bienfaits du Nil et par l'industrie laborieuse des habitans , d'une merveilleuse fécondité. Le blé qui mû-
rissait en Egypte suffisait, même dans un temps de
famine , pour nourrir tous les peuples voisins. Dans
les derniers temps , elle fut toujours la ressource
et le grenier du peuple romain.

HISTOIRE DES ROIS D'ÉGYPTE.

Rien n'est plus obscur ni plus incertain que l'histoire des premiers rois d'Egypte. Cette nation fastueuse , entêtée de son antiquité et de sa noblesse ,
trouvait qu'il était beau de se perdre dans un abîme
infini de siècles, qui semblaient l'approcher de l'é-
ternité : si on l'en croit, les Dieux d'abord, et ensuite les Demi-Dieux ou Héros la gouvernèrent successivement pendant l'espace de plus de vingt mille
ans. On sent combien cette prétention est vaine et
fabuleuse (1). Osiris , et Isis sa femme et sa sœur,
Hermès, que les Grecs ont nommé *Mercure*, étaient
autant de divinités à qui ils attribuaient l'origine
des arts et des sciences. Ils divinisaient aussi les
hommes qu'on regardait comme les auteurs des
avantages de la société ; de là , l'idolâtrie , qui s'est
répandue dans tout l'univers.

------

(1) On sera moins étonné de la durée de la monarchie
Egyptienne , si l'on considère que les anciens Egyptiens
avaient d'abord réglé leur année sur le cours de chaque lu-
naison , et ensuite sur celui de chaque saison. Il en est de
même de l'antiquité des Indiens et des Chinois.

MÉNÈS ET BUSIRIS.

Ménès paraît avoir été le premier roi d'Egypte. Son règne remonte si haut, que les savans le prennent pour un des petits-fils de Noé (1). Il régnait vers l'an 2188 avant Jésus-Christ. C'est à Ménès qu'on attribue l'invention du culte des Dieux et des sacrifices. Après Ménès, il s'écoula plusieurs siècles qui nous sont inconnus (2). Busiris, long-temps après, bâtit la fameuse ville de Thèbes, et y établit le siége de l'empire.

OSIMANDYAS.

Osimandyas fit avec succès la guerre contre les Bactriens, qui s'étaient révoltés ; et, pour immortaliser sa victoire, il fit construire un édifice magnifique, orné de sculptures et de peintures, qui représentaient son expédition contre les Bactriens. Les arts et les sciences paraissent avoir été en honneur sous son règne. Il avait une bibliothèque fort riche pour le temps, et la première dont il soit parlé dans l'histoire ; on avait gravé ces mots à l'entrée : *Trésor des remèdes de l'âme.* On ne sait pas au juste en quel temps vivait ce prince.

UCORÉUS, MOERIS, ROIS-PASTEURS.

Ucoréus, l'un des successeurs d'Osimandyas, bâtit la ville de Memphis ; elle avait cent cinquante stades de circuit, plus de sept lieues. Mœris fit creuser ce fameux lac qui porta son nom. L'Egypte

---

(1) Cela paraît difficile à croire ; car si le déluge avait détruit tout le genre humain ; les hommes ne pouvaient pas être assez multipliés, pour qu'un des petits-fils de Noé eût un royaume à gouverner, et pour qu'il fût obligé d'aller fonder au loin un état. Il n'y a rien de probable dans cette conjecture.

(2) Il suit de cet aveu même de l'histoire, que l'on ne saurait rien établir de positif sur les époques de la chronologie Egyptienne, qui précèdent ces siècles inconnus.

qui avait été long-temps gouvernée par des rois nés dans son sein, subit le joug des étrangers qu'on nomma *Rois-Pasteurs*, qui étaient Arabes ou Phéniciens. Ils ne s'emparèrent cependant que de Memphis et de la Basse-Egypte. Le royaume de Thèbes subsista jusqu'au temps de Sésostris, qui, ayant subjugué les Arabes du vivant de son père, attaqua la Libye, et en soumit la plus grande partie (1).

SÉSOSTRIS.

Sésostris ayant perdu son père, monta sur le trône, et osa prétendre à la conquête du monde connu. Avant de sortir de son royaume, il le divisa en 36 gouvernemens, qu'il confia à des personnes dont il connaissait le mérite et la fidélité. L'Ethiopie, située au midi de l'Egypte, fut la première victime de son ambition. Il parcourt et subjugue l'Asie avec une rapidité étonnante; il pénètre dans les Indes, plus loin que n'avaient fait Hercule et Bacchus, plus loin même que ne fit depuis Alexandre. Les Scythes jusqu'au Tanaïs, l'Arménie et la Cappadoce reçoivent sa loi : arrêté par la difficulté de trouver des vivres, il retourne dans ses états. Tranquille au sein de la paix, il érigea cent temples en actions de grâces aux Dieux; il fit plusieurs autres ouvrages dignes d'un grand prince.

SÉSOSTRIS TRAÎNÉ PAR DES ROIS.

On pourrait regarder Sésostris comme un grand prince, s'il n'avait lui-même terni l'éclat de sa gloire par une ambition démesurée et par une aveugle complaisance dans sa grandeur; il oublia en quelque sorte qu'il était homme. Les rois et les chefs des nations subjuguées, qui venaient rendre hommage

---

(1) Je passe sous silence trois rois d'Egypte, dont les principales actions sont d'avoir accablé les Israélites de travaux.

à leur vainqueur, et lui payer les tributs qu'il leur avait imposés, étaient assez bien reçus dans ce moment ; mais quand ce monarque allait au temple, ou qu'il entrait dans la ville, il faisait atteler à son char ces rois et ces princes quatre à quatre, croyant rehausser sa grandeur par cet orgueil humain. On lisait dans plusieurs pays cette inscription fastueuse gravée sur des colonnes : *Sésostris, le roi des rois et le seigneur des seigneurs, a conquis ce pays par ses armes.* Dédaignant mourir comme les autres hommes, il se tua lui-même.

A S Y C H I S (1).

Asychis se piqua de surpasser tous ses prédécesseurs par la construction d'une pyramide de brique, plus magnifique, si on l'en croit, que toutes celles qu'on avait vues jusque-là ; il y fit graver cette inscription : *Ne me compare point aux autres pyramides faites de pierres ; je leur suis autant supérieure, que Jupiter l'est aux autres Dieux.* Ce fut ce prince qui établit la loi sur les emprunts, par laquelle il n'était permis d'emprunter qu'en mettant en gage le corps mort de son père. Cette loi ajoutait que celui qui ne retirerait point le corps en rendant la somme empruntée, serait privé de la sépulture, ainsi que ses descendans (2).

S É T H O N.

Les actions les plus remarqables de ce prince, si on peut lui donner ce nom, sont d'avoir abandonné les fonctions de la royauté pour prendre celles du sacerdoce : il se fit consacrer souverain-pontife de

---

(1) Il y a cinq rois entre Sésostris et Asychis ; mais l'histoire ne nous en a conservé que les noms.

(2) Entre Asychis et Séthon, il y a Pharaon qui donna sa fille à Salomon, roi d'Israël ; Sésac, auprès duquel se réfugia Jéroboam pour éviter la colère de Salomon, et Anysis : l'histoire ne nous a conservé aucune de leurs actions.

Vulcain. Ayant dépouillé les gens de guerre de leurs priviléges, il en fut abandonné. Les Arabes et les Assyriens ravagèrent ses états avec d'autant plus de facilité, que les soldats refusèrent de marcher contre l'ennemi. Jusqu'au règne de ce prince, les prêtres égyptiens comptaient trois cent quarante-une générations d'hommes, ce qui faisait onze mille trois cent quarante années, en mettant trois générations d'hommes pour cent ans; ils comptaient pareil nombre de prêtres et de rois.

L'ARMÉE DES ARABES ET DES ASSYRIENS DÉFAITE PAR LES RATS.

Sous le règne de Séthon, Sannacharib (1), roi des Arabes et des Assyriens, étant entré en Egypte avec une armée nombreuse, les officiers et les soldats égyptiens refusèrent de marcher contre lui. Le prêtre (2) de Vulcain, réduit à une telle extrémité, eut recours à son Dieu, qui lui dit de ne point perdre courage, et de marcher hardiment contre les ennemis avec le peu de gens qu'il pourrait ramasser; il le fit. Ayant levé une poignée de gens, il s'avança jusqu'à Péluse, où Sannacharib avait établi son camp. La nuit suivante, une multitude effroyable de rats se répandirent dans le camp des Assyriens, y rongèrent toutes les cordes de leurs arcs, toutes les courroies de leurs boucliers, et les mirent hors d'état de se défendre. Ainsi désarmés, ils furent obligés de prendre la fuite, après avoir perdu une grande partie de leurs troupes. Séthon, de retour chez lui, fit ériger une statue dans le temple de Vulcain, qui tenait à sa main droite un rat, avec cette inscription : *Qu'en me voyant, on apprenne à respecter les Dieux* (3).

____

(1) C'est le nom qu'Hérodote donne à ce prince.

(2) Séthon.

(3) Cette histoire qu'Hérodote raconte, est une altération de celle qu'on lit dans le quatrième livre des Rois, où il est

TARACA. LES DOUZE ROIS.

Taraca, qui succéda à Séthon, régna dix-huit ans ; il fut le dernier des rois Éthiopiens, qui eurent le trône d'Egypte. Après sa mort, l'Egypte fut, pendant deux ans, dans le désordre et l'anarchie. Enfin, douze des principaux seigneurs s'étant ligués ensemble, se partagèrent le royaume, et gouvernèrent chacun leur district avec un pouvoir égal, sans rien entreprendre les uns sur les autres. Ils régnèrent ainsi pendant quinze ans, dans une grande union ; et pour laisser à la postérité un célèbre monument, ils bâtirent, de concert, le fameux Labyrinthe, qui, comme nous l'avons dit, était un amas de douze grands palais.

LES DOUZE ROIS DIVISÉS PAR LA SUPERSTITION.

Un oracle avait dit, que celui des douze rois qui ferait des libations à Vulcain dans un vase d'airain, deviendrait seul maître de toute l'Egypte. Un jour qu'ils faisaient des sacrifices dans un temple de ce Dieu, on apporta des coupes d'or pour les libations ; il en manquait une : *Psammitique*, l'un des douze, se servit, sans y faire attention, de son casque d'airain. Les autres s'en étant aperçus, se ressouvinrent de l'oracle et prirent les moyens de se mettre en sûreté, en reléguant Psammitique dans les pays marécageux de l'Egypte. Après qu'il y eut resté quelques années, on vint lui annoncer qu'il était arrivé en Egypte des hommes d'airain : c'étaient des soldats Grecs, tout couverts de casques, de cuirasses et d'autres armes d'airain. Psammitique, se ressouvenant de l'oracle qui avait répondu, que des hommes d'airain viendraient du côté de la mer à son secours, fit alliance avec eux, et ayant attaqué les onze rois, il

---

dit que Sennachérib, roi des Assyriens, fut défait devant Jérusalem par l'Ange exterminateur.

les défit, et demeura seul maître de toute l'E-
gypte.

PSAMMITIQUE.

Psammitique traita généreusement les Grecs qui
l'avaient fait vaincre ; il leur donna des terres, les
établit dans l'Egypte, jusqu'alors fermée aux étrangers. Il ouvrit ses ports à la Grèce, et entra en re-
lation avec elle. Il eut une guerre avec le roi des
Assyriens, au sujet des limites des deux empires,
et elle fut très-longue. En entrant dans la Palestine, Psammitique mit le siége devant Azot, dont
il ne se rendit maître que vingt-neuf ans après. Dans
ce même temps, les Scythes poussèrent leurs conquêtes jusqu'à l'Egypte, qu'ils auraient envahie,
sans les prières et les présens de Psammitique. On
assure qu'il fut le premier roi d'Egypte qui intro-
duisit l'usage de boire du vin dans ce pays, et qu'il
fit rechercher les sources du Nil et l'origine des
Egyptiens.

MOYEN QU'EMPLOYA PSAMMITIQUE, POUR SAVOIR SI LES EGYPTIENS ÉTAIENT LES PLUS ANCIENS PEUPLES DE LA TERRE.

Ce prince fit élever à la campagne, dans deux
cabanes fermées, deux enfans nés tout récemment ;
il chargea un berger de les faire nourrir par des
chèvres, ou, selon d'autres, par des femmes à
qui il avait fait couper la langue. Quand ces enfans furent parvenus à l'âge de deux ans, un jour
que le berger entra pour leur donner ce qui leur
était nécessaire, il s'écrièrent tous deux, chacun
de son côté, en étendant les mains vers leur père
nourricier, *beccos, beccos !* Le berger surpris
de ce langage, qu'ils répétèrent plusieurs fois, en
donna avis au roi, qui les ayant fait apporter devant lui, fut témoin de leur jargon. Il ne s'agissait plus que de vérifier chez quel peuple ce mot

était usité ; il se trouva chez les Phrygiens, qui appelaient ainsi du pain. Ils eurent depuis ce temps-là , parmi tous les peuples, l'honneur de l'antiquité.

NÉCHAO, PSAMMIS.

Néchao entreprit de joindre le Nil à la mer Rouge par un canal de communication, que ses prédécesseurs avaient déjà commencé. Cette entreprise, digne d'un grand roi, ne réussit point ; et il perdit plus de cent mille hommes dans les travaux. Il en fit une autre, dans laquelle il réussit mieux. Par son ordre, des navigateurs Phéniciens partant de la mer Rouge, firent le tour de l'Afrique, doublèrent le cap de Bonne-Espérance, rentrèrent dans la Méditerranée par le détroit de Gibraltar, et revinrent, au bout de trois ans, à l'embouchure du Nil. Son fils Psammis, qui lui succéda, ne régna que trois ans.

APRIÈS.

Apriès , fils de Psammis, enivré de sa bonne fortune, devint si orgueilleux qu'il fut insupportable à tous ses sujets; il poussa l'impiété jusqu'à dire que Dieu même ne pouvait l'ébranler de dessus son trône (1). Le changement de fortune lui prouva bientôt le contraire. Vaincu par ses ennemis, détesté de ses sujets, qui se révoltèrent contre lui , il fut obligé de se sauver dans la Haute-Egypte, où il se maintint pendant quelques années, tandis qu'Amasis occupa tout le reste de ses états. Etant ensuite sorti de sa retraite pour attaquer Amasis,

----

(1) La plupart des rois d'Egypte ont porté l'orgueil au dernier degré. Voici de quelle manière Dieu parle à un d'entre eux, nommé Pharaon : *Ecce ego ad te , Pharao rex Egypti , draco magne, qui cubas in medio fluminum tuorum , et dicis : Meus est fluvius et ego feci eum , et ego feci memetipsum.* Ezéchiel.

il fut battu et fait prisonnier. Amasis le fit conduire à Saïs, où il fut étranglé dans son propre palais après avoir régné vingt-un ans.

AMASIS.

Après la mort d'Apriès, Amasis fut paisible possesseur de toute l'Egypte. Comme il était de basse naissance, les peuples, dans le commencement de son règne, semblaient faire peu de cas de lui; il les fit changer de sentiment par la douceur de son gouvernement, et l'adresse de son esprit. Il avait une cuvette d'or, où lui et tous ceux qu'il admettait à sa table se lavaient les pieds; il la fit fondre pour en faire une statue, qu'il exposa à la vénération publique. Les peuples accouraient en foule, et rendaient toutes sortes d'hommages au nouveau simulacre. Le roi leur apprit alors à quel usage cette statue avait d'abord servi, ce qui ne les empêchait pas de se prosterner devant elle, par un culte religieux. Cette parabole ingénieuse avait son application naturelle; chacun la sentit, et fut plus juste envers un prince qui avait fait d'assez grandes actions pour qu'on oubliât son origine.

PSAMNIT.

Sous le règne de Psamnit, fils d'Amasis, la monarchie égyptienne fut détruite. Cambyse, roi de Perse, vint attaquer l'Egypte, gagna la première bataille, poursuivit les vaincus jusqu'à Memphis, où ils se renfermèrent, et prit en peu de temps la ville et le roi. Il traita d'abord ce malheureux prince avec douceur; mais ensuite, ayant appris qu'il prenait des mesures secrètes pour remonter sur le trône, il le fit mourir : Psamnit n'avait régné que six mois. L'Egypte demeura tributaire des Perses, jusqu'à la conquête de leur empire par Alexandre; elle acquit un nouvel éclat sous les Ptolémées. A partir de cette époque, l'histoire de l'Egypte se trouve toujours confondue avec celle des Perses.

JUGEMENT SUR LES ÉGYPTIENS.

Ce peuple, à la vérité célèbre, a été un peu trop vanté par ses admirateurs : il avait des talens et des vertus pacifiques, un grand respect pour l'autorité paternelle, un attachement inviolable aux coutumes établies ; mais il était mou, lâche, superstitieux, esclave de ses préjugés, méprisant tout ce qu'il ne pratiquait pas, et dès-lors incapable de rien perfectionner. Les Chinois ressemblent beaucoup, à cet égard, aux Egyptiens : quoique leur empire ait peut-être quatre mille ans, ils demeurent toujours au même point de connaissances imparfaites.

FIN DE LA TROISIÈME PARTIE.

VOCABULAIRE

DE TOUS LES NOMS PROPRES

QUI SONT CONTENUS DANS CE VOLUME, ET QUI NE SE
TROUVENT PAS DANS LES DICTIONNAIRES.

ATH

A*BBAS*. Abbas , tis , *m.*
Abraham. Abrahamus , i , *masc.*
Adam. Adamus , i , *m.*
Agrippa. Agrippa , æ , *m.*
Agrippine. Agrippina , æ , *fém.*
Alborac. (indécl.)
Alcoran. Alcoranum , i , *neut.*
Alexandre. Alexander , ri , *masc.*
Amasis. Amasis , is , *m.*
Ammon. (Jupiter). Ammon , onis , *m.*
Annibal. Annibal , is , *m.*
Antechrist. Pseudochristus , i , *m.*
Antiochus. Antiochus , i , *masc.*
Antoine. Antonius, ii , *m.*
Anubis. Anubis , is , *m.*
Apis. Apis , is , *m.*
Apriès. Aprius , ii , *m.*
Argos. Argos , i , *n.*
Aristide. Aristides , is, *m.*
Aristote. Aristoteles , is , *masc.*
Asychis. Asychis , is , *m.*
Athènes. Athenæ , arum , *fém.*
Athénien. Atheniensis , is, *masc.*

CAI

Atropos. Atropos , is , *f.*
Attique. Attica , æ , *f.*
Auguste. Augustus , i , *m.*

B

Babel (tour). Turris Babel. *g.* ris.
Bacchus. Bacchus , i , *m.*
Bactrien. Bactrius , ii , *m.*
Barberin. Barberinus , i , *masc.*
Beccos. (indécl.)
Benoit. Benedictus , i , *m.*
Bossuet. Bossuetus , i , *m.*
Brennus. Brennus , i , *m.*
Brienne. Briennæ , arum , *fém.*
Brindes. Brundusium , ii , *neut.*
Britannicus. Britannicus , i , *masc.*
Bruce. Brucius , ii , *m.*
Brutus. Brutus , i , *m.*
Bubaste. Bubastis , is , *f.*
Burrhus. Burrhus , i , *m.*
Busiris. Busiris , is , *m.*

C

Caire (le grand). Cairus , i , *fém.*
Caius. Caius , ii , *m.*

Calife. Caliphus, i, m.
Callicratidas. Callicratidas, æ, m.
Cambyse. Cambysis, is, masc.
Camille. Camillus, i, m.
Cannes. Cannæ, arum, f.
Canope. Canopus, i, m.
Caprée. Caprea, æ, f.
Carie. Caria, æ, f.
Caron. Caron, is, m.
Caton. Cato, nis, m.
Cerbère. Cerberus, i, m.
César. Cæsar, is, m.
Chaldéen. Chaldæus, i, m.
Cicéron. Cicero, nis, m.
Cincinnatus (Quintus). Cincinnatus, i, m.
Claude. Claudius, ii, m.
Cléandre. Cleander, ri, m.
Codrus. Codrus, i, m.
Constantin. Constantinus, i, m.
Crésus. Crœsus, i, m.
Crotone. Crotona, æ, f.
Curiace. Curiatius, ii, m.
Cyrus. Cyrus, i, m.

D

Danaïdes. Danaïdæ, arum, fém.
Darius. Darius, ii, m.
David. David, is, m.
Décius. Decius, ii, m.
Délos. Delum, i, m.
Delta. (indécl.)
Démocrate. Democrates, is, m.
Dioclétien. Diocletianus, i, m.
Diodore. Diodorus, i, m.
Diogène. Diogenes, is, m.
Dodone. Dodona, æ, f.
Domitien. Domitianus, i, masc.
Dracon. Draco, nis, m.
Dyrrachium. Dyrrachium, ii, n.

E

Eléphantine. Elephantinum, i, n.
Elie. Elias, æ, m.
Endimion. Endimion, is, masc.
Enée. Æneas, æ, m.
Epaminondas. Epaminondas, æ, m.
Epicure. Epicurus, i, m.
Epicurien. Epicurius, ii, masc.
Esculape. Esculapius, ii, masc.
Esus. Esus, i, m.
Euridice. Euridix, cis, f.

F

Fabius. Fabius, ii, m.
Fabricius. Fabricius, ii, masc.
Firminius. Firminius, ii, masc.
François. Franciscus, i, masc.
Frédéric. Fredericus, i, m.

G

Gédéon. Gedeon, is, m.
Grand-Caire. (V. Caire).
Guicciardin. Guicciardinus, i, m.

H

Harpocrate. Harpocrates, is, m.
Héliopolis. Héliopolis, is, fém.
Helvétius. Helvetius, ii, m.
Henri. Henricus, i, m.
Hercule. Hercules, is, m.
Hérodote. Herodotus, i, masc.

Hippocrate. Hippocrates , is , *masc.*

Homère. Homerus , i , *m.*

Horace. Horatius , ii , *m.*

I

Ichneumon. Ichneumon , is, *masc.*

Iphicrate. Iphicrates , is , *masc.*

Isis. Isis, is , *f.*

Ithaque. Ithaca , æ , *f.*

Ixion. Ixion , is , *m.*

J

Jacob. Jacobus , i , *m.*

Jean. Joannes , is , *m.*

Jésuite. Jesuita, æ , *m.*

Jésus. Jesus , u , *m.*

Judas. Judas , æ , *m.*

Jupiter. Jupiter , Jovis , *masc.*

L

Lacédémone. Lacædemon, is , *f.*

Lapon. Laponus , i , *m.*

Léonidas. Leonidas , æ, *m.*

Ligurien. Ligurius, ii , *m.*

Louis. Ludovicus, i , *m.*

Lucien. Lucianus , i , *m.*

Lucius. Lucius, ii , *m.*

Lucrèce. Lucretia , æ , *f.*

Lycurgue. Lycurgus, i, *m.*

M

Mahomet. Mahumetes , is, *masc.*

Mahométan. Mahumetanus , i , *m.*

Manlius. Manlius , ii , *m.*

Marcellus. Marcellus , i , *masc.*

Marc-Aurèle. Marcus Aurelius , ii , *m.*

Marie. Maria , æ , *f.*

Marius. Marius , ii , *m.*

Martial. Martialis , is , *m.*

Maurice. Mauricius , ii , *masc.*

Maximien. Maximianus , i , *masc.*

Mécénas. Mæcenas , æ , *m.*

Mecque (la) Mecca , æ, *f.*

Médie. Media , æ , *fém.*

Memnon. Memnon , is, *m.*

Memphis. Memphis , is , *fém.*

Ménès. Menes , æ , *m.*

Mentor. Mentor , is , *m.*

Mnémon. Mnemon , is , *m.*

Midas. Midas , æ , *m.*

Milon. Milo , nis , *m.*

Miltiade. Miltiades , is , *masc.*

Mithras. Mithras , æ , *m.*

Mithridate. Mithridates , is , *m.*

Mitylène. Mitilene, es , ou enæ , arum. *f.*

Mœris. Mœris , is , *m.*

Moïse. Moses , is , *m.*

Momie. Corpus medicatum , oris , i ; *n.*

Mosquée. Mahumetanorum fanum , i , *n.*

Mummius. Mummius, ii, *m.*

Musulman. Musulmanus , i , *m.*

N

Néchao. Nechao , nis , *m.*

Néhémie. Nehemias, æ, *m.*

Néron. Nero , nis , *m.*

Nicanor. Nicanor , is , *m.*

Noé. Noëmus , i , *m.*

Numa-Pompilius , Numa Pompilius , æ , ii , *m.*

O

Orphée. Orpheus, i, os , *m.*

Osimandyas. Osimandyas, æ, *masc.*

Osiris. Osiris, is, *masc.*

Ovide. Ovidius, ii, *m.*

P

Paros. Parum, i, *n.*

Paul-Emile. Paulus, i, Emilius, ii, *m.*

Périclès. Pericles, is, *masc.*

Persée. Perseus, i, es, *m.*

Pharsale Pharsalius, ii, *masc.*

Phénix. Phœnix, icis, *m.*

Phérécide. Pherecides, is, *masc.*

Philopémen. Philopemen, is, *masc.*

Phormion. Phormion, is, *masc.*

Pierre. Petrus, i, *m.*

Pilate. Pilatus, i, *m.*

Pisistrate. Pisistratus, i, *masc.*

Platon. Plato, nis, *m.*

Pluton. Pluto, nis, *m.*

Polybe. Polybius, ii, *m.*

Polyphème. Polyphemus, i, *m.*

Pompée. Pompeius, ii, *m.*

Pomponius. Pomponius, ii, *masc.*

Popilius. Popilius, ii, *m.*

Præadamite. Præadamita, æ, *masc.*

Prométhée. Prometheus, i, *masc.*

Psammis. Psammis, is, *m.*

Psammitique. Psammiticus, i, *m.*

Psamnit. Psamnitus, i, *m.*

Ptolémée. Ptolemeus, i, *m.*

Pygmée. Pygmæus, i, *m.*

Pyrrhus. Pyrrhus, i, *m.*

Pythagore. Pythagoras, æ, *masc.*

Q

Quintus. Quintus, i, *m.*

R

Rabbin. Rabbinus, i, *m.*

Ramessès. Ramesses, is, *m.*

Rémus. Remus, i, *m.*

Rossius. Rossius, ii, *m.*

Rufinus. Rufinus, i, *m.*

S

Saïs. Saïs, is, *fém.*

Salomon. Salomon, is, *m.*

Samnite. Samnita, æ, *m.*

Samson. Samson, is, *m.*

Sannacharib. Sannacharib, is, *m.*

Sarcophage. Sarcophagus, i, *masc.*

Sardanapale. Sardanapalus, i, *masc.*

Sarepta. Sarepta, æ, *f.*

Saül. Saül, is, *m.*

Scipion. Scipio, nis, *m.*

Scythe. Scytha, æ, *m.*

Sénèque. Seneca, æ, *m.*

Sésostris. Sésostris, is, *m.*

Séthon. Sethon, is, *m.*

Sextilius. Sextilius, ii, *m.*

Socrate. Socrates, is, *m.*

Sodome. Sodoma, æ, *f.*

Sparte. Sparta, æ, *f.*

Spartiate. Spartanus, i, *masc.*

Sphinx. Sphinx, gis, *f.*

Stagire. Stagira, æ, *f.*

Strabon. Strabo, nis, *m.*

Styx. Styx, gis, *m.*

Suez. (indécl.)

Syenne. Syennæ, arum, *f.*

Sylla. Sylla, æ, *m.*

T

Tanaïs. Tanaïs, is , *m.*
Taraca. Taraca , æ , *m.*
Taranès. Taranes , is , *m.*
Tarquin. Tarquinius , ii, *masc.*
Taxile. Taxiles , is , *m.*
Télémaque. Telemacus , i, *masc.*
Tibère. Tiberius , ii , *m.*
Tismène. Tismenes , is , *masc.*
Tite-Live. Titus-Livius , ii , *m.*
Titus. Titus , i , *m.*
Thébaïde. Thébaïda , æ , *fém.*
Thèbes. Thebæ , arum , *f*
Thermopyles. Thermopylæ , arum , *f.*
Thessalie. Thessalia , æ , *f.*
Tubéron. Tubero , nis , *m.*

Turenne. Turennius , ii , *masc.*
Tutanès. Tutanes , i s , *m.*
Tyrthée. Tyrtheus , i , *m.*

U

Ucoreus. Ucoreus , i , *m.*
Ulysse, Ulysses , is , *m.*

V

Vatican. Vaticanum, i , *n.*
Vespasien. Vespasianus , i , *m.*
Vesta. Vesta , æ , *f.*
Virgile. Virgilius , ii , *m.*
Visigot. Visigotus , i , *m.*
Voltaire. Voltarius , ii , *m.*

X

Xerxès Xerxes , is , *m.*

TABLE

DES RÈGLES

CONTENUES DANS LE SECOND VOLUME.

TROISIÈME PARTIE.

CHAPITRE PREMIER.

DES VERBES.

Que retranché.

CHAPITRE SECOND.

CHAPITRE TROISIÈME.

CHAPITRE QUATRIÈME.

CHAPITRE CINQUIÈME.

PRÉPOSITIONS FRANÇAISES.

CHAPITRE SIXIÈME.

CONJONCTIONS FRANÇAISES.

CHAPITRE SEPTIEME.

DIFFÉRENTES LOCUTIONS FRANÇAISES.

FIN DE LA TABLE DU SECOND VOLUME.